中海自贸区贸易效应研究

姚　磊　著

华东理工大学出版社
EAST CHINA UNIVERSITY OF SCIENCE AND TECHNOLOGY PRESS
·上海·

图书在版编目(CIP)数据

中海自贸区贸易效应研究 / 姚磊著. —上海：华东理工大学出版社，2021.4

ISBN 978-7-5628-6422-6

Ⅰ.①中… Ⅱ.①姚… Ⅲ.①自由贸易区—区域经济发展—研究—中国、阿拉伯国家 Ⅳ.①F752.7371

中国版本图书馆 CIP 数据核字(2021)第 062284 号

内容提要

本书的研究主题为中海自贸区贸易效应，旨在从经济学视角探究中海自贸区的现实意义和深远影响。其一，分析建立中海自贸区的经济基础，挖掘双方的比较优势和竞争优势。经研究发现，中海双方建立自贸区的经济基础较好，各自具有较为明显的优势产业，互补性较强，以产业间贸易为主体。其二，估算中海自贸区贸易潜力，模拟分析中海自贸区贸易效应，对动态效应和非传统收益进行深入探讨。经研究发现，中海自贸区的建立将释放一定的双边贸易潜力，而动态效应和非传统收益则成为重中之重。其三，为保障中海双方贸易效应的充分实现，推动双方互利共赢，进一步提出推进中海自贸区建设的策略建议。

策划编辑 / 刘　军
责任编辑 / 章斯纯
装帧设计 / 徐　蓉
出版发行 / 华东理工大学出版社有限公司
地址：上海市梅陇路 130 号，200237
电话：021-64250306
网址：www.ecustpress.cn
邮箱：zongbianban@ecustpress.cn
印　　刷 / 江苏凤凰数码印务有限公司
开　　本 / 710 mm×1000 mm　1/16
印　　张 / 16
字　　数 / 218 千字
版　　次 / 2021 年 4 月第 1 版
印　　次 / 2021 年 4 月第 1 次
定　　价 / 96.00 元

序

中国改革开放取得最伟大的成就之一，就是通过不断深化的开放政策，使中国经济融入全球化。

迄今为止，全球化走过了三个阶段：全球化 1.0 代表着第一次世界大战前世界经济野蛮生长的殖民化时代；全球化 2.0 是第二次世界大战后国际秩序与治理体系建章立制的时代，众多国际组织的成立及以美元为核心的国际货币体系的形成，加速了全球经济国际化的进程；全球化 3.0 是离岸外包的兴起引发了全球价值链革命的时代，跨国公司根据价值链理论，利用全球不同区域的要素差异进行全球资源整合，从而引发全球经济要素加速流动，导致生产力急剧膨胀。

全球化 1.0 时期，中国是被殖民和掠夺的国家。全球化 2.0 时期，中国在前半段是被排除和封锁的，在后半段开始被纳入，但没有获得全球化的利好。全球化 3.0 时期正值中国改革开放，中国加入了世界贸易组织(WTO)，全程享受了全球化带来的收益，利用自己的生产要素优势，一举成为世界工厂，GDP 总量跃居世界第二，国际贸易总量跃居世界第一。

在全球化 3.0 的前半阶段，中国主要是将外资引入国内，是跨国公司在全球进行经济布局的对象。但当中国经济体量迅速增大后，这种被动的全球化格局已经不能适应中国经济进一步发展的需求了，必须要让中国的经济主体走出国门，进而推进全球化向纵深发展。于是，我们有了“一带一路”倡议。

全球化 3.0 是一个契约性的合作过程。在这一过程中，双边或多边贸易协定的签署成为一种趋势。中国在经济体量还比较小的时候，没有条件签订这些协定。在经济体量不断增大后，签订这类协定就被提上了议事日程。加入 WTO 后，我国除了履行对 WTO 的承诺外，还开始逐步与他国签订自由贸易协定，至今已经签署了 12 项。

中国开始重视与各国签订双边自由贸易协定后，受到了一些国家的阻挠，例如美国。在中国 GDP 总量跃居全球第二后，美国开始脱离 WTO 框架，准备与一些国家重新签订多边自由贸易协定，当时由美国主导签订的协定主要包括 TPP(跨太平洋伙伴关系协定)、TTIP(跨大西洋贸易与投资伙伴协议)和 TISA(国际服务贸易协定)。这些协定提出了更高的要素自由流动的规则，而这些规则所涉及的，是我国在经济快速增长过程中所忽视的，或是还没有进行过风险测试的领域。为了尽快适应全球化格局的变化，我国从 2013 年起开始设立自贸试验区，而设立这些自贸区的初心，就是通过内部测试，达到国际贸易的最高水准。

美国总统特朗普上台后，推出了一系列反全球化措施，其主要措施就是“退群”，美国除了退出许多联合国组织外，还退出了 TPP。特朗普的另一个措施，就是与中国打贸易战，推出了一系列试图与中国“脱钩”的举措。面对这种反全球化的逆流，中国推出了一系列推进全球化的举措，提出建立“人类命运共同体”的倡议，从而成为推动全球化的中坚力量。针对美国不断“退群”的举措，中国政府积极地推动“入群”。除了积极参与谈判的 RCEP(区域全面经济伙伴关系协定)①和中欧自贸协定外，中国商务部也提出了愿意加入 CPTPP(全面与进步跨太平洋伙伴关系协定，即美国“退群”后 TPP 的新名字)谈判的意向。中国政府的这些意向，都表明了中国坚持全球化的决心和信心。

海合会(海湾阿拉伯国家合作委员会，GCC)是由沙特阿拉伯、阿联酋、科威特、阿曼、卡塔尔和巴林 6 个成员国组成的一个区域性组织，这个组织不

---

① 2020 年 11 月 15 日，东盟 10 国和中国、日本、韩国、澳大利亚、新西兰共 15 个亚太国家正式签署《区域全面经济伙伴关系协定》。——编者注

仅具有较强的国际影响力，而且经济实力十分雄厚。更重要的是，海合会所处的区域，正是我国推进“一带一路”建设的重要沿线国家。中国政府与海合会就双边的自由贸易协定已经进行了多轮谈判，如果能够进一步推进，不但有利于“一带一路”倡议的实质性推进，也有利于进一步推进全球化的进程。

姚磊在读博期间，对海合会进行了详尽的研究，就中海自贸区协定签署的可能性与存在的问题展开了全面梳理和分析。从分析建立中海自贸区的经济基础，双方的比较优势和竞争优势，到估算中海自贸区贸易潜力和贸易效应，他运用了大量的数据对中海自贸区建立的动态效应和非传统收益进行了深入探讨，剖析了各方利益关系，得出了让人较为信服的研究结论。

经过认真修改，姚磊的这篇博士论文准备出版了。他请我为他的这本专著作序，我欣然提笔。尽管这本专著中的某些观点还不够完善，但出版这本书仍有着十分重要的意义。一方面，它可以证明中国积极推进全球化的国策一以贯之；另一方面，也为我们推进“一带一路”建设，推进我国与更多国家建立自由贸易区提供了有说服力的研究方案。希望这本书能够为我国进一步推进全球化进程添砖加瓦。

上海市人民政府参事

上海社会科学院经济研究所原所长

石良平

2020 年 7 月 15 日

前　言

随着改革开放四十多年的不断深入，我国经济迅速腾飞，在全球的国际贸易地位不断攀升，货物贸易总量已多年稳居世界第一。我国之所以能够取得如此举世瞩目的成绩，来自三方面的有利条件：改革开放政策的全面深化、加入世界贸易组织（WTO）及拥有充足的资源。显而易见，国际贸易为中国带来了巨大收益，造就了翻天覆地的伟大成就。然而，我们又必须认识到，中国加入 WTO 以后，一方面，主要聚焦于打造全球产业链，为国际贸易迅速打开市场空间；另一方面，对双边和多边的自由贸易协定（FTA）重视程度较为有限，未能在区域经济合作上取得重大突破。

面对中国的崛起，为扩大自身贸易投资利益，美国先后主导 TPP（跨太平洋伙伴关系协定）、TTIP（跨大西洋贸易与投资伙伴关系协定）、TISA（国际服务贸易协定）等协议谈判，其内容自由化程度更高，这将对国际贸易格局和规则演变产生深远影响。为尽快适应高标准、高要求，全面深化改革和扩大开放，我国不仅在上海等地设立了自由贸易试验区（FTZ），而且深入贯彻“一带一路”倡议，积极推动自由贸易协定（FTA）谈判，全力支持区域全面经济伙伴关系协定（RCEP）、中日韩自贸区等。作为中国全面扩大对外开放的战略部署，“一带一路”倡议是促进各国贸易投资自由化、强化经济治理的“中国版方案”，将为世界经济增长提供新动力。

为在新一轮世界贸易变革中占据主动位置，中国将深化对外开放和国际合作，进一步强化与世界各大主要经济体之间的合作，为全球经济注入活力。作为丝绸之路经济带和 21 世纪海上丝绸之路的交汇点，海合会的重要性更加凸显。建立中海自贸区不仅能为双方带来贸易增长空间,创造经济利益,而且将成为贯彻落实"一带一路"倡议进程中的里程碑,因而具有重大战略意义。本书就是在这一背景下,以海合会为研究对象,对中海自贸区展开全面梳理和分析,深度剖析各方利益关系,得出研究结论。

本书的研究主题为中海自贸区贸易效应,旨在从经济学视角探究中海自贸区的现实意义和深远影响。其一,分析建立中海自贸区的经济基础,挖掘双方的比较优势和竞争优势;其二,估算中海自贸区贸易潜力,模拟分析中海自贸区贸易效应,对动态效应和非传统收益进行深入探讨;其三,为保障中海双方贸易效应的充分实现,推动双方互利共赢,进一步提出推进中海自贸区建设的策略建议。

本书共分为 7 章,第 1 章为绪论,主要阐述研究背景及研究意义,介绍研究思路及研究框架,说明研究方法、创新点及其不足。

第 2 章为中海自贸区贸易效应的理论基础,介绍区域经济一体化的内涵和分类,对关税同盟与自由贸易区的贸易效应进行理论分析,系统概述区域经济一体化理论的发展状况,对自由贸易区贸易效应研究方法进行综述。

第 3 章为中海自贸区谈判历程及其动因分析,论述加快推进中海自贸区谈判的背景与设想,系统分析谈判历程及暂停原因,对重启谈判的动因进行全面阐述。

第 4 章探讨了建立中海自贸区的经济基础。第一,分析中国、海合会国际贸易现状及其趋势,指出中国、海合会在全球贸易中的地位,再分析双方的对外贸易开放度;第二,在总体介绍中国、海合会贸易规模的基础上,运用贸易强度指数分析中国与海合会的贸易强度变化;第三,分析中国、海合会的贸易结构,运用出口相似度指数、贸易互补性指数和贸易结合度指数分析双方贸易结构的竞争性和互补性;第四,阐述中海双方吸引外资和对外投资情况,分析中国对海合会的投资流量和投资存量、实际利用海合会投资及对海合会承包工程的完成营业额等。

第 5 章主要分析了中海双边贸易的比较优势和竞争优势的变动情况。

第一，运用显示性比较优势指数分析双方具有比较优势的行业和产品；第二，运用贸易专业化指数分析双方具有竞争优势的行业和产品；第三，运用G－L指数计算中国和海合会的产业内贸易水平，归纳出双方产业间贸易为主，产业内贸易偏少的结论。

第6章全面分析了中海自贸区贸易效应。第一，运用引力模型估计中海自贸区贸易潜力；第二，使用SMART模型从短期、中期和长期三个阶段探讨关税削减带来的贸易效应，测算其经济福利变化；第三，阐述中海自贸区的动态效应，包括投资效应、经济增长效应、竞争效应和规模经济效应等；第四，分析中海自贸区的非传统收益。

第7章提出了推进中海自贸区建设的策略建议。第一，阐明新一代国际贸易投资规则对中海自贸区建设提出的高要求；第二，对中海自贸区建设提出具体策略，以保障中海自贸区贸易效应达到预期效果。

目　录

第1章　绪　　论

1.1　研究背景和研究意义

1.1.1　研究背景

海湾阿拉伯国家合作委员会(以下简称“海合会”/GCC),由沙特阿拉伯、阿联酋、科威特、阿曼、卡塔尔和巴林6个成员国组成,是地处中东的区域性组织,不仅具有较强的国际影响力,而且经济实力十分雄厚。针对中海自贸区的贸易效应进行深入研究,必须先看到国内外环境的深刻变革。从全球角度来看,当前世界经济发生的变化日新月异,经济一体化进程突飞猛进。在信息科技革命、大规模关税减让及交通运输能力增强等因素的共同影响下,产品内分工日益成为国际分工体系的主体。这使得以价值链为纽带的生产工序分布于世界各地,各国纷纷按照产品特性进行模块化生产,进而引发了全球经贸格局巨变。全球价值链的出现,一方面,要求各国加大贸易领域开放力度,降低投资壁垒,更大限度地保护投资者权益;另一方面,要求各国加强法律体系协调性，尽可能地降低跨国企业经营风险。为适应这种环境的客观要求，激发金融危机后全球经济复苏的动力，对抗日益加剧的贸易保护主义，世界各国掀起了国际贸易投资规则重构的热潮。

在这场事关核心利益的规则变革中，各国展开了激烈的博弈。由于身处国际分工体系的不同位置，各国在经济全球化中的获益水平差距较大，这也成为多边贸易体制举步维艰、多哈回合贸易谈判久拖不决的根本原因。在这种背景下，区域经济合作异军突起，自由贸易区蓬勃发展，逐步取代多边体制成为推动世界经济的主体力量。同时，美国发起 TPP①（跨太平洋伙伴关系协定）、TTIP（跨大西洋贸易与投资伙伴关系协定）及 TISA（国际服务贸易协定）等巨型自由贸易协定谈判，企图通过主导以价值链为核心的贸易投资规则重构，提高竞争门槛，维护其国际竞争优势，进一步遏制新兴经济体的崛起。

从国内角度来看，随着利用生产要素资源禀赋优势推动经济增长的传统动能进入衰减阶段，中国经济已经呈现出新常态特征，面对经济结构转型的严峻挑战，找到新的增长方式迫在眉睫。如何培育技术创新能力，如何完善市场化制度体系建设，如何提高人力资源整体水平等一系列艰巨任务摆在眼前，能否采取切实措施积极应对将直接影响中国经济的下一步走势。综合考量各类因素后可以认为，着眼于全球化发展机遇是推动中国经济转型升级的必经之路。未来，我们应该致力于构建开放型经济新体制，融入新的全球规则体系，而其关键在于如何借助适应高标准规则的契机深化国内改革，为我国经济发展挖掘更多潜力。

从中海经贸合作现状来看，经贸关系在中国与海合会之间发挥着压舱石的重要作用。紧密的经贸合作创造出巨大的贸易红利，有力促进了双方经济社会的发展，并带动政治互信度的持续攀升，支撑双方构建战略合作伙伴关系。2014 年 7 月，在中海第三轮战略对话上，双方一致同意建立战略伙

① 虽然美国总统特朗普于 2017 年 1 月 23 日签署命令正式退出 TPP，但后续动态仍值得关注，且全球贸易投资高标准规则已是大势所趋。

伴关系。2016 年 1 月，中国与沙特阿拉伯宣布共同建立中沙全面战略伙伴关系，力推中海双边关系再上一个台阶。随着双边关系的巩固与深化，中海合作的影响力开始辐射到“一带一路”沿线国家，有助于“丝绸之路经济带”的整体发展。但是，中海经贸合作中同样存在些许不足。例如，由于贸易结构的过度单一，中国持续处于贸易逆差地位。2014 年，中国与海合会双边贸易额约达 1 751.79 亿美元，占中国贸易总额的比重为 4.07%，占海合会贸易总额的比重为 11.24%，双边贸易逆差为 380 亿美元左右。造成这一现象的原因在于石油贸易占据很高比重。可以看到，贸易逆差的持续出现将对中海双方的经贸合作造成较为负面的影响。

1.1.2 研究意义

本书对中海自贸区贸易效应的思考和探讨不仅具有较高的研究价值，而且也具有较为重要的现实意义。从国际贸易投资规则的角度来看，在世界经贸格局变革的进程中，中国要敢于担当“领头羊”的角色，为促进国际贸易自由化承担更多的责任。鉴于近几年的国际形势，中国迫切需要实施以周边为基础的自由贸易区战略，为主动参与国际贸易投资规则重构搭建平台。中海自贸区的建设，将为中国加快推进自由贸易区战略创造有利条件。同时，中国可以主动参与全球经济治理，扭转在国际贸易体系转型过程中的被动地位，强化与世界经济的深度融合，在激烈残酷的竞争中赢得主动权。中海自贸区建设一方面可以号召更多发展中国家加强沟通与协商，团结起来形成合力，在新一代国际规则谈判中发表主张，增强与发达国家博弈的能力；另一方面还可以呼吁新兴经济体加强相互之间的区域贸易合作，为发展中国家建立自由贸易区树立典型。

从改革开放的角度来看，中海自贸区建设是中国在经济发展新阶段的客观要求。如果在这份自由贸易协定中加入服务贸易和投资的高标准规则，无疑会为中国经济改革提供巨大能量。未来，中海自贸区的实施必将促进国内投资环境优化，健全法制体系，从而鼓励更多中国企业按照国际标准拓展海外市场，挖掘经济增长潜力。虽然通过一个自由贸易区建设来推进整个改革开放事业的举措略显单薄，但是这可以为高标准规则的实践提供重要参考，达到以点带面的效果，为改革进程明确前进方向。从一开始就定位高水平、高质量建设的中海自贸区，在由谈判启动到协议实施的过程中，将有助于我国对国内不符合国际发展趋势的法律法规和政策措施进行全面整改，从而深化改革开放空间，进一步融入世界经济。同时，在中海自贸区建设中积累起来的宝贵经验，将增加中国在其他自贸区谈判中的筹码，促进中国经济实现进一步的提质增效。

从双边发展的角度来看，中海自贸区将创造出新机遇，其驱动力在于现实条件下共同的发展需求。在能源领域，中海自贸区一方面可以帮助中国获得优质石油供应的安全保证，另一方面可以保持海合会石油出口市场的稳定，有助于维护双方的经济安全，实现互利共赢。一旦成功建立，中海自贸区将实现双边经贸领域合作的多元化，在货物贸易方面，不仅能够提升贸易便利化水平，以竞争优势为依据挖掘贸易潜力，而且将推动投资、服务贸易和工程承包等领域的合作上升到一个新层次，优化双方资源配置的效率。未来，加大非石油产品贸易和投资规模，可以加快中国的全球产业链布局，促进海合会的工业发展，提高双方经济一体化建设水平。

在经济层面以外，中国与海合会国家历史渊源深厚，政治、文化等各个层面的交流十分频繁，彼此又是对方重要的贸易伙伴，相互之间的经济依赖度较高。最近几年，随着中海自贸区谈判的深入，双方的共同利益更加明确，这对全面促进中海双边关系具有重大战略意义。以自贸区建设为契机，双方在各方面的联系将更加广泛，交融也愈加深化，双边关系的发展将得到全面提升。

从“一带一路”倡议的实施角度来看，习近平主席曾指出，自由贸易区网络建设要服务于“一带一路”倡议，其建设必须具有国际法治的意识，通过在国际法和国内法之间进行互动的方式，实现中国与沿线各国人民间的政策沟通、设施联通、贸易畅通、资金融通与民心相通。对“一带一路”倡议来说，经贸合作在其建设中发挥着至关重要的基础性作用。因此，中国与海合会的自由贸易区建设是贯彻“一带一路”倡议的重大举措。作为“一带一路”的交汇点，海合会成员国所在地是中东地区的贸易中心，是历史上丝绸之路的目的地之一，在世界政治、经济和文化舞台上都占有重要地位。中海自贸区能对“一带一路”建设起到示范引领作用，成为区域经济一体化的典范，有利于增强沿线国家参与的信心，从而共同分享“一带一路”贸易投资所带来的福利，一起见证区域经济合作新模式创造的成绩。从战略角度来看，中海自贸区将为“一带一路”建设在海湾地区设定一个支点，为双方携手推进“一带一路”创立一个开放的平台。通过中海自贸区这个“窗口”，中国可以向世界表达加强互联互通的愿望，呼吁“一带一路”沿线各个国家正视经济发展的差异性，共同建立一个具有包容性的贸易体系，齐心协力打造一个政治更加互信、经济深度融合和文化充分包容的命运共同体。未来，我国要以中海自贸区为突破口，加大围绕“一带一路”倡议的自贸区建设力度，采取全面推进与重点突破相结合的方式，形成布局合理的区域经济一体化网络。

通过以上分析我们可以看到，深入研究中海自贸区，在积极参与国际贸易投资规则重构，促进国内经济体制改革，进一步深化中海双边合作关系，加快“一带一路”倡议的贯彻实施等方面都具有相当重要的现实意义。为了增强对于中海自贸区的理解，一方面必须注重运用多种定量方法，分析中海自贸区的贸易规模和贸易结构，预测其未来的贸易潜力，实证估计福利效应相对变动情况；另一方面必须对中海自贸区贸易效应的影响因素进行充分阐述，为相关决策的制定提供参考。本书的研究思路正是基于以上思考而展开。

1.2 研究思路和研究框架

1.2.1 研究思路

本书研究的重点是中海自贸区的贸易效应，按照研究的逻辑思路将从以下几方面入手：第一，全面理解中海自贸区建设的背景、具体的谈判历程、遭遇的困难及重启谈判的动因；第二，明确中海自贸区建设的经济基础，分析中海双边贸易关系、贸易结构的竞争性与互补性以及投资情况；第三，深入分析中海双方各自具有比较优势和竞争优势的产品，进一步讨论相互之间的产业内贸易水平；第四，运用实证分析方法预测中海自贸区的贸易潜力，估算福利效应的变化程度；第五，全面阐述中海自贸区贸易效应的各类影响因素，同时提出较为具体的自贸区建设策略。

1.2.2 研究框架

本书一共由 7 章组成，主要的研究内容和研究框架如下：

第 1 章是绪论，其中第 1.1 节重点阐述本书的研究背景和研究意义，第 1.2 节主要介绍本书整体的研究思路和研究框架，第 1.3 节则说明本书采用的研究方法，可能存在的创新点以及相应的不足之处。

第 2 章研究中海自贸区贸易效应的理论基础，其中第 2.1 节重点介绍区域经济一体化的具体含义及其类别，详细说明自由贸易区已经在全球区域经济一体化进程中担当越来越关键的角色。第 2.2 节则对关税同盟及自由贸易区贸易效应展开深度理论剖析。第 2.3 节对当前区域经济一体化理论的发展情况进行较为全面的阐述，第一部分重点分析其产生的分配效应，第二部分则具体介绍相关理论的研究进展。第 2.4 节对目前自由贸易区贸易效应较为流行的各种研究方法进行综述，为下一步研究提供借鉴和思路。

第 3 章为中海自贸区建设背景、谈判历程及其重启的动因分析。第 3.1 节论述加快推进中海自贸区的背景与设想，其第一部分认为自由贸易区将为中国经济增长注入活力，并详细说明了当前中海自贸区谈判的进展；其第二部分则提出加快推动中海自贸区谈判及其建设的基本准则和思路。第 3.2 节主要论述中海自贸区的谈判历程，系统分析谈判暂停的原因。第 3.3 节对中海自贸区重启谈判的动因进行全面分析。

第 4 章阐述当前建设中海自贸区的经济基础和条件。第 4.1 节强调国际贸易对中海双方经济发展的重要作用，先分析中国、海合会国际贸易现状及其趋势，再指出中国、海合会在全球贸易中的地位，最后分析双方的对外贸易开放度。第 4.2 节在总体分析中国、海合会贸易规模的基础上，进一步运用贸易强度指数予以说明。第 4.3 节主要分析中国、海合会的贸易结构，认识其各自具有的特性，分别采用出口相似度指数、贸易互补性指数和贸易结合度指数剖析双方在贸易结构方面存在的竞争性情况和互补性情况。第 4.4 节重点论述中国与海合会在吸引外国投资和对外投资方面的情况，说明中国对海合会的投资流量和投资存量、实际利用海合会投资以及对海合会承包工程的完成营业额等。

第 5 章具体分析中海双边贸易比较优势和竞争优势的变化情况。第 5.1 节采用显示性比较优势指数细致剖析中海双方分别具有比较优势的行业及产品类型。第 5.2 节采用贸易专业化指数深度分析中海分别具有竞争优势的行业及产品类别。第 5.3 节采用 G－L 指数[①]进一步计算中海之间的产业内贸易水平情况，总结归纳出中国与海合会产业间贸易为主、产业内贸易偏少的结论。

第 6 章实证分析中海自贸区的贸易效应。第 6.1 节主要是使用引力模型(Gravity Model)估计中海自贸区存在贸易潜力的可能性。第 6.2 节运用 SMART 模型[②]从短期、中期和长期三个阶段全面探讨关税削减带来的贸易效应，并测算其经济福利变化。第 6.3 节重点阐述中海自贸区的动态效应，具体包括投资效应、经济增长效应、竞争效应和规模经济效应等。第 6.4 节则主要分析中海自贸区的非传统收益，包括维持贸易政策的连贯性、实现发信号效应、为区域经济合作中的小国实现“保险”功能、增加在其他国际事务中的谈判筹码、构筑协调一致机制以及提高自由贸易区内成员国安全状况等。

① 即格鲁贝尔-劳埃德指数(Grubel-Lloyd Index)，是产业内贸易指数中的一种。
② 即单一市场局部均衡模型(Single Market Partial Equilibrium Simulation Tool)，是局部均衡分析方法中的一种。

第 7 章则具体提出了加快中海自贸区建设的策略和建议。第 7.1 节阐明了新一代国际贸易投资规则对中海自贸区建设提出的高要求;第 7.2 节对中海自贸区建设提出具体策略,以保障中海自贸区贸易效应达到预期效果。

本书的逻辑框架如图 1－1 所示:

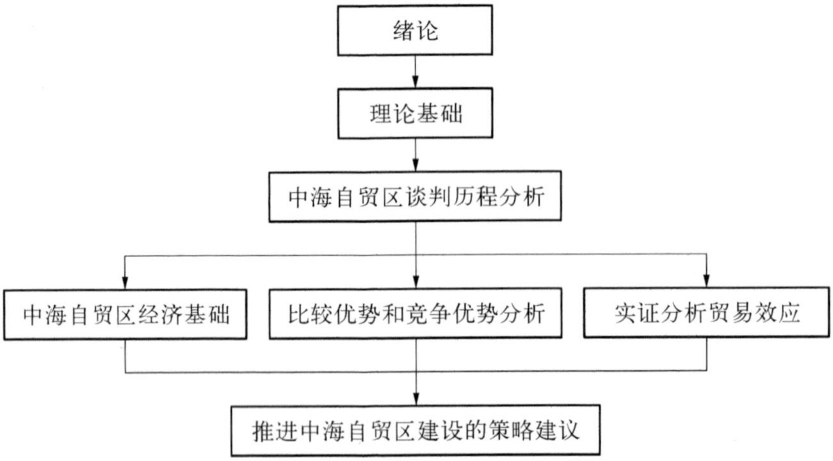

图 1－1　本书的逻辑框架

1.3　研究方法和创新点

1.3.1　研究方法

为研究中海自贸区的贸易效应,本书在自由贸易区理论的基础上,运用大量的数据指标计算结果作为客观依据,再对未来的贸易潜力和福利效应进行充分的估计和预测。本书实施的研究方法主要包括如下四个方面:

(1) 综合运用实证与规范分析方法。在对自由贸易区贸易效应进行较为系统的理论分析的基础上,本书运用各类指数分析方法和大量经济数据研究双方的贸易结构及其竞争与互补情况,再通过实证分析方法从事前估计和事后估计两个角度，客观预测中海自贸区贸易效应。同时，对中海双边经贸合作竞争情况及其影响因素等进行价值判断，为中海自贸区建设取得预期效果提供可靠的策略依据。

(2) 注重微观与宏观分析视角的切换。在微观方面，分析中海双方各自产业的比较优势和竞争优势，探讨其产业内贸易水平情况；在宏观方面，对当前双方的贸易格局、贸易关系等进行充分阐述，全方位理解中海自贸区的发展潜力和战略意义。

(3) 强调遵循历史与现实分析规律。本书主要依据历史方法以探寻分析中海自贸区建设的逻辑规律，查阅大量官方数据并制成图表以解释中海双边经贸合作的现实基础。统计和计量工具的使用，有助于深入理解中海双边经贸合作的历史，充分认识其现实情况，展望其发展前景。强调遵循历史和现实相结合的分析方法，目的在于力求研究的客观准确性，增强说服力，有力支撑论点，使得研究更具现实意义。

(4) 全面比较纵向和横向分析路径。为较为充分地发挥比较研究思想，更加突出理论联系实际的重要性，本研究在对区域经济一体化涉及的相关理论展开系统梳理和总结的基础上，全面阐述中海自贸区的建设条件。同时，为增强说服力，不仅从纵向角度展开动态分析，而且从横向角度进行静态分析，从而更加透彻地分析了中海自贸区贸易效应，有利于提出更具参考价值的政策建议。

1.3.2 创新点及不足

1. 创新点

本书的创新点主要包括如下三个方面：

(1) 研究内容的创新

本书的核心内容是中海自贸区贸易效应，在静态层面上的重点在于阐述其带来的贸易创造(Trade Creation)效应和贸易转移(Trade Diversion)效应，并且具体预测了中海自贸区未来的贸易潜力；在动态层面上主要集中探讨了其创造的投资效应、增长效应、竞争效应和规模经济效应等。本书的创新之处在于从非传统收益视角分析中海自贸区建设的贸易效应，拓展了研究的内容。

(2) 实证方法的创新

本书基于事前估计和事后估计方法，不仅运用引力模型评估中海自贸区贸易潜力，而且运用世界银行的 SMART 模型对中海自贸区的贸易创造、贸易转移以及相应的福利效应等方面都进行了较为细致的模拟计算，设定短期、中期和长期三种情况，全面深入地对其贸易效应展开系统预测，使得整个研究更具科学性。

(3) 结论观点上的创新

本书运用各类指数分析方法，证明了中国与海合会之间存在良好的经济结构互补性，但是成立中海自贸区以后，无论从短期、中期还是长期来看，经济福利增长的幅度都不及关税收入损失的幅度，经济总效应是负值。对双方来说，建立中海自贸区所带来的收益将更多地体现在动态效应和非传统收益方面。

2. 存在的不足

鉴于本人研究能力尚待提高，在海合会经济数据获取方面存在一定的局限性，本书在如下几方面存在不足之处：

(1) 服务贸易和投资领域的分析有待补充

中海双方都是世界上重要的经济体，双边经贸的紧密合作为自由贸易区建设奠定了坚实基础，在能源领域的合作将更加稳固，在货物贸易方面的贸易创造效应同样值得期待。未来世界经济发展的重点在于服务贸易和投资，中海双方蕴藏着巨大的合作潜力。但是，由于数据可获得性方面的限制，本书未能对双方的合作潜力进行全面系统的阐述，仅在投资、工程承包等领域进行了较为初步的探讨，有待后续研究的进一步补充。

(2) 研究方法的运用方面有待完善

本书在贸易效应估算中运用了引力模型和 SMART 模型，主要结论都集中在静态条件下的预测，未能将经济增长等动态要素考虑在内，使得结论受到一定程度的限制。同时，与目前较为流行的 GTAP 模型[①]相比，SMART 模型虽然在时效性等方面具有优势，但是在分析的全面性方面与 GTAP 模型存在一定的差距。未来，可考虑结合两种方法的优势进行综合分析，力求得出更全面的结论。

① 即全球贸易分析模型(Global Trade Analysis Project)，是一般均衡分析方法中的一种。

第 2 章　中海自贸区贸易效应的理论基础

自 20 世纪 50 年代以来，区域经济一体化实现了较为迅速的发展，成为推动世界经济的重要力量之一。在当前多边贸易体制屡屡遭遇挫折的大环境下，对世界各经济体而言，寻找合适的区域贸易伙伴签署自由贸易协定，扩大贸易规模，激发投资动力，带动经济增长，已经成为共识。本书将不会对所有的区域经济一体化理论展开阐述，只对中海自贸区建设涉及的部分理论进行重点梳理，为深入探讨中海自贸区产生的贸易效应做好准备，从而奠定全书研究的理论基础。

2.1　自由贸易区成为区域经济一体化发展的主要形式

随着区域经济一体化在全球经济版图中的分量越来越重，各国专家对其含义及相关类型进行了较为全面的探讨。其中，由于自由贸易区不仅针对性较强，而且在规则约束方面也富有一定的弹性，因此其已逐步发展成为当前全球区域经济一体化实践的主要形式。

2.1.1　区域经济一体化的内涵

罗布森（Robson）指出，区域经济一体化其实就是指相关成员国能够减免相互存在的歧视性政策，使得独立的国民经济体系重新融入一个更大的经济组织中，成员国依靠比较优势，在统一目标下获取单独行动无法得到的经济利益的这一过程及状态。[①] 廷伯根（Tinbergen）指出，经济一体化就是要把那些妨碍经济实现最高效发展的负面因素予以消减，通过成员国相互之间的合作与协调，建设最优化的世界经济体系。[②] 金德尔伯格（Kindleberger）认为，经济一体化的含义不仅包括宏观层面的一体化及生产要素的自由流动，还包括实现成员国彼此经济层面较高程度的自由贸易，而且一体化还要通过商品市场、生产要素市场或是两者皆而有之，最终实现生产要素价格领域的全面均等化。[③] 米德（Meade）指出，经济一体化就是一个把联盟状态视为最终目标的建设路径，不仅要减免各个成员国经济体之间当时存在的歧视性政策，而且要形成和统筹实施共同一致的政策，其范畴应该能够保证实现主要的经济和社会福利目标。[④]

如今经济一体化在经济学领域得到较多认同的一个含义，是巴拉萨（Balassa）在 1961 年正式论述的："一方面，假如有两个相互独立的经济体，只要他们相互有贸易往来就能够确立是经济一体化；另一方面，该含义还包括各个成员国经济的全面融合。"[⑤]在这个含义当中，经济一体化不仅是一个过程，指采取措施减免各个成员国之间当前存在的歧视性措施，而且是一种

① ROBSON P. The economics of international integration[M]. London: Routledge Press, 1998.
② TINBERGEN J. International economic integration[M]. Amsterdam: Elsvier Publishing Co., 1954.
③ KINDLEBERGER C P. European integration and the international corporation[J]. The Columbia journal of world business, 1966, 1(1): 65－73.
④ MEADE J. The theory of customs union[M]. Amsterdam: Amsterdam Press, 1955.
⑤ BALASSA B. The theory of economic integration[M]. Homewood: R. D. Irwin, 1961.

形式，表现为各个成员国之间各类歧视性措施的完全消失。

从国内学者的现有研究来看，具有一定代表性的观点包括：伍贻康等认为，如果在两个或者两个以上经济体之间的产品或者生产要素能够实现自由流动，同时经济政策方面也能够相互协调，那么经济一体化水平的强弱则是由产品或者生产要素自由流动水平来作为评估标准的，区域经济一体化从而也就具备了不同的组织形式①；张幼文等认为，区域经济一体化的含义可以进一步简化为，在经济再生产的过程中，各个发展阶段现存的阻碍世界经济的因素被逐步克服②；李坤望认为，区域经济一体化是在两个或者更多经济体之间，由成员国相互之间达成某项具体协议而创立起来一个经济合作组织③。

从以上诸多国内外专家给出的定义和具体解释来看，区域经济一体化的含义是在不断变化的，伴随着区域经济一体化在实践环节中的不断推进，其含义也在持续完善，从起初的指向贸易方面相关障碍因素的削减，再到后续的生产要素自由流动相关障碍因素的消除以及在经济政策方面实现总体协调。

随着世界经济发展的日新月异，区域经济一体化开始出现很多新特征，其内涵范畴也越来越宽，如何进行准确界定成为一大挑战。从目前论述区域经济一体化定义的各种角度来看，基本存在广义和狭义两种不同方式。广义角度的区域经济一体化包括如下所列的三种模式，狭义角度只限于第三种模式。具体的三种形式如下④：

模式一，指以边境地区经济技术合作为特征的区域经济一体化，具体是两个或者两个以上的相邻国家之间的边境地区为了加快经济发展速度，增加社会福利，以优势互补为途径开展具体项目的经济技术合作。这一类区域经济合作不具体涉及成员国的贸易投资政策，仅限于经济技术合作的项

① 伍贻康，周建平. 区域性国际经济一体化的比较[M]. 北京：经济科学出版社，1994.

② 张幼文，等. 世界经济一体化的历程[M]. 上海：学林出版社，1999.

③ 李坤望. 国际经济学[M]. 3 版. 北京：高等教育出版社，2010.

④ 张彬，等. 国际区域经济一体化比较研究[M]. 北京：人民出版社，2010.

目范畴。

模式二，指非实行制度开放的区域经济一体化，具体是由两个或者两个以上国家或地区参与，目的是推进 WTO 体系下的合作、促进经济发展、提高社会福利。这一类区域合作将 WTO 规则视为基本准则，在不对区域外国家形成新壁垒的前提下，利用贸易投资便利化举措，减少贸易壁垒，促进经济技术合作。例如，APEC(亚太经济合作组织)就是典型代表。

模式三，是实行制度化开放的区域经济一体化模式，具体指两个或者两个以上的经济体依据 WTO 文件中对区域贸易协定(RTA)的相关说明，通过成员国之间的谈判建立区域性贸易组织，利用相互之间的优惠待遇，推动贸易投资规模扩大，促进经济增长，增加社会福利。这种模式的最大特点表现在制度化方面，是一种包含排他性、约束性制度设计的区域经济一体化组织模式。由于依据 WTO 规定成立，这类区域化贸易协定的签订都需要提交 WTO 报批并备案。例如，2016 年正式签订的中韩、中澳自贸协定等是这一模式的典型代表。

本书对区域经济一体化的定义将只限于狭义角度，仅涉及第三种模式。综合以上几种对具体内涵的理解和分析，本书对区域经济一体化的定义是：在共同的经济目标指引下，各个参与的经济体之间签署协定，统一协调经济政策，消减贸易投资壁垒，促进经济增长，提升社会整体福利以及带来其他方面的广泛收益的制度性安排。

2.1.2　区域经济一体化的分类

国内外不同的学者对区域经济一体化的划分方法是存在差异的，其中最为普遍的一种办法是根据发展层次来进行划分，一般可以分为如下 6 种[①]：

1. 优惠贸易安排

优惠贸易安排(Preferential Trade Arrangement, PTA)是所有类别中

① [美] 多米尼克・萨尔瓦多. 国际经济学[M]. 杨冰，等译. 北京：清华大学出版社，2008.

发展层次最初级、组织框架最为松散的一种，具体指参与国家或地区在国际贸易方面签订关税削减和进口限制的协定，对部分或者所有商品实行特殊的关税优惠。其特点主要表现在以下几个方面：其一，非互惠性。参与国可以单方面享受优惠待遇，即成员国一方削减关税后，不要求其他成员国采取同样的削减关税措施。其二，政策的非统一性。参与国的贸易政策可以不同，即参与国可以对其他不同成员国实施不同的优惠待遇。其三，这种优惠待遇在落后国家达到一定水平以后将被取消。

2. 自由贸易区

自由贸易区(Free Trade Area，FTA)是指两个或者两个以上完全独立行使政权的经济体之间签订自由贸易协定(Free Trade Agreement，FTA)，削减关税或和关税具有类似约束力的贸易管制措施后构建的区域经济一体化组织。例如，1994 年正式设立的北美自由贸易区是这方面的代表之一，具有较大的影响力。其特点主要表现在以下几个方面：其一，互惠性。在商品领域实现了自由贸易，但只是局限于成员国相互之间，即在成员国之间削减关税与非关税壁垒时，对协定以外国家的政策保持不变，这也在事实上构成了对协定以外国家的贸易壁垒。其二，无统一对外政策。在成员国相互之间实行自由贸易政策的同时，各个成员国依然会对自由贸易协定以外的经济体按照各自的实际情况独立采取贸易措施。其三，遵守原产地规则。为避免发生贸易偏转现象，即防范自由贸易协定以外经济体借道关税相对低的成员国出口至关税相对高的成员国，从而能够巧妙规避高关税及有关的贸易壁垒。自由贸易区在原产地规则方面的内容相对严格，一方面会要求成员国在边境口岸仔细检查进口货物，另一方面需要制定一整套详细的原产地规则体系，以核实具体的商品是否符合要求。这会加大成员国成本，对自由贸易的效率提升造成负面影响。

近几年，自由贸易区的概念与以往相比，又有了很多新的发展，内容不仅涵盖了货物贸易方面的自由化，而且已经延伸到服务贸易、投资等更多领域。

3. 关税同盟

关税同盟(Customs Union, CU)就是在自由贸易协定的基础上，成员国相互削减关税以实现自由贸易，同时所有成员国对外制定统一关税或其他贸易政策。例如，早在1968年，当时的欧共体就最先建成了由6个成员国组成的关税同盟，1977年又扩大为由9个成员国组成的关税同盟，1992年更是建成了12国关税同盟。其特点主要表现在以下几个方面：其一，成员国将各自原本相互独立的贸易政策制定权进行让渡，通过关税同盟统一制定对非成员国实施的关税措施或其他有关的贸易政策。其二，无原产地规则，这是因为关税同盟已经实施对非成员国统一的贸易政策，从而能够规避非成员国企图借道低关税成员国再转口到高关税成员国的情况。其三，关税同盟对于成员国的约束水平较之自由贸易协定进一步得到了增强。成员国将不再被允许单独和其他经济体签署自由贸易协定，而只能以关税同盟为整体通过发展新成员或者统一行动签订自由贸易新协议，这也造成这一模式较少被采用。其四，边境内措施(behind border)将成为贸易新壁垒。一方面，虽然关税同盟规定要求一致取消非关税壁垒措施，但是困难在于实施过程中缺乏共同认定的标准；另一方面，当关税同盟内一国商品出口到另一国市场以后，进口国出于保护某些优质产业的动机，很可能使用更加隐蔽的边境内措施，形成新壁垒。

4. 共同市场

共同市场(Common Market, CM)是成员国之间实现商品自由贸易，制定统一关税，同时在服务、资本和自然人等方面也可以充分自由流动。例如，早在1992年，当时的欧共体就成功建立统一的大市场。其特点主要表现为以下几个方面：其一，与关税同盟相同，一方面无原产地规则，另一方面也不允许成员国与其他国家再单独签订自由贸易协定。其二，作为在区域经济一体化分类中比关税同盟更高的一个层级，共同市场中的资本、服务和自然人等要素将实现自由流动，在有关的法律法规方面要建立协调统一的制度管理体系。其三，与关税同盟相比较，成员国政府对于权力让渡的程度也更大。例如,技术标准制定权、资本流动管理权限、劳动力进出境管辖权等均可进行让渡。这将强化共同市场组织干预成员国经济的权力,同时削弱成员国政府管理经济的权力。

5. 经济同盟

经济同盟(Economic Union, EU)是比共同市场更高一个层级的经济一体化组织,其商品货物和生产要素均能够实现较为充分的自由流动,建立统一关税,并且制定共同的经济、社会政策,不断缩减成员国之间的政策差距,使得一体化从货物贸易领域一直延伸到生产、分配等各个层面,形成一个有机融合的经济实体。欧盟是最典型的例子。其特点主要表现为以下几个方面:其一,经济政策上实现高度统一。在共同市场基础上,经济同盟的经济政策直接深入各个成员国的货币、财政政策层面。其二,成员国政府进一步提高其权力让渡的程度。经济同盟可以对各个成员国的宏观经济政策采取必要的措施,并直接影响其内部经济的运转。其三,可以上升为经济货币同盟。当在组织内部实行单一货币政策时,经济联盟就会发展成为经济货币联盟。在这种情况下,区域经济一体化组织将发展到一个新阶段,成为一个在统一制度框架下商品、资本、服务和劳动力等生产要素都能充分自由流动的经济实体。这也催生出了超国家组织,它们把所有成员国的经济组成一个整体来实施统一的管理。

6. 完全经济一体化

完全经济一体化(Full Economic Integration, FEI)是指在经济同盟的基础上更进一步,有效消除了成员国之间存在的所有阻碍商品、资本和自然人自由流动的因素,同时在经济制度、政治制度和法律制度等各个制度领域实现统一协调的经济一体化形式。其特点在于通过经济联盟的一体化,各成员国可以逐步深入扩展到政治联盟的一体化进程。完全经济一体化主要包括两种形式:其一,邦联制。各个成员国的权力大于组织权力。其二,联邦制。组织的权力大于各个成员国的权力。此阶段可以被认为是区域经济一体化的最高层次,也是最终目标。

以上 6 种是获得较为普遍认同的区域经济一体化基本类型，其呈现出一体化程度由低向高逐步发展的阶段性特征。但是，随着关税的大幅下降，其作用日益弱化，在服务贸易蓬勃发展的背景下，关税同盟的地位将持续下降甚至消失。未来，区域经济一体化很可能演化为自由贸易区、共同市场、经济同盟和完全的经济一体化等 4 种类型。

2.1.3　自由贸易区成为世界区域经济一体化实践的主要形式

自从 20 世纪 80 年代后期开始，自由贸易协定（FTA）由于具有较强的灵活性和针对性，被各国普遍接受，其数量迅速攀升。进入 21 世纪以后，FTA 的增长速度呈现井喷态势，覆盖面不断扩大。2000 年至 2016 年 9 月，共有 220 项 RTA（区域贸易协定）向 WTO 通报生效，其中 FTA 达到 198 项，FTA 占 RTA 的比例为 90%。表 2 - 1 展示出 2000 年至 2016 年 9 月这一段时间内每一年全球 RTA 及 FTA 的生效情况。

表 2 - 1　2000 年至 2016 年 9 月向 WTO 通报的 RTA 和 FTA 生效情况

年份	RTA/项	FTA/项	FTA 占 RTA 的比例/%
2000	10	8	80
2001	8	8	100
2002	12	9	75
2003	11	9	82
2004	11	9	82
2005	15	14	93
2006	17	17	100
2007	14	10	71
2008	17	17	100
2009	22	20	91
2010	15	14	93
2011	12	12	100

续　表

年份	RTA/项	FTA/项	FTA 占 RTA 的比例/%
2012	16	15	94
2013	13	12	92
2014	12	12	100
2015	14	11	79
2016	1	1	100
共计	220	198	90

数据来源：WTO RTA 数据库，http://rtais.wto.org/UI/PublicSearchByCr.aspx。
备注：数据截止时间为 2016 年 9 月；统计时，FTA 数据包括 WTO RTA 数据库中"FTA"和"FTA & EIA"两种类型。

从以上数据中可以看到，在 RTA 数据内（如果忽略 2016 年由于时间原因只有 1 项以外），在统计区间内的每一年的 RTA 数量上，只有 2001 年在 10 项以内，为 8 项，其余各年数量都在 10 项或 10 项以上，其中 2009 年高达 22 项。同理，在 FTA 数据内（如果忽略 2016 年由于时间原因只有 1 项以外），在统计区间内的每一年的 FTA 数量方面，2005 年至 2015 年 FTA 数量连续 11 年达到 10 项或 10 项以上，其中 2009 年高达 20 项。总体上，一方面 RTA 和 FTA 呈现出步调较为一致的高增长趋势（见图 2-1），说明区域经

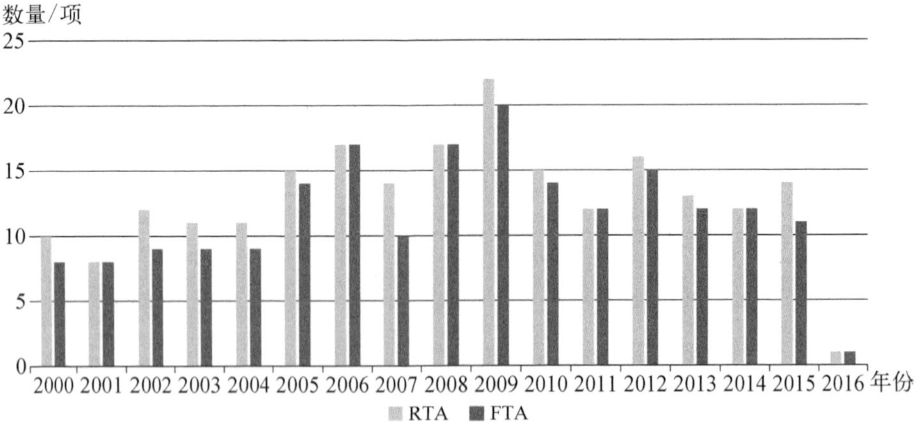

图 2-1　2000 年至 2016 年 9 月 RTA 和 FTA 数量增长趋势

济一体化在全球经济一体化遭遇诸多挑战的困难时期，成为其必不可少的一个发展阶段和实现途径；另一方面，FTA 在 RTA 总量中占据较大比重的同时，始终维持在一个相对较高的数量水平上，说明自由贸易协定不仅在贸易促进方面有着显著作用，而且合理保存了政府制定经济政策的诸多管理权力，由此正日益发展成为世界区域经济一体化实践的主流方式。

随着自由贸易协定数量的增长，自由贸易区覆盖的范围正不断扩大，涉及的内容越来越多，早期传统的自由贸易区主要是实现货物贸易自由化，以关税减免为主要特征。如今的自由贸易区从货物贸易向服务贸易和投资方面延伸，从商品领域自由化向生产要素的全面自由化方向发展，呈现出诸多新特点。建设中海自贸区的第一步应该从传统自由贸易区概念出发，大力削减关税，促进双方货物贸易规模的扩大。在此基础上，一定要迈出第二步，向服务贸易和投资领域拓展，推动中海自贸区高标准定位，争取双边经贸合作结出更多硕果。

2.2　关税同盟与自由贸易区理论的贸易效应分析

自由贸易区在全球经济一体化中的地位稳步攀升。由于 20 世纪 90 年代以来，以 WTO 为核心的多边贸易谈判举步维艰，各国为发展贸易，拉动经济增长，开始转向区域经济一体化建设。在这样的背景下，区域贸易协定得到了较为迅速的发展，尤其是双边层面的自由贸易协定呈现出一种井喷的态势，世界经济开始步入以自由贸易区建设为主要方式，多层次路径全面推进的新时期。为充分理解建立中海自贸区将为中国和海合会双方带来的贸易效应，本节将对关税同盟和自由贸易区理论的贸易效应进行重点分析。①

① 加入对关税同盟的分析，是因为关税同盟是自由贸易区的前身，对其进行理论分析将有助于更好地理解自由贸易区的实质。

2.2.1 关税同盟理论

作为被普遍认为比较成熟的一种理论，关税同盟理论为福利效应的模型分析，为区域经济一体化理论体系的发展提供了关键支撑。1950 年，维纳(Viner)的著作《关税同盟问题》(*The Customs Union Issue*)正式拉开了关税同盟理论研究的序幕。① 米德②、李普西(Lipsey)③在维纳模型基础上再进一步提出了其存在的消费效应，同时还从贸易创造中具体分解出生产效应。约翰逊(Johnson)④及库珀(Cooper)和马塞尔(Massell)⑤等证明了维纳模型中关税同盟相比单边关税削减得到的福利效应较少，并提出将“公共产品”纳入福利效应分析。

根据德罗萨(DeRosa)的观点，维纳对于福利效应的分析，总共包含如下 9 个前提假设条件⑥：(1) 生产要素及商品市场结构是完全竞争的；(2) 生产要素仅在国内自由流动；(3) 运输成本为 0；(4) 关税是唯一贸易壁垒；(5) 价格能反映出生产的机会成本；(6) 贸易收支是平衡的；(7) 资源实现充分利用；(8) 产品同质；(9) 虽然进口竞争产品的生产有可能是边际成本递增的，但是各国出口产品的生产成本不变。⑦

维纳等提出，关税同盟静态层面的总效应是贸易创造和贸易转移的综合结果，其中贸易创造将会增加成员国福利，贸易转移则恰好相反，将减少福利。贸易创造是指削减关税将使得某个成员国成本较高的产品被其他成员国成本较低的同一类型产品用贸易途径予以替代，如果能够有效扩大成

---

① VINER J. The customs union issue[M]. New York: Carnegie Endowment for International Peace, 1950.

② MEADE J. The theory of customs union[M]. Amsterdam: Amsterdam Press, 1955.

③ LIPSEY R G. The theory of customs unions: trade diversion and welfare[J]. Economics, 1957, 24: 40 - 46.

④ JOHNSON H G. An economic theory of protectionism, tariff bargaining and the formation of customs union[J]. Journal of political economy, 1965, 73: 256.

⑤ COOPER C A, MASSELL B F. Toward a general theory of customs unions for developing countries [J]. Journal of political economy, 1965, 73: 461 - 476.

⑥ DEROSA D A. Regional integration arrangements: static economic theory, quantitative findings, and policy guidelines[R]. Washington: WB, 1998.

⑦ 前 8 条假设为罗布森于 1987 年总结。

员国相互之间的贸易总额，将带来社会福利整体上的增加。[①] 这种收益体现在两种效应上：其一是生产效应，一个成员国会减少甚至取消某些高成本产品的生产，转而从另一个生产成本更低的成员国进口该产品，这将有助于节省高成本成员国的开支；其二是消费效应，进口低成本产品替代本国同一类型的高成本产品，将有助于降低消费支出，从而能够增加消费者剩余。[②]

贸易转移是指组织内成员国原本从非成员国进口某一类成本较低的商品，现在转为向另一成员国进口成本较高的该类型商品。其福利损失主要来自两方面：一个是成员国进口商品从同盟以外的低成本变成了同盟以内的高成本，商品成本增加；另一个是相同商品的消费也从同盟以外的低成本变成了同盟以内的高成本，消费者剩余减少。[③]

贸易创造和贸易转移的局部均衡分析如图 2－2 所示。在该图中，横轴代表的是进口数量，纵轴代表的是进口价格，SS 代表的是供给曲线，DD 代表的是需求曲线。在该图中，P_y 代表的是关税同盟外非成员国 Y 的价格，P_p

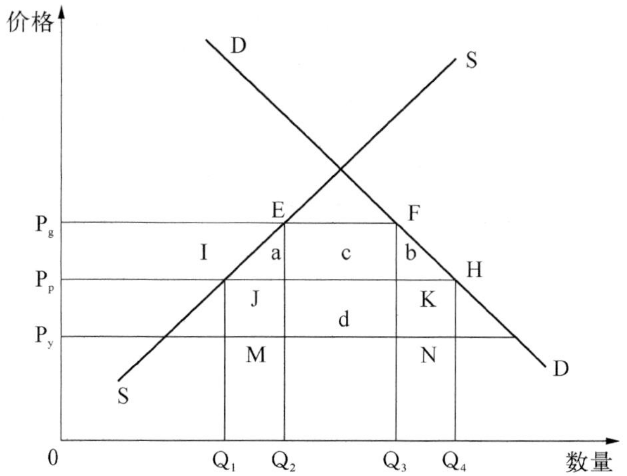

图 2－2　贸易创造效应与贸易转移效应[④]

① 华晓红. 国际区域经济合作：理论与实践[M]. 北京：对外经济贸易大学出版社，2007.

② 维纳的分析开始时较为注重生产效应，忽略了消费效应。米德在 1955 年首次提出消费效应。之后，约翰逊、李普西、延伯根等进一步完善了关税同盟理论。

③ 华晓红. 国际区域经济合作：理论与实践[M]. 北京：对外经济贸易大学出版社，2007.

④ 刘力，宋少华. 发展中国家经济一体化新论[M]. 北京：中国财政经济出版社，2002.

代表的是关税同盟内成员国 P 的价格，P_g 代表的是所在国征收关税时的价格。

在关税同盟成立以前，本国的货物进口量为 Q_2Q_3，都是从 Y 国进口的，该国的关税总收入为 c+d。关税同盟成立以后，由于本国与 P 国之间将共同致力于削减关税水平，而与 Y 国的关税水平则没有变化，这样的话从 P 国进口货物的价格显然就会比从 Y 国进口更加优惠。由图 2-2 可知，若本国的进口量将从 Q_2Q_3 直接扩大到 Q_1Q_4，而且将实现全部从 P 国进口，那么本国的市场价格则会由于进口成本下降而出现下降，而且将会和 P 国市场上的价格相一致，从图中的 P_g 下滑到 P_p 的位置。当价格下降所增加出来的贸易量是 $Q_1Q_2+Q_3Q_4$，其中 Q_1Q_2 是进口导致的本国生产替代数量，成本也将会从 EI Q_1Q_2 一直下降到 JI Q_1Q_2，增加了福利 a。Q_3Q_4 是当价格下降出现以后，将促进消费额增加，造成贸易量的扩大，消费者总效用将是图中的 HF Q_3Q_4，其中成本为 HK Q_3Q_4，增加了福利 b。从图中可以看到，a+b 就是关税同盟所带来的贸易创造效应，其中 a 代表的是生产效应，b 代表的是消费效应。贸易转移在图中可以用进口量 Q_2Q_3 所带来的成本增加予以具体阐述。在关税同盟建立之前，这部分货物量原本是从 Y 国进口的，其包括的福利成本是 NM Q_2Q_3。关税同盟建立以后，这部分货物量则会变成由成本相对较高的组织内成员国 P 提供，福利成本将变成 KJ Q_2Q_3，福利总体上就减少了 d。d 在关税同盟成立以前表现出来是关税收入，在关税同盟建立以后就不再存在了。d 就是关税同盟的贸易转移效应。

2.2.2 自由贸易区理论

虽然与关税同盟相比较，自由贸易区的经济一体化水平本质上要显得更加低一些，但是后者是在前者基础之上结合自身特征所发展出来的。如此前第 2.1 节中所论述的，自由贸易区和关税同盟的不同点在于两个方面：一方面是没有统一制定的关税，成员国享有独立权力来决定税率；另一方面是原产地规则较为严格。只有被认定为原产于自贸区内成员国的产品，才享有权利进行自由贸易。[1]

罗布森在其著作《国际一体化经济学》(*The Economics of International Integration*)中，首次对自由贸易区理论展开了较为全面、细致的阐述与剖析。之后，有诸多学者在此基础上展开深入研究和探索，进一步完善了该理论。同时，罗布森得出结论：由于自由贸易区中的间接贸易偏转[2]无法实现有效规避，与关税同盟相比较，自由贸易区的福利效应更加好。所以，自由贸易区同样存在贸易创造和贸易转移，但是与关税同盟相比在实践环节存在较大差异。不难发现，这两者之间在福利效应方面表现出来的区别就体现在贸易偏转效应上。本节将在罗布森研究的结论之上，对自由贸易区再次展开深入探讨。

图 2-3 至图 2-6 展示出自由贸易区与关税同盟的贸易效应区别。[3] 在图 2-3 和图 2-4 中，设定一种货物在 H 国和 P 国的供给曲线分别为 S_H 和 S_P，需求曲线分别是 D_H 和 D_P。在设立自由贸易区以前，P 国关税较低为 P_WT_P，H 国关税较高为 P_WT_H，其中 P_W 是全球市场该货物供给价格。H 国

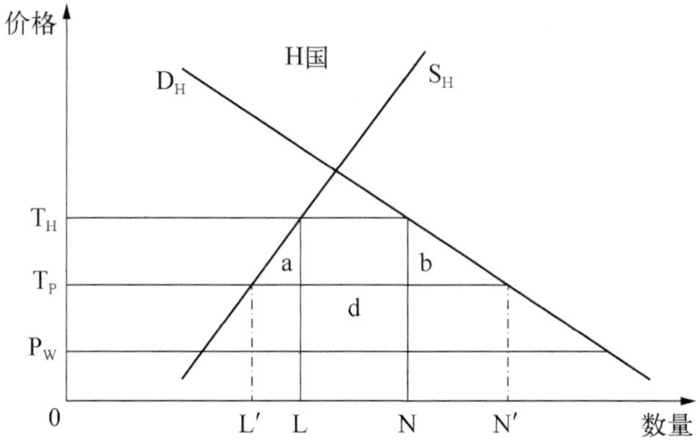

图 2-3　自由贸易区 H 国情况

① 严格的原产地规则是为了防止“贸易偏转”。贸易偏转是指区域以外国家利用成员国之间的关税差异，将商品先出口到低关税成员国，再转出口到高关税成员国。

② 间接贸易偏转是指成员国可以先把本国生产的产品出口到另一个成员国，再通过进口自由贸易区以外的同类产品来满足国内需求。

③ ［英］彼得·罗布森. 国际一体化经济学[M]. 戴炳然，等译. 上海：上海译文出版社，2001.

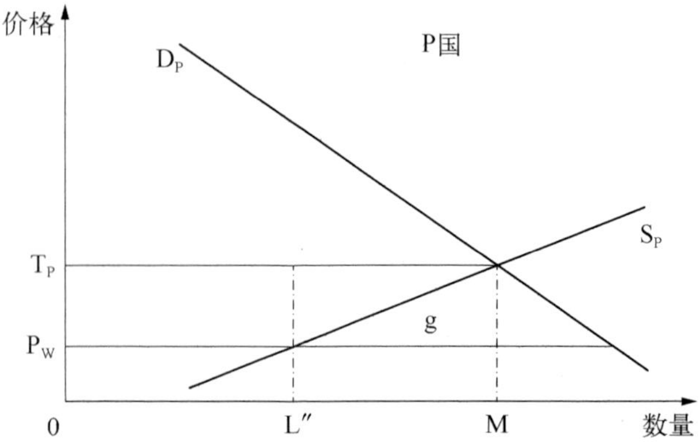

图 2-4　自由贸易区 P 国情况

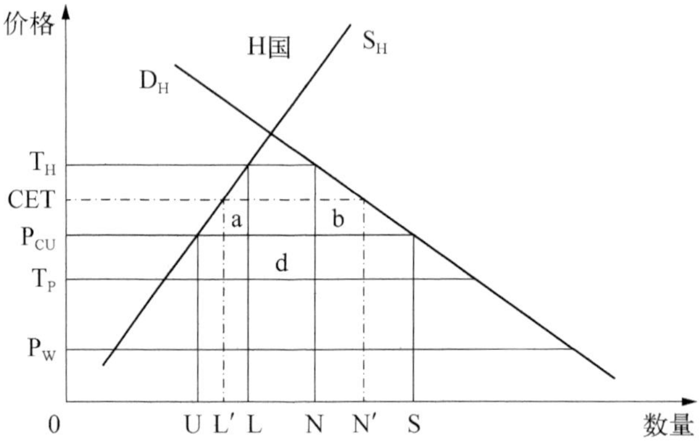

图 2-5　关税平均化后的关税同盟 H 国情况

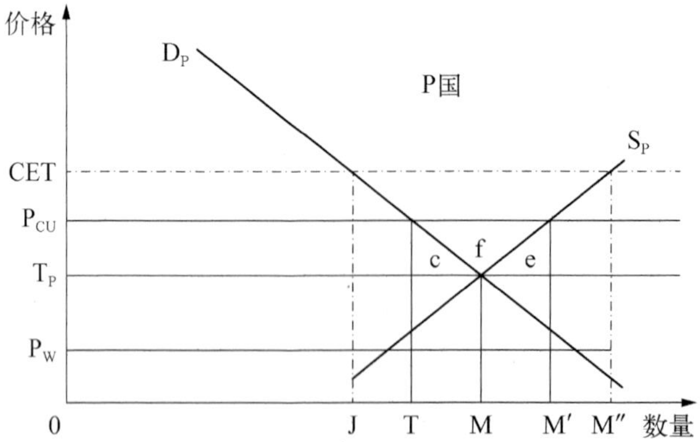

图 2-6　关税平均化后的关税同盟 P 国情况

和 P 国成立自贸区将削减相互之间的关税水平，但是它们对其他非成员国的关税保持不变。因此，从图 2-3 中可以看到 H 国的价格水平表示为 T_P，a 代表的是生产效应，b 代表的是消费效应，d 代表的是贸易转移。

在图 2-3 和图 2-4 中，在 T_P 价格点上，H 国的需求比供给大，两者之间的差额是 L′N′。这一差额将依靠自由贸易区内部成员国 P 来负责提供。在 T_P 价格点上，P 国供给与需求相同，供给量是 OM。如果假定 L′N′等于 L″M，P 国会把 OM 中 L′N′数量的货物出口到 H 国，自己则在 P_W 价格点上从全球市场进口 L′N′数量的货物。这种情况就会导致出现间接贸易偏转效应。原产地规则无法规制这种行为，即 P 国一方面从全球市场进口某种产品，另一方面又将本国生产的这种产品出口到 H 国。这将为 P 国带来福利 g。而在关税同盟情况下，H 国和 P 国对外关税统一为 P_WCET，CET 为此时的货物价格。

在图中 CET 价格点上，关税同盟内的供给水平比需求水平要大，在图 2-5 和 2-6 中具体表示为 P 国供给量超过需求量的部分要比 H 国需求量超过供给量的部分大。关税同盟内的价格是 P_{CU}，$T_P<P_{CU}<CET$，得到 TM′=US。从图 2-5 中 H 国的角度来看，贸易创造代表的两部分 a 和 b 的区域变小了，而贸易转移部分代表的 d 却变大了；从图 2-6 中 P 国角度来看，当价格 T_P 上升到 P_{CU} 以后，消费者剩余就出现减少，损失表现出来是 c；MM′为增加的产量，如果没有关税同盟，MM′数量的货物可以在 T_P 价格点上从全球市场采购，福利损失为 e。整体而言，P 国出口到 H 国 TM′的货物量带来的收益为 c+f+e，净收益为 f。通过以上分析可以看到，与关税同盟相比较，自由贸易区的贸易效应更好。

2.3 区域经济一体化理论发展概述

传统的维纳-米德分析框架是在完全竞争市场结构下的理论，该理论提出，生产率差异和要素禀赋不同是国际贸易蓬勃发展的根源。由保罗·克鲁格曼(Paul Krugman)等学者创建的新贸易理论进一步放宽了分析的假设条件，强调规模经济效应以及产品的异质性，这在世界范围内产生了巨大的影响。以此作为研究基础，克鲁格曼等学者又将新贸易理论与空间经济学等新理论相结合，得到了较为丰硕的研究成果。

2.3.1 区域经济一体化贸易效应研究的拓展

自20世纪80年代以来，随着研究的逐步深入，各国在实践中参与区域经济一体化的福利效应可以进一步分解为分配效应、要素积累效应和区位效应等几个方面。其中，规模经济效应被视为包含在分配效应中；要素积累效应则包含了两个阶段，即中期直接投资效应和长期经济增长效应；区位效应包括产业集聚效应等。①

1. 区域经济一体化的分配效应

鲍德温(Baldwin)等学者指出，区域经济一体化的分配效应由两部分组成：第一部分是指完全竞争背景下所获得的固定收益，包含在维纳-米德分析框架内；第二部分是指不完全竞争背景下的规模经济，也由两部分组成，具体包括成本下降效应(Cost Reduction Effects)以及贸易抑制效应(Trade Depression Effects)。②研究区域经济一体化中规模经济效应的典型成果还包括小岛清(Kojima Kiyoshi)的协议性分工理论。③ 小岛清指出，在规模报酬递增的部门，不同经济体之间可以通过相互签订协议为对方提供市场，这样市场规模和产量都会得到提升，各个经济体就能共享规模经济效应创造的福利。当然，协议性分工要满足三个条件：其一，参与其中的经济体要有相类似的要素资源禀赋，发展水平处于同一阶段，具备足够的实力完成协议分工产品的生产任务；其二，这种协议分工所具体涉及的产品本身应该具有

---

① 张彬，等.国际区域经济一体化比较研究[M].北京：人民出版社，2010.

② BALDWIN R E, VENABLES A J. Regional economic integration[M]//GROSSMAN G M, ROGOFF K. Handbook of international economics. Amsterdam: Elsevier Science Publishing, 1995.

③ [日]小岛清.对外贸易论[M].周宝廉，译.天津：南开大学出版社，1987.

产生规模经济效益的特性；其三，对于其中的经济体来说，无论参加哪一种协议分工产品的生产，其所产生的成本和收益差别并不大。

2. 区域经济一体化的要素积累效应

区域经济一体化会直接影响区内成员国与区外非成员国的资本价格，并进而使得资本流向发生改变。当投资与人力资本、知识资本都拥有更高回报率的时候，要素积累程度就会得到增强，在短期内表现为直接投资效应，在长期内则表现为经济增长效应。

（1）直接投资效应

区域经济一体化对该地区及各个成员国的直接投资将产生动态影响，包括投资创造和投资转移两个方面。任何一个方面又被划分为两部分，即区内成员国相互之间以及区外与区内成员国的资本流动情况。这一定义是由金德尔伯格首次提出的，他认为可以用其来具体解释和分析跨国公司直接投资对区域经济一体化贸易效应所产生的影响。① 其具体内容涵盖以下几个方面：第一，区内各国之间的投资创造。区域经济一体化组织的建立，将削减当前存在的阻碍因素，使得资本、自然人和信息等各类生产要素能够实现自由流动，推动区内扩大直接投资规模。第二，区外对区内的投资创造。在区域经济一体化组织建立以后，一方面区外跨国公司相比区内跨国公司将失去产品竞争优势，不得不考虑在区内建立工厂以维持原有竞争力；另一方面，市场规模的显著扩大将能够吸引区外企业来区内建立新工厂。第三，区内各国之间的投资转移。区内投资结构将发生变化，外商直接投资存量和增量将从区位优势较小的成员国转向区位优势较大的成员国，产生区域内的投资转移效应。第四，区外对区内的投资转移。随着市场吸引力上升，跨国企业对于区内直接投资得以扩大，对原本将区外经济体视为目的地的投资造成了挤压，从而带来区外对区内的投资转移效应。总体而言，区域经济一体化将有效增强对跨国公司的吸引力，提高外商直接投资规模，但

① KINDLEBERGER C P. European integration and the international corporation[J]. The Columbia journal of world business, 1966, 1(1): 65 - 73.

在各成员国之间的具体分配方面还要视其自身的区位优势大小而定。

(2) 经济增长效应

由于经济增长效应的研究起源于欧共体的设立，而欧共体是由多个欧洲发达经济体组成的，这就导致了传统的经济增长效应实际上是在研究同质国家在区域经济一体化过程中的增长效应。巴拉萨将经济增长效应归入动态效应范畴，认为其来自规模经济、技术进步、竞争加剧和资本快速流动等。[①] 随着20世纪80年代经济增长理论的发展，众多学者对此进行了热烈研讨，普遍将之细分为长期效应(Permanent Growth Effects)和短期效应(Temporary Growth Effects)。长期效应是指区域经济一体化将加大经济增长曲线的斜率；短期效应则是指平行移动经济增长曲线，但是增长曲线的斜率并不改变。鲍德温将同质国家的经济增长效应又分为静态效应和动态效应，静态效应是指成员国以相同的投入，如人力资本和技术等，实现更大的产出。在市场完全竞争时，静态效应产生于资源优化配置，在市场不完全竞争时，静态效应产生于规模经济效应。动态效应主要是指通过要素积累发生变化来对经济增长造成影响。[②] 内生经济增长理论经过发展，更为全面地阐释了经济增长效应的变化，成为被广泛认可的研究框架。此后，在深入研究的进程中，假设条件由成员国是同质的变为是异质的，由此研究者得出了一系列较为重要的研究结论，并使得这些成果更加契合实践现状。

学者们通过对区域经济一体化经济增长的全面研究，得出了较受认可的结论，即国际贸易、知识外溢和制度设计等途径将改变成员国生产要素的相对价格，使得资源更多地流入研发、人力资源部门，从而促进了知识持续积累，有利于实现经济增长的目标。但是不足之处在于，区域经济一体化影响经济增长的因素较多，难以全部拟合成变量，这对实证研究造成了一定的困扰。

---

① BALASSA B. The theory of economic integration[M]. Homewood: R. D. Irwin, 1961.
② BALDWIN R E. A domino theory of regionalism[C]. Cambridge: NBER Working Paper, 1993.

3. 区域经济一体化的区位效应

区位效应具体是指一体化组织设立以后，将对不同经济体的投资选址、自然人流动等方面产生的具体影响。[①] 随着区内经济中心的形成，产业集聚效应开始显现，产生更加集中的经济集体行为，强化在地理上的优势。克鲁格曼重点分析了产业集聚将会产生向心力与离心力，指出前者应该包括市场效应以及价格效应两个方面。[②] 市场效应是指生产布局的变化将会引起市场规模的相应变动，进而导致相关生产活动的有效集聚。价格效应是指生产活动的集聚将使得市场相对价格下降，在名义收入一定的情况下，实际收入会上升，该区域对厂商的吸引力变大。而离心力则指企业的集聚将会加剧竞争程度，从而压缩企业原有的盈利空间。

在区域经济一体化从低层次向高层次发展的过程中，产业集聚形成以后，区域内会产生较为明显的差异，极化现象开始出现。当产业集聚到一定程度以后，伴随着极化现象，生活成本和环境成本等会更高，这对产业集聚又造成了离心力。当这种离心力超过向心力时，技术含量低的劳动密集型企业被迫转移，原区域则可能上升为技术密集型产业中心，实现梯度升级。如果最终能够实现完全的区域经济一体化，区内各个经济体将按照资源要素禀赋情况来选择最优的产业定位，并实现相互之间分工协作的合理布局。

2.3.2　区域经济一体化理论的主要发展

进入 21 世纪以来，区域经济一体化理论的发展主要体现在以下三个方面，即轮轴-辐条效应、贸易伙伴国选择标准的考量以及区域经济一体化的收益研究。

1. 轮轴-辐条效应

由于在实践过程中，各国都热衷于签订类型多样的自由贸易协定，相互

① 张彬，等. 国际区域经济一体化比较研究[M]. 北京：人民出版社，2010.

② KRUGMAN P. Increasing returns and economic geography[J]. Journal of political economy，1991，99(3)：483 - 499.

之间出现了重合等各种情况，形成了错综复杂的全球自贸区网络。为解释这一现象，学者们提出了不少真知灼见，其中轮轴-辐条理论最具代表性。

作为轮轴国来说，其可以从贸易和投资两方面获益。在贸易方面，轮轴国可以在签订自由贸易协定的情况下直接进入所有辐条国，而辐条国则由于受制于原产地规则而无法进入其他各个辐条国市场。在投资方面，轮轴国由于能够进入全部有关的辐条国市场，将有效增加对外资的吸引力。鲍德温提出了多米诺效应，即一体化组织形成以后，将增加区外非成员国成本，这就会推动更多非成员国加入自由贸易协定。① 另外，辐条国数量的增多确实提高了轮轴国所在市场的竞争程度，这将会对利润造成一定影响，但是同时我们应该看到，这也扩大了辐条国的整体市场规模，将能够提高轮轴国的生产者剩余。可以预见，如果不计算为达成自由贸易协定所可能要付出的各类成本，理性的轮轴国都有足够的意愿不断增加辐条国的数量。

对于辐条国来说，虽然签署自由贸易协定以后，在一定程度上能够增加其在轮轴国市场上的出口额，但是也要看到由于辐条国的数量本身就比较多，竞争程度较为激烈，其自身的出口增加量将明显少于轮轴国对其出口货物的增加量，而且随着辐条国数量的增多，这种差距将不断扩大。造成这一现象的原因还在于辐条国都仅对轮轴国开放，但是轮轴国则会对所有辐条国都开放，双方面对的市场规模扩张程度存在明显差距。对辐条国而言，先达成自由贸易协定获得的出口增加量将大于后达成者。随着签署的自贸协定数量不断上升，辐条国可以获得的福利水平将呈现持续下滑态势。因此，已经签署自由贸易协定的辐条国并不希望新的成员国加入，因为这会对其福利水平产生冲击，但是区外的经济体由于在轮轴国市场竞争中处于不利地位而迫切希望成为区内成员国，这种情况就使得轮轴-辐条体系产生了内生的发展动机。

总之，就轮轴国和辐条国而言，前者始终会处在一个比较有利的地位，

① BALDWIN R E. A domino theory of regionalism[C]. Cambridge: NBER Working Paper, 1993.

新进来的后者会按照自由贸易协定开放本国市场，但以此换取的前者市场会因为竞争者增加，变得越来越小。新辐条国的加入将直接冲击原辐条国的福利水平，使得辐条国与轮轴国之间的不均衡性更趋严重。

2. 贸易伙伴国选择标准的考量

自区域经济一体化理论发展之初，学者们就一直很关注贸易伙伴国的选择标准问题，但是各有各的观点，始终未能得出受到普遍认可的结论。

(1) 自然贸易伙伴标准

萨默斯(Summers)认为，自然贸易伙伴是指那些相互间距离较近，能够在贸易活动中降低运输成本的经济体。① 基于这样的角度，地缘性较强的经济体之间签订自由贸易协定是有利的选择，而距离太远的经济体之间签订自由贸易协定将很难带来福利的增加。从技术溢出角度来看，如果知识传输的距离扩大，将会对全要素生产率(Total Foctor Productivity)造成递减影响。希夫(Schiff)指出不仅要分析目标国和潜在伙伴国及世界其他国家之间的关系，而且要分析潜在伙伴国与世界其他国家之间的关系，这两者之间的关系限制了自由贸易协定达成之前如何决定贸易模式与价格。② 阿姆贾迪 (Amjadi)和温特斯(Winters)发现在南方共同市场(Mercosur)内部，较高的运输成本为贸易条件的优化留下了空间，但很少有能够满足这一优化条件的相应贸易模式的变化。③ 例如，在北美自由贸易协定(NAFTA)中，由于美国和加拿大的供应商有限，墨西哥市场上某些商品的贸易量不增反降。

(2) 比较优势标准

比较优势标准重点分析成员国相互之间和成员国与其他经济体相比所具有的比较优势。维纳布尔斯(Venables)指出，比较优势标准能够界定一个理想的贸易伙伴国，还能对区域经济一体化组织建成后，成员国之间的收入

① SUMMERS L H. Regionalism and the world trading system [M]. New York: Federal Reserve Bank Press, 1991.

② SCHIFF M. Will the real "natural trading partner" please stand up? [M]. Washington, DC: World Bank Development Press, 1999.

③ AMJADI A, WINTERS L A. Transport costs and "natural" integration in Mercosur [J]. Journal of economic integration, 1999, 14(4): 497 - 521.

差距是上升还是下降提供判断依据。① 如果把各国按照比较优势排序，比较优势高过世界平均水平的国家，由于产品竞争力较强，在加入一体化组织前后的生产效率都比较高，贸易模式发生的变化不大；但是比较优势低于世界平均水平的国家，由于产品竞争力较弱，贸易模式可能会遭受一定冲击。由此可以认为，发达国家相互的区域经济一体化会缩小成员国收入差距，而欠发达国家之间则可能会扩大收入差距。

(3) 国家类型标准

根据国家类型标准，发展中国家在选择贸易伙伴国的时候，选择发达国家会比选择发展中国家带来更多利益。欠发达国家之间的一体化不仅有可能会扩大收入差距，而且还有可能会对政治层面带来一定的冲击。而对发展中国家而言，与发达国家建立区域经济一体化组织，能够带来更多的外商直接投资，有机会进入发达国家市场。对发达国家而言，与发展中国家建立区域经济一体化组织，则可以获取本国所欠缺的资源要素禀赋。从技术溢出角度来看，与发达国家的贸易可以带来更多的知识溢出效应，对发展中国家的经济增长较为有利。

3. 区域经济一体化的收益研究

随着区域经济一体化在全球范围内的崛起，各个经济体的关税水平几乎降至最低点，传统收益层面创造出来的吸引力已经十分有限，对区域经济一体化收益的探讨则开始逐步转向其他层面和非经济收益方向。

就小国而言，如果与大国成功建立一体化组织，将会获得进入大国市场的机会。小国之间建立区域经济一体化组织是为了在与大国谈判时降低成本，增加话语权。因为小国在与大国谈判时，往往需要在经济上和政治上做出较大让步，以便说服大国内部的反对势力。可以认为，小国是在以让步作为代价换取进入大国市场的机会。对大国而言，建立一体化组织一方面是

---

① VENABLES A J. Winners and losers from regional integration agreements[J]. The economic journal, 2003, 113(490): 747 - 761.

为了获取经济利益的增加，另一方面是出于非经济利益层面的考虑。经济利益包括两个方面：一方面是贸易利益，由贸易创造和贸易转移两个部分组成；另一方面是非贸易利益，指提升本国在全球贸易体系中的话语权，即通过发挥主导权，增强本国在其他多边或双边自由贸易谈判中讨价还价的能力，以争夺贸易投资规则方面的制定权。大国可以通过在区域经济一体化组织中的实践，把区内规则作为与其他大国谈判的筹码，其根本目的是把区域规则上升为全球规则，从而获取非传统利益。大国的非经济利益则涉及政治利益，包括宣传意识形态、推广政治制度以及巩固战略安全等。

费尔南德斯(Fernandez)和波特斯(Portes)为了说明一些国家在无法获得贸易创造效应的背景下加入区域经济一体化组织的原因，将其可能获取的利益归纳为以下几个方面：(1) 增加可信度。一个经济体在加入区域经济一体化组织以后，在区内规则的约束下，贸易政策会保持稳定，从而提升国际信誉度。(2) 信息传递。通过签订自由贸易协定，可以向外国投资者及潜在贸易伙伴传递政策信号，明确外界对本国政策的预期。(3) 提升谈判能力。在达成自由贸易协定后，一个成员国的对外谈判将在某种程度上代表所有成员国的利益，增加了对第三方的筹码。(4) 保险作用。其一，可以防范成员国实现贸易保护。其二，对区外能采取一致的贸易政策。其三，可以加大其在贸易争端中的权重，降低其造成的负面影响。(5) 推动协调发展。通过区域经济一体化组织吸纳那些在自由贸易发展进程中获得收益的经济体，协调统一其采取的政策方针，提振全球对于自由贸易的信心和影响力。①

2.4　自由贸易区贸易效应研究方法综述

自由贸易区的贸易效应研究是新时期全球经济格局下的热点话题，各

① FERNANDEZ R, PORTES J. Returns to regionalism: an analysis of nontraditional gains from regional trade agreement[J]. The World Bank economic review, 1998, 12(2): 197 - 220.

界学者不仅研究自由贸易区对区内成员国产生的贸易效应，而且研究对区外非成员国造成的影响。在研究方法方面，学者们基本上都选择使用计量经济模型的实证途径。当前，自由贸易区贸易效应的分析正在从注重静态分析转向动态分析，实证研究的方法也在做相应调整，从事后分析转向事前分析、局部均衡分析转向一般均衡分析、静态分析转向动态分析。在这一过程中，假设的前提条件在减少，而与研究对象有关的经济变量却在增加，这使得模型模拟条件与实际情况更加切合，有助于更全面地模拟出贸易效应。①

本节对研究方法的分析将从事前研究以及事后研究分别进行。其中，事前研究是指在自由贸易区设立之前或者在政策或协议生效之前达到预测的作用，先设定自由贸易区贸易流量的影响因素并对其进行控制，再估计未来设立自贸区对成员国究竟会造成多大冲击。主要的事前研究模型包括可计算局部均衡（Computable Partial Equilibrium，CPE）模型、可计算一般均衡（Computable General Equilibrium，CGE）模型和由 CGE 模型发展而来的全球贸易分析（Global Trade Analysis Project，GTAP）模型等。事后研究是指在自由贸易区正式设立以后再进行相关预测，先掌握自由贸易区内各类影响因素的具体运行数据，再进一步估计贸易效应。主要的事后研究模型有引力模型和巴拉萨模型等。

2.4.1 事前研究方法综述

事前研究方法主要是局部均衡分析方法和一般均衡分析方法，各具优势，各有特点，其具体情况如下所述：

1. 局部均衡分析方法

局部均衡是某一个商品市场上所形成的供求平衡，单个商品市场的供求关系最终会决定价格，这个价格将不会受到其他商品市场变化的影响或冲击。CPE 模型重点研究自由贸易区建成之前和之后，区内成员国与区外

① 葛飞秀，杨晓龙. 自由贸易区贸易效应研究方法综述[J]. 新疆财经，2011(5)：61－65.

非成员国对某一类产品的收入需求弹性变动情况，进一步确定对贸易流量将会产生的影响。在研究政策因素影响商品市场的过程中，由初始均衡阶段发展到新均衡阶段时，CPE 模型能够对市场价格、商品供求数量以及消费者、生产者剩余进行计算，估计政策带来的影响。① 局部均衡分析方法主要是先通过经验表达式来表示贸易创造效应以及贸易转移效应，该表达式中含有产品进口需求价格弹性和成员国与区外非成员国之间的进口替代弹性，再使用进口需求回归模型对上述弹性进行模拟回归计算，最后代入表达式得出分析结果。目前，世界银行开发设计的 SMART 模型最具代表性，是各个经济体在参与自由贸易区谈判过程中非常重视的分析方法之一。随着中国自由贸易区战略的推进，越来越多的学者开始运用 CPE 模型模拟关税变化及其影响，为自由贸易区的政策选择提供了定量评价和有益建议。

运用局部均衡分析方法的优势在于：第一，可以较为清楚地反映出在关税削减以后，自由贸易区对各个成员国以及各类产品贸易流量的影响程度；第二，CPE 模型的数据库更新较快，时效性较强，能够掌握到微观层面的信息，在政策分析中具备较强的操作性，是一种实用性较强的工具；第三，CPE 模型能够直接反映出某种产品的市场供求状态及其与价格之间的联动机制，扩大了其应用范围。其劣势主要在于：第一，限于单独的市场均衡分析，不涉及各个市场之间的相互作用；第二，在 A 国和 B 国建立自贸区以前，一旦 A 国从 B 国的进口量为零，则将使得贸易效应的度量表达式出现无解的特殊情况，进而无法进行有效预测；第三，要假定使用事前数据计算出来的弹性数值在自由贸易区建成后依然保持不变；第四，应用面受到一定限制，只能针对关税贸易效应做出估计，并不涉及非关税措施的贸易效应。

2. 一般均衡分析方法

一般均衡分析方法起源于里昂·瓦尔拉斯(Léon Walras)的一般均衡理论，在运用 CGE 模型的同时通过设立基准线来进行相应的预测，同时对动

---

① 唐宜红，林发勤. 外部需求冲击与中国的出口波动：基于随机动态局部均衡模型的分析[J]. 世界经济研究，2012(1)：39－43.

态情景进行模拟。目前，该模型被应用于各个研究领域，分析贸易自由化等政策变动可能带来的影响。

CGE 模型的主要特点包括：其一，假设所有商品市场和要素市场都是充分竞争的，需求函数和供给函数是零阶齐次函数。同时，生产规模报酬不变。其二，所有商品市场和要素市场符合瓦尔拉斯定律，是均衡的。企业在技术条件约束下把利润最大化视为最终目标，家庭在预算条件约束下把效用最大化视为最终目标。其三，覆盖所有经济范围内的资源配置，而不是关注经济周期性；重在分析政策措施对整个经济运行机制造成的影响，而不是研究政策干预究竟会产生何种效果。

随着 CGE 模型的接受程度不断提高，这一模型开始逐步被运用到自由贸易区研究中，以便考量设立自由贸易区对成员国及非成员国带来的影响。普渡大学的托马斯·W. 赫特尔(Thomas W. Hertel)教授作为负责人设计出了全球贸易分析(GTAP)模型，具体来讲包含多个部门并涉及多个地区，构建了一个具备操作性的可计算一般均衡框架。

全球贸易分析模型总共包含了行业部门、家庭、政府和资本创造者等四个结构系统，将全世界分为若干地区或国家，每个地区或国家都建立单独的 CGE 模型，这些子模型详细阐述生产、投资、政府支出和消费等情况，再通过多边或者双边的贸易协定，将各个国家或地区的流通过程加入模型内，最后设计出一个全球模型。在部门划分上，按照 SITC《国际贸易标准分类》的分类标准分成 9 个部门，即农业、采掘业 、加工类食品和饮料、服装类纺织品、化学类制成品、钢铁和金属类制成品、机械电子类产品、其他制成品、服务类产品。同时，可以按照研究的实际需要，继续细化产品分类。

GTAP 模型由线形方程组描述整个系统，方程组包含由商品、服务和要素市场的供给和需求条件形成的具体表达式，由此可以反映各国产出水平、进出口和物价水平等全方位状况。

GTAP 模型对政策变量的估算预测效果获得了较大的认同，并且一直在不断完善和更新其附属的数据库。从 20 世纪 90 年代开始，GTAP 附属的数据库平均两年左右就会更新一次，在这期间更是从比较静态分析层面推进到动态分析层面，实现了跨越式发展。GTAP 动态分析按照时间变化持续更新其附属数据库以及模型设计的基准情景，时间因素受到政策和技术等变量的影响，资本则在不同区域间流动，较符合对现实情况的模拟，估算的效果也比较好。

2.4.2　事后研究方法综述

事后研究方法使用自贸区设立几年以后的实际运行数据开展实证分析，其主要包括引力模型和巴拉萨模型等。

1. 引力模型

引力模型的理论最早起源于物理学中的万有引力定律，即两个物体之间的引力与其质量呈正比，与其距离呈反比。20 世纪 60 年代以来，贸易流量逐步发展成为贸易定量研究中的重点问题，受到了广泛关注。廷伯根利用时间序列数据，检验了该模型中的各个解释变量对名义贸易额造成何种潜在的影响。[①] 珀于赫宁（Pöyhönen）则使用截面数据估计了引力模型方程。[②] 通过研究，他们指出两个国家的双边贸易规模与其经济总量呈正比，与其距离呈反比。他们认为，经济总量能够反映出产品供给能力和市场需求水平，距离则是运输成本大小的决定性因素，成为影响贸易往来的不利因素。

在后续研究历程中，许多学者也对引力模型进行了优化，主要是引进了两大类的变量。第一类是加入一个经济体人口等反映经济规模状况的内生变量，第二类是加入贸易协定等虚拟变量。这些变量的引进使得引力模型的内涵和范围得到了进一步的延伸，提升了引力模型在研究自由贸易区贸易效应方面的影响力。

---

① TINBERGEN J. Shaping the world economy：suggestions for an international economic policy[M]. New York：Twentieth Century Fund，1962.

② PÖYHÖNEN P. A tentative model for the volume of trade between countries [J]. Weltwirtschaftliches archiv，1963，90：93－100.

此外，虽然一度被认为缺乏令人信服的理论依据，但是在世界各国学者的不断完善下，引力模型的理论基础也得到了逐步健全。安德森①和伯格斯特兰②从古典贸易理论的角度出发，认为该模型中包含的距离因素是为了说明地区之间居民收入以及运输成本方面存在的区别；赫尔普曼与克鲁格曼③证实，引力模型能由存在规模报酬递增情况的垄断竞争模型推导而来；迪尔多夫(Deardorff)④认为，如果假设不存在产品差异，那么引力模型可以由赫克歇尔-俄林(Heekscher-Ohlin)模型推导出；伊顿(Eaton)和科尔图姆(Kortum)⑤通过研究以后指出，引力模型能够在以李嘉图模型为基础的古典贸易理论中有所体现。从古典模型一直到新贸易理论，引力模型都能在此类理论著作的观点中找到相应出处。随着新经济地理学的崛起，经济学对空间和距离重新进行了解释，引力模型借此机遇被赋予了全新的内涵和价值。

2. 巴拉萨模型

巴拉萨在1967年研究欧共体设立之后产生的贸易效应时，建立了举世闻名的巴拉萨模型，从区内成员国和区外非成员国进口需求收入弹性的角度，运用实证方法深入研究了贸易创造与贸易转移。⑥ 此模型设定，自由贸易协定正式签署以前，区内成员国进口需求收入弹性不发生变化；如果在自由贸易协定正式签署之后，区内成员国的进口需求收入弹性发生了变化，则认为是由区域贸易协定的签署所产生的影响导致的。

---

① ANDERSON J E. A theoretical foundation for the gravity equation [J]. American economic review, 1979, 69(1): 106-116.

② BERGSTRAND J H. The generalized gravity equation, monopolistic competition, and the factor-porportions theory in international trade [J]. The review of economics and statistics, 1989, 71(1): 143-153.

③ HELPMAN E, KRUGMAN P. Market structure and foreign trade[M]. Cambridge: MIT Press, 1985.

④ DEARDORFF A V. Economic implications of Europe-Maghreb trade agreements, research seminar in international economics [C]. Michigan: University of Michigan, 1999.

⑤ EATON J, KORTUM S. Technology, geography, and trade[J]. Econometrica, 2002, 70(5): 1741-1779.

⑥ BALASSA B. Trade creation and trade diversion in the European Common Market: an appraisal of the evidence [J]. The economic journal, 1967, 77(305): 1-21.

巴拉萨模型的方程式是：

$$M_i = aY_i^{b_i}\mu_i \tag{2-1}$$

其中 a 是常数，M_i 代表的是 i 国的进口贸易总额，Y_i 代表的是 i 国的国内生产总值(GDP)，b_i 代表的是 i 国的进口需求收入弹性，μ_i 代表的是模型误差。

对上述方程(2-1)取对数，得到：

$$\ln M_i = C + b_i \ln Y_i + \mu_i \tag{2-2}$$

该模型能够转化成总进口、区外进口以及区内进口等三个分列的方程式：

总进口方程式为：

$$\ln MT_i = C_1 + b_1 \ln Y_i + \mu_1 \tag{2-3}$$

区外进口方程式为：

$$\ln ME_i = C_2 + b_2 \ln Y_i + \mu_2 \tag{2-4}$$

区内进口方程式为：

$$\ln MI_i = C_3 + b_3 \ln Y_i + \mu_3 \tag{2-5}$$

总之，MT_i 代表的是 i 国的总进口贸易额，ME_i 代表的是 i 国从区外非成员国的进口贸易额，MI_i 代表的是 i 国从区内成员国的进口贸易额。

自由贸易协定签署以后，若该国从区内成员国的贸易进口需求弹性变大，那么就表示存在贸易创造；若该国从区外非成员国的贸易进口需求弹性变小，那么就表示存在贸易转移。

2.4.3　对研究方法的综合点评

事前研究方法和事后研究方法各有特点和长处，但是也都存在不足，需要进一步优化。事前研究的局部均衡分析方法只能局限于探讨关税削减以后带来的贸易效应，无法分析在其他相关贸易壁垒消除后可能产生的贸易效应，其研究的范围相对而言受到了一定的限制。一般均衡分析方法的缺陷在于其假设运用自由贸易区设立之前数据计算出的弹性在设立之后保持不变。同时，其分析的重点在于自由贸易区的设立和贸易政策对经济运行产生影响的作用机制，无法分析政策调整对经济影响的结果。

事后研究的引力模型能运用成员国之间的距离、经济规模及其他变量来分析自由贸易区的贸易变化，但其模型较为简单。在该模型运用截面数据时，如果将自贸区视为内生，则贸易流量的估算会加大误差，改用面板数据可以比较好地避免这种情况。巴拉萨模型能定量分析贸易创造和贸易转移，但是模型设计较为简单，没有能够把关税、价格等相关变量整合进来，因此其解释力就受到了一定程度的影响。

总体而言，局部均衡分析方法中来自世界银行的 SMART 模型以及一般均衡分析方法中的 GTAP 模型已经形成了较为完整的研究体系，具有一定的权威性。从两种方法的选择来看，一方面要考虑到 GTAP 模型对模拟条件的要求偏理想化，一般使用投入产出表中部门划分较为粗略的数据，因而存在瑕疵；另一方面要考虑到中海自贸区建立的经济基础，双方在货物贸易领域的拓展依然是重点之一。因此，在具体对中海自贸区贸易效应进行模拟计算和评估时，不妨考虑使用细分程度更高的行业数据，通过 SMART 模型从局部均衡的视角来模拟不同层次关税减让方案所带来的贸易效应，这有助于得出更能发挥实际参考作用的决策和建议。

第3章　中海自贸区谈判历程及其动因分析

海合会是“一带一路”沿线具有重要影响力的区域性经济体之一，中国与海合会建立自贸区将具有深刻的战略意义。中国与海合会关系融洽，与沙特阿拉伯和阿联酋已经建立了战略友好合作关系。① 同时，双方在经贸领域逐步形成了以能源合作为核心，以商品贸易为主体，以工程承包和劳务合作为亮点，以相互投资为引擎的全方位合作模式。② 加快推动中海自贸区建设，不仅符合中共中央加快推进自由贸易区战略的要求，而且是在中东地区落实“一带一路”倡议的关键步骤。

---

① 钱学文.“一带一路”视角下的西亚新丝路建设[J]. 阿拉伯世界研究，2016(1)：83－96.

② 余泳.中国-海合会经贸合作的成果、挑战与前景[J].阿拉伯世界研究，2011(6)：38－44.

3.1 加快推进中海自贸区建设进程的战略设想

近十年来，整个世界贸易体系格局都在发生深刻的变化。2012 年 11 月，习近平总书记在十八大上提出要加快实施自由贸易区战略。2014 年 12 月，习近平总书记在中央政治局集体学习时明确指出，要抓紧建设立足周边，辐射“一带一路”，面向全球的自贸区网络。2015 年 12 月，《国务院关于加快实施自由贸易区战略的若干意见》(国发〔2015〕69 号)提出了我国加快实施自由贸易区战略的总体要求，并就健全保障体系、完善支持机制以及加强组织实施作出具体部署。中国与海合会积极展开谈判力争早日建立自贸区，正是贯彻实施这一战略的体现。

3.1.1 加快推进中海自贸区建设进程的背景

海合会作为世界能源生产中心，又处于“一带一路”交汇地带，经济价值和战略地位都十分重要。加快推进与海合会的自贸区建设，既是我国应对国际经济合作新趋势的战略部署，又是响应新一轮改革开放新要求的重要举措。

1. 自由贸易区成为推动世界贸易体系发展的关键力量

推动世界贸易体系不断向前发展的主要途径有两条，一条是多边贸易合作方向，另一条则是区域贸易合作方向。多边贸易体制在多哈回合贸易谈判后遭受重大挫折，虽然在各国的积极努力之下，首份多边贸易协定——“巴厘一揽子协定”(其核心是《贸易便利化协定》[①])——于 2013 年 12 月达成，但是以自贸区为代表的区域贸易合作正发展成为推动全球贸易向前发展的主要力量。从 20 世纪 90 年代开始，特别是进入 21 世纪以后，自由贸易

① 2014 年 11 月，在世贸组织总理事会特别会议上，有关落实《贸易便利化协定》的议定书得以正式通过。

区在建设规模和数量上达到了一个新的高度，已经成为世界贸易体系发展的主旋律。根据 WTO 官方公布的数据，多数自由贸易协定都是在最近十年以内达成的。[①] 在自贸区数量快速增长的同时，自贸区的整体规格和要求都在提升。

多边贸易体制遭遇阻碍之时，区域经济发展迎来了高峰，导致区域内贸易在世界贸易总额中的占比迅速攀升。据分析，在当前全球贸易总规模中，超过一半的贸易都发生在区域性的贸易合作伙伴之间。特别是近几年，巨型自贸区谈判的相继启动，对世界经贸体系产生了深远的影响。

在自贸区合作如火如荼之际，其背后却潜藏着对新一代国际贸易投资规则主导权的激烈争夺。美国从 2012BIT 范本[②]、TPP、TTIP 和 TISA 等多个途径全面出击，将“21 世纪新议题”树立为自贸区建设的新标准，抢占规则制定权。“21 世纪新议题”的核心理念在于大幅提升贸易投资自由化水平，提出针对全球服务贸易的新规则。作为全球货物贸易第一大国，中国享受了融入全球贸易体系所带来的巨大红利，当前任何形式的多边或区域贸易安排一方面离不开中国的参与和支持，另一方面也会对中国的实际利益造成影响。对中国来说，唯有加快有利于自身利益的自贸区建设，才能在这一轮变革中化被动为主动。

2. 自由贸易区将为中国经济增长注入新活力

近年来，中国经济增长模式正面临着转型的要求。只有完成经济结构的再调整，才能优化资源配置，推动经济增长质量向更高水平发展。在这一经济转型升级的关键时刻，加快自贸区建设，扩大对外开放，以开放倒逼改革，有助于应对中国经济当前的诸多挑战，为经济增长注入新活力。

自贸区建设有利于创造技术创新所需的环境条件。无论是从全球价值链的低附加值领域向高附加值领域发展的角度来看，还是从提升产业综合

① 数据来源：WTO RTA 数据库。

② 美国于 2012 年 4 月公布了新的双边投资条约范本(Model Bilateral Investment Treaty)，简称“2012BIT 范本”，这成为美国进一步签订 BIT(Bilateral Investment Treaty)的重要依据。

竞争力的角度来考虑,关键都在于核心技术能力的发展。自贸区建设将推动国内外企业之间的竞争与交流,帮助国内企业接受先进技术的溢出效应,强化技术研发投入。自贸区建设将是新常态经济环境下扩大开放的重要抓手,将促进中国经济模式由规模扩张转向效率提升,进而在全球贸易体系中占据更有利的位置。

自贸区建设有利于构建开放型经济所需的制度体系。虽然中国在加入WTO以后,已经建立起了较为完整的对外贸易管理体系,但是随着服务贸易的异军突起,如何在制度建设上适应这一变化成为重大考验。例如,在高标准自贸区建设过程中,不仅要扩大外商投资范围,而且要构建以负面清单为核心的投资管理体制,这将要求政府职能由事前监管转向事中监管和事后监管,并且建立一套更加高效的管理制度。

加快自贸区建设有利于掌握国际贸易规则制定中的主动权,一方面能够以开放倒逼部分产业改革和转型升级,建设更加吸引投资的营商环境,进一步实现与国际贸易体系的深度接轨;另一方面,可以有效增强国际经贸规则制定过程中的话语权,以自贸区建设的实际行动提出切实可行的建议,在实践中摸索高标准规则的适用性,代表发展中国家发出呼声,尽最大可能维护贸易利益。

3.1.2 加快实施中海自贸区建设的基本思路

为进一步建设能够辐射"一带一路"沿线国家并面向全球的自贸区网络,我国作为"一带一路"倡议中的重要经济体,应推动与海合会的自贸区建设进程。未来,在加快自贸区谈判,全面推进中海自贸区建设的进程中,应把握如下几条基本思路:

1. 努力达成高质量的自贸区协定内容

中国早期的自贸区伙伴多为发展中国家,"南南合作"特征明显,其议题基本停留在WTO的文本框架内,对"21世纪新议题"涉及较少;即使加入与之相关的议题,其措辞也较为模糊,实际可操作性不强。这种情况在2013年以后有了显著变化，例如2013年签订的《中国-瑞士自由贸易协定》就包含劳工与就业、知识产权和政府采购信息透明化等高标准议题；2015年正式达成的《中国-韩国自由贸易协定》在货物贸易之外，还进一步延伸到服务贸易、投资和自然人流动等多个方面，并在环境、劳工以及竞争中立等“21世纪议题”上达成一致，符合高标准、高水平、高质量的初衷；2015年正式达成的《中国-澳大利亚自由贸易协定》包含服务贸易、投资和自然人流动等多个方面，并在文本中加入了知识产权、透明度等世界流行的高标准规则。

在参考中韩、中澳等高水平自由贸易协定的基础上，我国应与海合会努力达成一份高质量的自由贸易协定。除双方普遍关心的货物贸易领域以外，要将视角放至全球贸易投资规则的最前沿，着重在服务贸易、投资、自然人流动、知识产权、透明度、金融和电信等多个方面力争实现重要突破。

2. 降低中海自贸区可能带来的风险系数

在自由贸易区内，自由化程度越高一方面会带来生产要素的更快流动，使得资源配置效率更高，但是另一方面也必然意味着风险系数在增大。将中海自贸区实行高标准定位以后，双方要对可能出现的风险问题提前制定应对方案。

对于高标准议题在执行过程中可能面临的困难和挑战，要有充分的认识，并提前准备应对措施。例如，提高石化产业的开放程度，可能会对国内有关的产业造成巨大冲击，甚至威胁到社会稳定。现阶段，不少领域的改革方兴未艾，对于敏感领域或战略性行业来说，一定要结合实际承受能力来签订协议条款，在大胆探索的同时，还要注重风险防范。在自贸区文本中涉及具体的自由化程度时，要防止不切实际一味看齐高标准的倾向，应根据改革进程以及当前经济发展水平，以我为主、合情合理地洽谈协议条款。

在加快推进中海自贸区建设的同时，必须提高风险认知水平，而降低风险系数的关键在于完善监管体系，提升监管能力。中国在自贸区建设方面已经形成了一套较为规范并行之有效的工作体系，包括预可行性研究、协议框架和具体谈判等。同时，结合自身监管体系发展程度，以务实的精神采取“先易后难”的步骤，先从监管体系较为成熟的货物贸易开始，再逐步推进到监管体系尚需跟进的服务贸易、投资领域。随着自贸区建设经验的积累，中国主导的自贸区正由自由化水平较低向自由化水平较高发展，扩大开放的力度不断增强。例如，中韩自贸区、中澳自贸区已经具体涉及高标准规则，这对于在实践中不断完善监管体系，坚持锻炼并提高监管能力，降低风险系数意义重大。

3. 以自贸区建设为契机推动产业转型与制度建设

中国应该抓住与海合会签署自贸区协定的契机，来建立多元化的能源供应体系，有效保障能源安全。随着经济体量的不断扩大，能源消费的需求增长迅速，与海合会的自贸区建设能够为中国带来较为稳定的能源供应。同时，中国应借此机会加快经济结构调整力度，促进石化等产业实现提质增效。作为国民经济支柱型的传统产业，石化产业必须不断提高产品的附加价值，支持企业坚持以国际一流标准规范自己，切实增强自身的国际竞争力。

与此同时，中国要把中海自贸区建设作为契机，推进制度设计层面的持续完善，有效提升投资环境的整体管理水平。市场经济的制度体系是中国参与国际经济合作的重要保障，只有不断优化体系建设，创造富有吸引力的营商环境，才能为中国在国际经贸领域的拓展造就坚强后盾。而中国在制度体系建设和营商环境评价方面，依然存在不少有待加强之处。例如，海合会成员国拥有的主权财富基金体量十分庞大，是世界各国全力争取的重要投资来源。但是，中国金融行业尚未与世界完全接轨，诸多业务还存在限制，这对吸引海合会投资造成了一定的阻碍。此外，社会信用体系不发达等问题也增加了海合会企业前来投资的营商成本。为吸引更多海合会企业前来合作，中国下一步应加快市场化改革，规范内外资投资管理体系，建立透明的市场准入标准，构建公平高效的市场化环境。

3.2　中海自贸区谈判历程

中国与海合会的经贸合作与双方的政治关系发展较为类似，总体上起步都比较晚，但是发展速度却很快。中海自贸区谈判启动至今，双方仍在为形成最终文本而抓紧磋商，不难想象其背后博弈的激烈程度；谈判迟迟无法达成协议，其间必定存在不少矛盾与冲突，这对双方深化经贸合作产生了一定影响。

3.2.1　中国与海合会经贸合作起始阶段

中华人民共和国成立后，中国与海合会成员国在 20 世纪 50 年代开始就已经有相互之间的贸易往来，但是直到 20 世纪 80 年代基本上依然处于开展经贸合作的起始阶段，合作空间较为狭窄，贸易规模偏小，未能实现大的突破。可以从两方面来理解起始阶段的这种特征，一方面是中国的开放程度较低，开展国际贸易受到较大限制，尚未融入全球经济一体化。况且，当时中国经济体量较小，对于油气资源的需求量还未像今天这样巨大，自然也就无法成为海合会重要的经贸伙伴。另一方面，中国对海合会的关注主要立足于政治角度，更加重视海合会在解决海湾地区各种纠纷中所扮演的角色及发挥的作用，而不是与海合会的经济贸易合作。当时海合会成员国中只有阿曼和科威特与中国建立了正式的外交关系，中国与海合会的经贸关系也主要集中在这两个成员国，缺少有足够影响力的合作项目。到 20 世纪 90 年代以后，随着海合会核心成员国沙特阿拉伯与中国建立正式的外交关系，中海经贸合作才取得了实质性的突破与进展。进入 21 世纪以后，中国加入 WTO 从整体上带动了双边经济贸易关系的发展。在中国通过自身的努力逐步融入全球价值链体系的过程中，国内加工制造业崛起，出口产品的国际竞争力得到了有效提高，带动了油气资源需求的攀升，使得中海贸易往来具备了升温的土壤。但是总体而言，在中海自贸区谈判启动之前，双边经济贸易合作基本处于初级阶段，模式并不牢固，内容也较为单一，少量的官方统计数据也缺乏亮点。

3.2.2 中海自贸区谈判历程回顾

自从2004年7月，中海自贸区谈判正式启动以来，双方已经在原产地规则、经济技术合作和服务贸易等多个方面取得了积极进展，并达成了一定的共识，但是在开放石化产品市场等方面进展十分艰难，加上政治因素的干扰，导致中海自贸区谈判在2009年6月第五次谈判以后陷入停滞。随着双方经贸关系的日趋紧密，在各自领导人的直接关心下，中海自贸区谈判终于在2016年2月得以重启，再次回归快速轨道。中海自贸区的谈判历程可谓一波三折，具体包括如下几个阶段：

1. 谈判起步阶段

2004年7月，由海合会成员国财政大臣等组成的代表团一行对北京进行了正式访问。在此期间，中海双方签署《中华人民共和国与海湾阿拉伯国家合作委员会成员国经济、贸易、投资和技术合作框架协议》，协议旨在推动双方相互之间的经贸合作与技术交流，促进双边贸易活动，通过各种有效措施促进中海双方的相互投资。为尽快实现货物贸易及服务贸易便利化，双方对外正式宣布开启中海自贸区谈判，加强双边经贸关系，为相互之间深入合作创造更好条件。

2. 谈判加速阶段

第一轮谈判于2005年4月在沙特阿拉伯首都利雅得举行，时任中国商务部部长助理易小准率中国代表团与海合会代表团举行第一次正式谈判。双方对建立中海自贸区所需要的工作大纲达成一致，同时对未来谈判中包含的主要议题(货物贸易、服务贸易、投资等)初步交流了想法。海合会代表团负责人赫纳尼认为，首轮谈判进展较为顺利，是良好的开端，双方将全力以赴尽快签署建立中海自由贸易区的协定。中方代表团团长易小准在谈判结束后指出，双方的经济互补性较强，加大经贸合作的潜力巨大，在双边投资和能源合作等领域的前景令人期待。相信中海自贸区成功建立以后，必将进一步刺激贸易发展，促进双方各个领域的全方位合作。

第二轮谈判于 2005 年 6 月在北京举行，由时任商务部副部长魏建国率领的中国代表团参与了此轮谈判，代表团成员来自外交部等多个职能部门。巴扎伊率领海合会代表团参与了此轮磋商，成员主要由各个成员国代表等组成。双方代表团就中海自贸区未来将涉及的市场准入等问题进行了深入交流和讨论，并在关税减让模式方面达成了共识。中国和海合会还共同签署了《经济贸易协定》和《投资保护协定》两份重要协议，同时和除沙特阿拉伯以外其他 5 个成员国分别签署了《避免双重征税协定》。①

第三轮谈判于 2006 年 1 月在北京举行，易小准率领的中国代表团参与了这一轮谈判，代表团成员分别来自外交部等多个职能部门。在这一轮谈判中，中海双方一共成立了 4 个工作小组，分别就海关核查程序以及具体的协定文本等方面展开深入磋商，并在多项重要条款上取得明显的突破，进展较为顺利。

第四轮谈判于 2006 年 7 月在浙江省嘉兴市举行，易小准率领中国代表团参与了此轮谈判，代表团成员来自外交部等多个职能部门。在会议期间，双方就中海自贸区建设中未来将涉及的货物贸易市场准入规则和协定文本等展开协商，进一步减少彼此之间存在的分歧，同时两个代表团第一次就服务贸易要价交流了想法。

3. 谈判困难阶段

在中海双方顺利开展四轮谈判以后，双方继续深入开展对话探讨相关议题，其中谈判技术组多次就货物贸易中存在的分歧进行互动沟通与交流，但是总体上谈判进入困难阶段。一直到 2009 年 6 月，中海双方第五轮谈判才在沙特阿拉伯首都利雅得再次启动。中国与海合会代表团就货物贸易方

① 赵锋. 中国与海合会自贸区谈判回顾与展望[J]. 国际研究参考，2015(7)：10 - 14.

面的重大议题、各自服务贸易方面的出价等都进行了深入的交流和探讨，在原产地规则等方面展开了充分的磋商和互动。但是在取得积极进展的同时，双方在部分海合会石化类产品关税减免问题上的分歧依然较为尖锐，未能达成共识。

4. 谈判停滞阶段

在第五轮谈判结束后不久，海合会单方面宣布搁置所有正在进行中的，与其他贸易伙伴共计 17 个国家和地区组织的自由贸易谈判。同时，海合会成立内部谈判评估团队，与专业经济评估机构一起对自由贸易区谈判的成效进行全面分析与反思。海合会负责人解释中止谈判的原因包括以下两点：一是正在进行的自贸区谈判遇到了很多新问题，海合会未能做好充分准备，难以深入研讨下去；二是在已经建成的自贸区内，由于管理机制存在不足导致实际效果未能达到预期目标，海合会需要重新审视协议内容，并着手应对运行过程中出现的各类问题。由此，中海自贸区的谈判进入无限期停摆。

中海自贸区未能取得最终突破的另一个重要原因是石化产品的关税问题悬而未决。海合会设想在正式签订中海自贸区协定以后，立即取消双方所有产品的进口关税，而中国则从产业安全角度出发希望对海合会出口中国的石化产品预设保护性关税，毕竟就中国经济来说，石化产业肩负着无法撼动的关键作用。这也直接导致谈判陷入僵局。

5. 谈判重启酝酿阶段

随着中国与海合会的经贸关系越来越紧密，双方对于重启自贸区谈判的愿望也越来越强烈。在 2011 年 5 月举行的中海战略对话上，中国与海合会一致认为应该尽快制定更加具体的行动计划，提高自贸协定谈判力度，争取尽早达成协议。2013 年，习近平主席就任中国国家主席以后，曾在会见沙特阿拉伯、阿曼等国高层领导人时多次谈及中海自贸区，希望尽早重启谈判，达成一份双赢协定。

2014 年 1 月，中国与海合会在第三次战略对话后表示，中海双方经济结构的互补性比较强，中海自贸区的建设将给彼此带来共赢，双方一致同意尽快推动谈判重回轨道。

2014 年 3 月，在海合会于利雅得举行的第 130 届外长会议上，各个成员国代表都表示要全力支持重启自贸区谈判，以提高海合会经济发展综合水平，为各个成员国人民创造更多利益。同时，在海合会外长理事会发表的 2013 年《对外自贸区谈判评估报告》中，中国被列为海合会的自贸区优先谈判对象。随后，国务院总理李克强在会见来访的沙特阿拉伯王储萨勒曼时，表达了重新开始中海自贸区谈判的愿望，共同致力于达成一份互利共赢的高水平协定，促进中海经贸领域合作更进一步。萨勒曼对此给予积极回应，自贸区谈判在经历多年波折以后重现曙光。

2015 年 3 月，时任中国商务部部长高虎城访问沙特阿拉伯，同时与沙特阿拉伯财政大臣阿萨夫一起主持了中沙第五届经贸联委会。与会期间，双方专门就中海自贸区重启事宜进行了协调与沟通，共同寻找机会推动自贸区谈判进入下一阶段。①

2015 年 12 月，《国务院关于加快实施自由贸易区战略的若干意见》(国发〔2015〕69 号)发布，要求中国重点加快与“一带一路”各个经济体商讨建立自贸区。海合会成员国处于“一带一路”交汇点上，是全球货物贸易集散中转站。推动中海自贸区的建立对“一带一路”政策的贯彻实施具有重大战略意义，同时对其他自贸区谈判也将起到示范作用。

2016 年 1 月，国家主席习近平在利雅得同沙特阿拉伯国王萨勒曼举行会谈。双方高度评价且希望重启中海自贸区谈判，并对谈判取得实质性进展感到高兴，同意尽早建成中海自贸区。与此同时，中国商务部和海湾阿拉伯国家合作委员会秘书处共同宣布，双方已经正式恢复自由贸易协定谈判，并原则上实质性结束货物贸易谈判，后续将加快谈判节奏，以期尽早达成一份全面的自由贸易协定。

---

① 赵锋. 中国与海合会自贸区谈判回顾与展望[J]. 国际研究参考，2015(7)：10－14.

6. 谈判冲刺阶段

2016年2月，第六轮谈判在利雅得顺利举行。在中海自贸区谈判停滞多年以后，中国商务部副部长王受文与海合会自贸区谈判总协调人巴兹分别率领双方代表团参加了此轮谈判。在为期4天的谈判中，双方围绕中海自由贸易协议中的货物贸易遗留问题等具体内容进行了深入交流和探讨。第六轮谈判也是中海自贸区遭遇阻力中断以后重新开始的新一轮谈判。此轮谈判是依据2016年1月习近平主席对沙特阿拉伯进行国事访问期间，双方共同发布的关于中海自贸区谈判的联合声明而举行的。

2016年5月，仅仅时隔3个月，第七轮谈判就在广州再次进行。商务部副部长王受文与海合会自贸区谈判总协调人、沙特财政副大臣巴兹分别率领双方代表团参加了此轮谈判，谈判全面进入冲刺阶段。在为期3天的谈判中，中国与海合会双方继续就服务贸易和货物贸易遗留问题等具体条款内容展开充分的沟通与交流，谈判达到了预期效果，进展较为顺利。

2016年10月25日，经过双方代表团与各自相关职能部门的积极沟通，中海自贸区第八轮谈判在北京举行。商务部副部长王受文与海合会自贸区谈判总协调人巴兹分别率领双方代表团参加了此轮谈判，双方对尽早结束谈判的意愿都十分强烈。在为期3天的谈判中，中海双方对服务贸易和电子商务等具体条款内容进行了深入沟通和磋商，谈判进展较为顺利，再次向前迈出一大步。

2016年12月19日至21日，与上一轮谈判仅仅间隔两个月时间，第九轮谈判在利雅得再次进行。商务部副部长王受文与海合会自贸区谈判总协调人、沙特财政副大臣巴兹分别率领双方代表团参加了此轮谈判，可以看到双方对于谈判的推进力度正在持续加大。在总共3天的时间内，中国与海合会就服务贸易和电子商务等具体条款内容进行了深入沟通和磋商，谈判取得了一系列重要成果。其中，中海双方已经就经济技术合作等多项协议文本内容达成一致意见。截止到此轮谈判结束，中国和海合会已经在自由贸易协议总共15个谈判议题中，就其中的9个顺利达成共识。同时，中海双方在技术性贸易壁垒(TBT)、法律条款、电子商务等方面也取得了重大突破，分歧已经越来越小。此外，在备受关注的货物、服务等协议内容方面，中海双方的沟通也在稳步推进，进展较为顺利。

3.2.3 中海自贸区谈判暂停的原因分析

中海自贸区谈判自2004年7月正式启动以来，谈判过程曲折起伏，面临诸多挑战与困难。只有仔细分析前期谈判停摆的原因，才能为后续加快谈判进程寻求突破口。谈判暂停的原因主要涉及以下几个方面：

1. *石化产品关税成为双方激烈博弈的难点*

任何自贸区的建立都会涉及参与方的利益博弈，一方利益的获取在一定程度上需要另一方利益的让渡，而某些方面的利益让渡又会要求对方在其他方面给予利益补偿。一个自贸区的最终设立必定伴随着双方从利益博弈再到利益分配的过程。中海自贸区在谈判过程中遇到的一大症结就是石化产品关税问题，导致双方产生利益冲突。海合会希望在签署自贸区协定后就全面取消进口产品关税，中国则希望在石化产品上预设保护性关税。

从中国的角度看，海合会由于自身充沛的油气资源优势，其原油和天然气开采成本大幅低于国际平均水平，直接降低了石化产品的生产成本，即使加上运输成本，其低廉的价格也会对中国石化企业产生冲击。一旦如海合会所愿将所有产品关税降为零，开放中国的石化产品市场，海合会凭借竞争优势明显的石化产品将打击到我国的石化企业。这不仅将使得在石化产业内就业的大量劳动力面临失业风险，而且很有可能直接威胁到石化产业的安全。从这种角度来看，就不难理解为什么中国政府对于开放石化产品市场如此谨慎。

从海合会的角度来看，既然海合会对中国商品同样开放所有市场，将所有关税降为零，那么按照公平原则，中国理应采取对等措施开放所有市场，尤其是石化产品市场。毫无疑问，一旦海合会将所有产品的进口关税降为零，则中国各类产品将在区域市场内产生贸易创造效应，获益良多。而在海合会所有类别的产品当中，除了石油和天然气以外，石化产品是其为数不多具有较强国际竞争力的产品。如果连这类产品都无法在自由贸易区内扩大贸易量，那么海合会签署这个自贸区协定的动力将明显不足。

从以上分析来看，围绕石化产品关税问题的博弈将成为中海双方不得不面对的一大难题，也是谈判陷入僵局的原因之一。如果无法找到双方满意的解决途径，这一问题将仍然会对后续谈判的顺利开展造成负面影响。

2. 双方协调力度存在缺陷

在谈判过程中，由于双方缺乏内部精准协调与沟通，导致对于关键议题的推进明显不足，直接延缓了谈判进程。从中国的角度来看，由于谈判团队未能获得充分授权，因此在谈判过程中无法及时给出报价，使得部分议题的交流只能停留在口头承诺上，无法取得突破性进展。在各个部门之间无法取得一致意见的情况下，谈判团队缺乏足够的协调应变能力，疲于应付对方的各类报价，未能及时扭转被动地位，导致谈判陷入僵局。从海合会的角度来看，海合会内部决策制度同样存在一定问题，程序较为复杂拖沓，有时候部分成员国之间在某类问题上往往存在不同观点，导致决策被无限期拖延。虽然沙特阿拉伯作为核心国家，在一定程度上对最终决策具有较大影响力，但是往往也需要不少时间协调成员国之间的意见。造成这种决策拖延的本质原因在于海合会的功能定位更多立足于军事安全，而经济贸易功能往往屈居次席。十多年来，大国在中东地区的角力越来越激烈，使得海合会地缘政治环境持续恶化，严峻的地区安全形势已经开始逐步威胁到成员国政权的稳定性，迫使其不得不消耗大量精力。这些要素的变化直接转移了海合会原本集中于经贸合作的注意力，影响到中海自贸区的谈判进度。

3. 存在利益集团的阻碍

由于中国石化行业是国民支柱型产业，发展至今依然存在计划经济时代遗留的痕迹，为维护垄断地位，行业巨头和主管部门对于降低石化产品进口关税持抵制态度。开放石化产品市场的交换条件是海合会成员国转让其上游油气资源的开发权限，这等于开出了对方无法接受的报价。

对海合会而言，其成员国对外资进入油气勘探开发等上游领域有明确的法律条文予以禁止。为了将油气勘探开发等上游领域国有化，海合会成员国花费巨资，不惜以损害与西方国家的良好合作关系作为代价。如今，这些国家不可能只为了与中国签订自贸区协定而打破国有化局面，彻底"洗牌"不仅意味着国家利益的大幅让渡，而且将直接得罪西方国家及其跨国公司。何况，海合会同时正在与欧盟以及美国、日本等国家商讨建设自贸区，在核心利益上一旦松口，将导致后续国家在谈判过程中纷纷效仿，因此这条底线几乎不可能被突破。这就不难理解海合会为何多次直接拒绝将能源开发议题纳入自贸区协定的谈判中。

3.3 中海自贸区重启谈判的动因分析

中海双方经济互补性较强，拥有友好交往的传统，经贸合作成果显著。未来，需要不断大力拓展双边经贸合作的空间，这将成为中海自贸区建设的基石。

3.3.1 重启中海自贸区谈判是双方经济发展需要的直接体现

起始于2008年的全球金融危机对世界经济的影响至今余波未平，这对海合会和中国的经济发展造成了深刻影响。对中国来说，贸易一直就是推进经济实现高速增长的三大引擎之一，历来发挥着支柱型的重要作用。但是，随着贸易出口增长率的显著下滑，中国经济面临着严峻的挑战。一方面，如何继续挖掘对外贸易潜力，推动对外贸易稳定增长成为当务之急，而国际市场空间的开拓成为刺激经济增长的有效方法之一。尤其是欧美等发达国家纷纷偏向贸易保护政策，对进口中国产品不时展开调查，中国十分需要加强与发展中国家的贸易往来，不仅要提升新兴经济体之间的经贸合作水平，而且要在全球范围内维护自由贸易环境。另一方面，随着 WTO 层面推进多边贸易体系进展迟缓，区域经济一体化异军突起，各国都热衷于签订自由贸易协定以维护自身利益。中国要保持货物贸易第一大国的地位，就必须在这股热潮中积极开拓，以降低贸易伙伴之间建立自贸区造成的贸易转移效应。

从产品贸易方面来看，中国对海合会出口主要集中体现在劳动密集型产品及部分资本技术密集型产品，其范围涉及纺织品以及机电产品等。海合会向中国出口的产品主要为石油和天然气，尤以石油占据较大比重，其他产品范围则主要涉及塑料制品等部分石化类产品。双方产品优势明显，经济发展潜力巨大，如果能在自贸区合作方面达成共识，那么完全可以实现互惠互利的双赢局面。在投资方面，虽然投资领域的发展显著落后于贸易领域，但是潜力巨大。中国与海合会双方在炼化一体化等多个领域均存在良好的合作契机，未来相互之间的双边投资有望不断实现新突破。从工程承包和劳务市场方面来看，由于海合会各个成员国依靠石油美元积累的资本实力较为雄厚，基础设施建设规模十分庞大，已成为全球最繁荣的工程承包市场和劳务输出市场之一。通过多年的实践，中国企业积累了丰富的工程承包和建设经验，加上拥有性价比极高的高质量劳动力群体，在抢占海合会市场方面具有一定优势。当然，中国也不可避免地要遭遇韩国、日本等国企业的激烈竞争。目前，中国企业在海合会的工程承包项目已经从劳动密集型为主向劳动与技术密集型方向转型，业务领域也开始涉足技术含量更高的能源、通信等行业。

从海合会的角度来看，虽然与前几年的高增长相比，中国经济暂时出现了放缓态势，步入新常态阶段，但是毫无疑问仍然是推动全球经济的核心力量之一。中国通过四十多年改革开放的发展，已经建立起较为先进的工业体系，知识技术水平开始看齐国际水准。海合会成员国主要的技术能力集中在石化产业上下游，过度依赖能源经济，民用工业方面实力较为薄弱，非常需要中国提供配套的技术知识来提升制造能力。在互信互助的基础上，中国与海合会有望促进工业一体化发展，实现产业价值链的衔接与整合。

深化与中国经济的全面合作，加强双边贸易往来，扩大投资规模，有助于海合会尽快走出全球经济不景气的阴影，扭转经济模式过于单一的不利状况。

中国与海合会在双方经济发展到一定阶段以后，重新考虑自贸区合作是基于经济因素考虑的优选策略，直接表现出双方在经济发展方面的相互需要，有望为“南南”合作树立典型。必须承认，巨额能源需求导致的缺口以及资源环境条件的客观限制是未来约束中国经济发展的因素之一。而与海合会的合作，能够使我国获得较为稳定的能源供给，有利于国内经济的可持续发展。

3.3.2　重启中海自贸区谈判是贯彻“一带一路”倡议的关键步骤

中国在2013年正式提出“一带一路”倡议，其中“一带”具体指“丝绸之路经济带”，“一路”具体指“21世纪海上丝绸之路”[①]，中国将借此契机打造陆海兼顾的对外开放新蓝图。丝绸之路经济带从中国中部地区发端，向西延伸到新疆地区，再出境经过中亚地区，最后抵达欧洲地区。从东面看可以串起整个亚太经济圈，从西面看可以连接欧洲经济圈，有效辐射东亚、中亚、南亚、西亚、欧洲以及非洲北部等广阔区域。丝绸之路经济带的目标是加快西部大开发、推动西部经济发展，促进沿线城市的开放和发展，形成经济增长新动力。同时，丝绸之路经济带可以深化中国与周边地区经济体的区域经济合作，促进中国与中亚国家的资源互换和贸易往来，提升中国与欧洲各国的经贸发展层次。[②] 21世纪海上丝绸之路，是一条由中国沿海出发，联通全球各大合作伙伴的贸易航线，途经东南亚以后往西直至波斯湾等地区[③]，从深层次理解可以将其看成一种精神和文化，旨在通过沿线港口和城市合作建立经贸合作渠道和网络，成为中国构建多元平衡开放体系的关键途径。[④]

---

① “丝绸之路经济带和21世纪海上丝绸之路”的英文翻译为“The Silk Road Economic Belt and the 21st-Century Maritime Silk Road”，简称“The Belt and Road”，缩写为“B&R”。

② 韩玉军，王丽. 丝绸之路经济带：中国对外开放的新战略[J]. 国际贸易，2015(8)：15-20.

③ 这里借鉴古代海上丝绸之路的界定，采用一个狭义上的“21世纪海上丝绸之路”。从广义上来说，其不仅涉及东南亚、南亚、西亚和北非等地区，还延伸到大洋洲及美洲大陆。

④ 陈万灵，何传添. 海上丝绸之路的各方博弈及其经贸定位[J]. 改革，2014(3)：74-83.

通过21世纪海上丝绸之路建设，中国可以与沿线地区国家通过友好协作实现共赢，向世界各国传递出和平发展的强烈信号。通过切实有效的海上互联互通等方式，将东盟、南亚和海湾地区等经济体串联起来，能够显著扩大经济合作范围，增强经济援助力度，分享中国经济发展成果，树立大国形象，形成有利于我国的地缘政治和地缘经济格局。同时，应该认识到目前中国近80%的石油贸易、近50%的天然气贸易和近42.6%的货物贸易都必须经过海上丝绸之路，无论是从经济利益还是航行安全角度来看，经济战略意义都十分重大。①

目前，100多个国家和组织已经表态参与“一带一路”建设，中国和56个国家或区域合作组织发表了联合声明，并且已经同30多个国家签署了“一带一路”共建协议，还和20多个国家开展了产能合作。② 作为一个开放包容的倡议，“一带一路”向所有有意愿加入的国家或组织敞开胸怀，欢迎它们成为参与其中的建设者和获益者。“一带一路”涵盖基础设施建设、贸易、投资、金融和区域经济一体化等多个领域，不仅是中国全面扩大对外开放的战略部署，而且是推动自由贸易发展、促进全球经济治理的“中国版方案”，将为世界经济向前突破提供新动力。“一带一路”的实质性意义在于构建中国对外贸易关系网络，既体现出经贸关系，又反映出国际关系和文化交流合作③。作为“一带一路”倡议的“桥头堡”，中海双方一旦成功缔结自贸协定，不仅能为双方带来贸易增长空间，而且将成为贯彻落实“一带一路”过程中的里程碑。自中国提出“一带一路”倡议以来，海合会一直对此表达出浓厚的兴趣，并给予了积极回应。

海合会成员国处于西亚地区，是亚欧非三大洲的连接点，还能辐射中东、非洲及中亚地区，处在中国商品出口欧洲及非洲的重要通道上。除沙特国土面积较大以外，卡塔尔、阿联酋、科威特、巴林、阿曼等国土面积较小的

① 全毅，汪洁，刘婉婷. 21世纪海上丝绸之路的战略构想与建设方略[J]. 国际贸易，2014(8)：4-15.
② 陈淑梅. 以经贸手段经略周边的自贸区战略思考[J]. 国际贸易，2016(10)：14-20.
③ 陈万灵，何传添. 海上丝绸之路的各方博弈及其经贸定位[J]. 改革，2014(3)：74-83.

成员国像一串黑珍珠一样洒落在波斯湾沿岸。[①] 海合会成员国本身对于"一带一路"倡议就高度认同，而且在政治、经济、社会等各个方面发展都较为良好，拥有强大的经济实力和相对成熟的市场，具备较强的综合国力，是落实"一带一路"倡议的关键伙伴。

2013年，国家主席习近平正式提出建设"21世纪海上丝绸之路"和"丝绸之路经济带"的合作倡议，为深化中海经贸合作设计了新蓝图。2014年1月，习近平主席在会见海合会代表团时就提到，中国与海合会双方各方面的合作关系持续健康稳定发展，中海双方是"政治互信高、经贸合作实和人文交流密的好兄弟、好朋友、好伙伴"。中国愿与海合会一起努力，齐心协力推动"21世纪海上丝绸之路"和"丝绸之路经济带"建设。此后，沙特阿拉伯王储萨勒曼亲王以及科威特首相访问中国期间，都对"一带一路"倡议给予了积极回应。2014年6月，在中阿合作论坛第六届部长级会议期间，习近平主席提出双方可以本着"共商、共建、共享"的基本原则共同建设"一带一路"，并提出"1+2+3"的合作格局。其中，"1"代表以能源合作为基础，深化双方在油气领域的产业链合作，保障能源运输安全，建设互惠互利、安全可靠并长期友好的能源战略合作关系。"2"是指把基础设施建设和贸易与投资便利化作为两翼，强化双方在重大项目、标志性民生项目领域的合作。"3"是指以核能、新能源和航天三大新兴领域作为突破口，努力提升双方务实合作层次，争取尽快实现新突破。海合会成员国领导人已经在多次外交场合公开表达了合作意愿，愿意加强与中国的友好合作，共同推进"一带一路"建设。

可以看到，在"一带一路"建设的背景下，双方有很大潜力可以挖掘。中国希望在道路建设、港口设施和航空航天等基础设施领域全面加强与海合会的合作，同时愿意在核能、卫星发射等领域探讨项目可行性。如能在上述领域展开务实合作，不仅有助于中国的产能输出，实现外向型经济发展层次的提升，而且将使得海合会成员国获取实实在在的利益，有效补充其当前较

① 历史上波斯湾地区盛产黑珍珠。

为匮乏的知识技术能力。中海自贸区建设有利于中国的全球投资布局，同时能给海合会带来稳定的能源收益、完善的基础设施以及高端的科学技术。中海自贸区贯彻“一带一路”倡议还体现在贸易、投资、金融、基础设施建设互联互通和区域经济一体化等方面，各领域构成立体式布局相互推进。一系列便利化措施的实施将有助于扩大中海相互之间的贸易投资规模，为双方创造对接条件，释放合作潜力。中海自贸区建设将成为“一带一路”建设的突破口，中国可以把与海合会的自由贸易协定作为起点，深入推进和沿线各个经济体的互利合作，达到“以点带面、从线到片”的突出效果，逐步扩大到整个区域性合作层面，通过五个层面的联通[①]，实现共赢的最终目标。

为实现以上目标，尽快重启并完成中海自贸区谈判就显得十分关键。中海自贸区建设要争取货物贸易往来不断结出硕果，文化交流和沟通持续强化，同时激发服务贸易及金融投资合作，带动经济合作迈进新阶段。同时，中海自贸区建设可以帮助中国在激烈的国际博弈中抢得先机，赢得与海合会深入合作的战略主动权。通过自贸区建设，双方可以加快生产要素资源在中海之间的自由流动，提升双方的经济紧密度，推动“一带一路”全面建设。中海自贸区建设一旦取得实质性成效，将对中东及周边地区产生极具价值的带动作用。

3.3.3　重启中海自贸区谈判是保障双方能源安全的理性选择

能源始终在中海双边经贸中占据着不可替代的核心位置。从中国的角度来看，在经济腾飞的过程中，能源消耗总量不断增加，油气进口依存度越来越高，能源安全对一国经济的关键作用愈发显现，甚至已经直接上升到经济安全层面。中国是能源进口大国，未来对能源的需求将继续攀升，为保障经济的良性发展，确保稳定的能源供给已经成为重中之重。而海合会成员国的油气资源普遍较为丰富，双方在石油领域的合作已建立了良好的信任

① 即政策沟通、设施联通、贸易畅通、资金融通、民心相通。

基础，对于满足中国能源需求，实现进口多元化意义重大。特别是随着页岩气开采技术的成熟，美国对海合会的石油进口需求相对降低，导致海合会对中国市场的依赖度加强。由于相对南美、西非等地而言，海合会与中国的距离较近，可以降低运输成本，更低的石油价格对于正在经历经济转型的中国来说较为有利，有助于推动国内经济的良性发展。中海自贸区建设为双方的能源合作开辟了新的途径，有利于中国能源进口来源的稳定，双方必定会成为理想的能源合作“共赢”伙伴。

从海合会的角度来看，能源是海合会的支柱产业，因此多重因素导致的世界能源格局的变化会对海合会造成巨大影响。从供给角度来看，一方面，随着科技的发展，页岩气、盐下油等能源开采技术不断成熟，使全球能源供给格局发生了变化。从2012年国际能源署（IEA）的能源报告来看，随着新技术的发展，北美拥有全球规模最大的可开采油储量，以非常规能源为主。作为传统能源储量最大的中东地区，在全球能源总储量中的占比显著下降。另一方面，由于环境保护意识的增强，各国开始加大清洁能源的开发力度，加上全球油价一直在低位徘徊，对把石油贸易当作经济命脉的海合会各个成员国来说，压力骤增。与此同时，俄罗斯、伊朗及非洲、拉美等地区的部分国家出于自身政治经济因素的考虑，纷纷提高石油产量，增加了全球石油供给，竞争异常激烈。

从需求角度来看，由于深受金融危机的影响，世界经济复苏迟缓，发达国家和新兴经济体对于油气的需求降至低点。油气市场的萎缩引发多个层面的叠加效应，使得经济结构较为单一的海合会成员国感受到了压力，经济风险系数正在升高。经济风险的冲击波从油气产业迅速蔓延到通信、金融等领域，海合会成员国面临财富缩水的严峻局面。为此，及时通过确立能源合作伙伴找到稳定的油气资源需求市场成为一项较为迫切的任务。

对海合会来说，解决市场需求不足的办法之一就是对出口市场进行结构调整，把能源出口的主体从传统的欧美强国转向中国、印度等新兴经济体。中国虽然在国际经济大环境的影响下经济增速放缓，但是其拉动全球经济增长的作用不可被替代，庞大的经济体量将产生巨大的能源需求量，使得中国成为未来能源消耗的重点国家。一旦中国的能源需求通过自由贸易协定向海合会成员国释放，将是应对美国能源需求大幅减少的绝佳对策，可以对市场缺口起到很好的补充效果。可以说，除了欧美等传统出口市场以外，中国是成长最快、最稳定的石油和天然气出口目的地之一。中海自贸区谈判将有利于海合会深化与中国的能源合作，稳定自己的油气出口市场，有效保障海合会的能源利益。

第 4 章　中海自贸区建立的经济基础

中国与海合会是重要的能源合作伙伴，受惠于各自经济的高速发展，双方经贸合作的领域不断拓宽，货物贸易往来的能级显著提升。双边贸易额迅速攀升的根本原因在于中国与海合会在经济结构方面存在较好的互补性，相互需要的程度较为强烈。海合会成员国的石化产业在经济中占据核心地位，其他工业领域均不够发达，经济发展所需物资主要依靠进口。与之相比，中国在经济高速发展的过程中，制造业能力大幅增强，对外部资源和市场的开拓较为迫切。中国经济的壮大为海合会产品的出口提供了广阔的市场空间，同时经济实力雄厚的海合会也成为中国贸易出口的重要目的地。

从贸易对象来看，石油成为主要的贸易商品，能源贸易的地位不可被撼动。中国自海合会进口的所有产品中除了石油以外，主要就是有机化学品等石化产品。海合会在这些产品方面具有比较优势，发展潜力巨大。伴随着中国经济的崛起，中国对海合会的出口主要由终端消费品组成，例如服装和机电产品等，比较优势较为明显。但是在初级产品方面表现出来的竞争力则相对较弱，同样存在一定的挖掘潜力。

中国与海合会在双边经贸合作领域取得丰硕成果的同时，依然存在开拓进取的空间。双方在国际经济体系中的定位较为明确，经济结构具有高度互补性，再加上合作的主观愿望强烈，这些为中国与海合会未来建立自由贸易区打下了坚实基础。

4.1　国际贸易在中海经济发展中具有重要作用

随着世界经济融合水平不断加深，国际贸易对一国经济的作用正变得越发突出。目前，海合会已经成为中国在全球市场上的第八大贸易伙伴、第八大出口市场和第九大进口来源地，中国已经成为阿拉伯世界第三大贸易伙伴。①

4.1.1　中国与海合会国际贸易现状及其趋势分析

自中国 2001 年正式加入 WTO 以来，资源要素禀赋优势得以充分发挥，国际贸易进出口规模屡创新高，迅速崛起为世界第一货物贸易大国。从国内的角度来看，外向型经济成为中国经济腾飞的引擎，带动经济增长，促进就业，推动综合国力全面登上新台阶。从国际的角度来看，“中国制造”的价格优势明显，质量水平不断提高，为全球消费者创造了福利。同时，中国以加工制造为路径成功融入世界贸易分工体系，成为全球价值链不可或缺的重要一环，逐步由价值链低端向高端迈进。表 4－1 为 2001 年至 2014 年中国国际贸易概况。在 2001 年，中国贸易总额达到 5 096.51 亿美元，与 2000 年相比，增长了 7.45％，占全球比重达到 4.02％，其中出口贸易额是 2 660.98 亿美元，增长了 6.78％，占全球比重达到 4.30％，进口贸易额是 2 435.53 亿美

① 倪月菊.“一带一路”背景下中国-海合会自贸区谈判的重启：背景、意义及政策建议[J].国际贸易，2015(6)：53－56.

表4-1 中国国际贸易概况(2001—2014)

年份	贸易总额			出口额			进口额			贸易差额	
	金额/百万美元	增长率/%	占全球比重/%	金额/百万美元	增长率/%	占全球比重/%	金额/百万美元	增长率/%	占全球比重/%	金额/百万美元	增长率/%
2001	509 651	7.45	4.02	266 098	6.78	4.30	243 553	8.20	3.76	22 545	−6.49
2002	620 766	21.80	4.69	325 596	22.36	5.01	295 170	21.19	4.38	30 426	34.96
2003	850 988	37.09	5.50	438 228	34.59	5.77	412 760	39.84	5.25	25 468	−16.30
2004	1 154 555	35.67	6.14	593 326	35.39	6.43	561 229	35.97	5.86	32 097	26.03
2005	1 421 906	23.16	6.65	761 953	28.42	7.25	659 953	17.59	6.07	102 000	217.79
2006	1 760 439	23.81	7.16	968 978	27.17	7.99	791 461	19.93	6.35	177 517	74.03
2007	2 176 572	23.64	7.68	1 220 456	25.95	8.70	956 116	20.80	6.67	264 340	48.91
2008	2 563 260	17.77	7.83	1 430 693	17.23	8.85	1 132 567	18.46	6.83	298 126	12.78
2009	2 207 535	−13.88	8.71	1 201 612	−16.01	9.57	1 005 923	−11.18	7.87	195 689	−34.36
2010	2 974 001	34.72	9.65	1 577 754	31.30	10.31	1 396 247	38.80	9.00	181 507	−7.25
2011	3 641 865	22.46	9.89	1 898 381	20.32	10.35	1 743 484	24.87	9.42	154 897	−14.66
2012	3 867 119	6.19	10.39	2 048 714	7.92	11.08	1 818 405	4.30	9.72	230 309	48.69
2013	4 158 993	7.55	10.95	2 209 004	7.82	11.65	1 949 989	7.24	10.25	259 015	12.46
2014	4 301 662	3.43	11.29	2 342 306	6.03	12.33	1 959 356	0.48	10.26	382 950	47.85

数据来源：WTO数据库，https://www.wto.org/english/res_e/statis_e/statis_e.htm。

元，增长了 8.20%，占全球比重达到 3.76%，出现了较大的贸易差额——225.45 亿美元。从 2002 年开始，中国贸易总额开始飞速上升，每年的增长率都在 20%以上，直到 2008 年金融危机全面爆发才使得增长率回落到 17.77%，2009 年更是出现萎缩，增长率为－13.88%。其中，通过对比分析不难看出，出口额、进口额及贸易总额的增长率基本保持了同一节奏。从加入 WTO 到金融危机阶段，中国贸易总额占全球比重从 2002 年的 4.69%上升到 2009 年的 8.71%，几乎翻了一倍。其中，出口额占全球的比重从 2002 年的 5.01%迅速上升到 2009 年 9.57%，进口额占全球的比重则从 2002 年的 4.38%迅速上升到 2009 年的 7.87%。这几年的贸易差额增速十分惊人，2005 年首次突破千亿美元，当年的增长率达到令人叹为观止的 217.79%，2007 年再接再厉又突破了 2 千亿美元大关，2008 年时已经十分接近 3 千亿美元大关(2 981.26 亿美元)，因为受金融危机的影响在 2009 年回落到 1 956.89 亿美元。2008 年金融危机发生后，世界各国陆续采取多种刺激措施力求保障经济的平稳运行，取得了较好的效果。2010 年贸易总额达 29 740.01 亿美元，增长率为 34.72%，经济出现趋稳现象。同时，当年的进口额增长率为 38.80%，大于出口额增长率 31.30%，这跟当时中国政府投入巨资力保经济增长有关。随着后来欧债危机的突然爆发，世界经济再一次遭受冲击，贸易保护主义借机再次登台，对全球贸易发展产生了较大的负面影响。2012 年以后，中国贸易总额的增长率回落到不足 8%，增长势头有所减缓。2014 年，贸易总额为 43 016.62 亿美元，增长率只有 3.43%，占全球比重为 11.29%，几乎是 2002 年时占全球比重的 3 倍。其中出口额达到了 23 423.06 亿美元，增长了 6.03%，占全球比重为 12.33%，贸易大国地位名副其实。同时，进口额达到了 19 593.56 亿美元，增长率是 0.48%，占全球比重为 10.26%，贸易差额为 3 829.5 亿美元。可以看到，中国于 2001 年至 2014 年在国际贸易领域取得了举世瞩目的成绩，贸易总额已经占到全球比重的十分之一以上，贸易顺差的持续增长说明中国已经成为全球贸易体系的重要获利者。

作为地区性组织，海合会在中东地区具有巨大的影响力，是中国历史上丝绸之路的重要站点。由于海合会成员国蕴含丰富的石油资源，普遍较为富裕，经济结构高度依靠石油产业，国际贸易中石油出口占比较高。随着中国经济的腾飞，海合会发展成为我国重要的能源合作伙伴之一，双边关系更加紧密。表 4－2 为 2001 年至 2014 年海合会国际贸易概况。在 2001 年，海合会贸易总额为 2 505.85 亿美元，增长率是－4.13％，出现了负增长，占全球比重的 1.97％。其中，出口额是 1 602.03 亿美元，增长率是－8.96％，萎缩情况较为严重，占全球比重的 2.59％，进口额是 903.82 亿美元，增长率是 5.81％，情况较为平稳，占全球比重的 1.39％，贸易差额为 698.21 亿美元。从 2002 年开始，全球经济进入快速增长期，尤其是以中国为代表的发展中国家经济增长势头十分强劲，带动海合会贸易额实现高增长。从 2003 年开始，贸易总额每年的增长率基本保持在 20％以上，但是在金融危机发生后，2009 年的贸易总额增长率一下子下降到－26.30％，跌幅较为严重，其中出口额增长率与贸易总额增长率的节奏保持得较为相似，而进口额增长率的下降速度较之前两者则表现得略慢一些。这跟海合会在其国际贸易中石油占比较高有直接关系。在这个阶段，海合会贸易总额占全球比重从原先 2002 年的 2.02％逐步上升到 2009 年的 3.33％，其中，出口额从 2.58％逐步上升到 4.19％，进口额从 1.47％也逐步上升到 2.49％。贸易差额增长速度较快，2004 年达到了 1 309.03 亿美元，2005 年又再次实现突破上升到 2 092.23 亿美元，增长率达到惊人的 59.83％，2008 年已经达到 3 794.83 亿美元，2009 年又受世界整体环境影响回落到 2 074.53 亿美元。随着各国先后采取措施抗击金融危机，阻止经济下滑，积极拉动贸易增长。海合会 2010 年贸易总额达到 10 116.68 亿美元，2011 年为 13 763.05 亿美元，增长率为 36.04％，经济回升迹象明显，其中出口增长率大幅度升至 43.58％，几乎达到了进口增长率 21.80％的 2 倍多。欧债危机发生以后，世界经济再次陷入徘徊不前的低谷，消极的贸易保护措施直接影响到了全球贸易增长。2012 年海合会贸易总额的增长率回落到 12.31％，2013 年为 4.64％，2014 年更是出现负增

表 4-2 海合会国际贸易概况(2001—2014)

年份	贸易总额			出口额			进口额			贸易差额	
	金额/百万美元	增长率/%	占全球比重/%	金额/百万美元	增长率/%	占全球比重/%	金额/百万美元	增长率/%	占全球比重/%	金额/百万美元	增长率/%
2001	250 585	−4.13	1.97	160 203	−8.96	2.59	90 382	5.81	1.39	69 821	−22.89
2002	267 237	6.65	2.02	167 929	4.82	2.58	99 308	9.88	1.47	68 621	−1.72
2003	334 862	25.31	2.17	212 741	26.69	2.80	122 121	22.97	1.55	90 620	32.06
2004	439 449	31.23	2.34	285 176	34.05	3.09	154 273	26.33	1.61	130 903	44.45
2005	585 901	33.33	2.74	397 562	39.41	3.78	188 339	22.08	1.73	209 223	59.83
2006	705 838	20.47	2.87	480 745	20.92	3.96	225 093	19.51	1.81	255 652	22.19
2007	850 014	20.43	3.00	554 996	15.44	3.96	295 018	31.06	2.06	259 978	1.69
2008	1 145 465	34.76	3.50	762 474	37.38	4.72	382 991	29.82	2.31	379 483	45.97
2009	844 257	−26.30	3.33	525 855	−31.03	4.19	318 402	−16.86	2.49	207 453	−45.33
2010	1 011 668	19.83	3.28	661 658	25.83	4.32	350 010	9.93	2.26	311 648	50.23
2011	1 376 305	36.04	3.74	949 992	43.58	5.18	426 313	21.80	2.30	523 679	68.04
2012	1 545 698	12.31	4.15	1 061 180	11.70	5.73	484 518	13.65	2.59	576 662	10.12
2013	1 617 406	4.64	4.26	1 084 089	2.16	5.72	533 317	10.07	2.80	550 772	−4.49
2014	1 558 854	−3.62	4.09	1 023 493	−5.59	5.39	535 361	0.38	2.80	488 132	−11.37

数据来源：WTO 数据库。

长－3.62%，下降趋势较为明显。2014 年，贸易总额为 15 588.54 亿美元，占全球比重达到了 4.09%，是 2002 年时占全球比重的 2 倍左右。其中，出口额达到了 10 234.93 亿美元，增长率为－5.59%，下降幅度较为明显，占全球比重 5.39%，进口额达到了 5 353.61 亿美元，增长率是 0.38%，占全球比重 2.80%，贸易差额为 4 881.32 亿美元。

可以看到，海合会显示出明显的能源出口型经济特征。第一，贸易总额与国际贸易整体变化的结合度较高，比较符合世界经济波动趋势。原因就在于能源作为世界经济运转不可或缺的生产要素之一，与最基本的产品生产直接相关。第二，贸易出口额占全球比重要超过贸易进口额占全球比重，而且贸易出口额与贸易总额的变化趋势是基本一致的，贸易进口额与前两者变化规律略有不同。第三，历年都是贸易顺差，而且贸易差额巨大，给海合会成员国带来巨大财富。即使在金融危机期间，依然有巨额贸易顺差进账。

再分析一下海合会内部的贸易结构，以 2014 年为例，如表 4－3 所示，海合会贸易总额为 15 588.54 亿美元，其中阿拉伯联合酋长国占比最大为 40%，其次沙特阿拉伯占比为 33%，接下来卡塔尔占比为 11%，科威特占比为 9%，阿曼占比为 5%，巴林占比为 2%。可以看出，在海合会内部各成员国之间贸易规模存在相当大的差距，阿拉伯联合酋长国和沙特阿拉伯两个国家占比就达到海合会的 73%，占据主导性地位，而阿曼和巴林两个国家加起来占比只有 7%，相对其他国家明显较低。

表 4－3　2014 年海合会内部贸易结构　　单位：百万美元

	海合会	阿拉伯联合酋长国	阿曼	沙特阿拉伯	科威特	卡塔尔	巴林
贸易总额	1 558 854	622 000	83 588	516 836	135 734	166 316	34 380
进口总额	535 361	262 000	30 367	163 000	31 484	34 600	13 910
出口总额	1 023 493	360 000	53 221	353 836	104 250	131 716	20 470

数据来源：WTO 数据库。

4.1.2 中国与海合会在全球贸易中的地位

中国和海合会作为新兴经济体，经济发展迅速，在国际贸易中占有重要地位。中国自加入 WTO 以来，大力发展国际贸易，历年贸易总额占全球比重持续上升，已经成为全球货物贸易第一大国。海合会一直以来都是重要的石油出产地，为全球提供能源供给，对世界工业的发展具有决定性的影响力。一旦石油贸易发生波动，工业产品生产就会受到冲击，全球贸易将陷入萎缩状态。海合会在世界贸易体系中的作用可见一斑。

再从贸易数据来看，如图 4－1 所示，2014 年中国贸易总额占世界贸易总额的比重为 11.29%，海合会占比为 4.09%，双方贸易总额之和占世界贸易总额的比重达到 15.38%，基本与北美自由贸易区（NAFTA）的 15.20% 持平，几乎占到欧盟[①] 32.28%的一半，大大超过东盟（ASEAN）的 6.64%。如果中海成功设立自贸区，那么必将成为整个世界贸易版图中不可被忽视的重要组成部分之一。再从图 4－2 来看，中国与海合会两者相加的贸易总额占世界比重呈现出快速上升的趋势，2000 年占比为 5.58%，2006 年达到 10.03%，2014 年则达到 15.38%，势头十分迅猛。中国与海合会在全球贸易中的地位越来越重要，将成为推动世界贸易向前发展的一股关键力量。

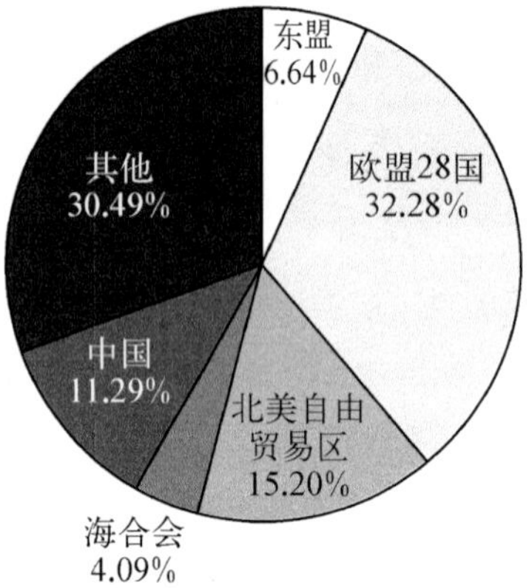

图 4－1 全球主要自由贸易区占世界贸易总额比重情况（2014）

① 此处为欧盟 28 国数据。

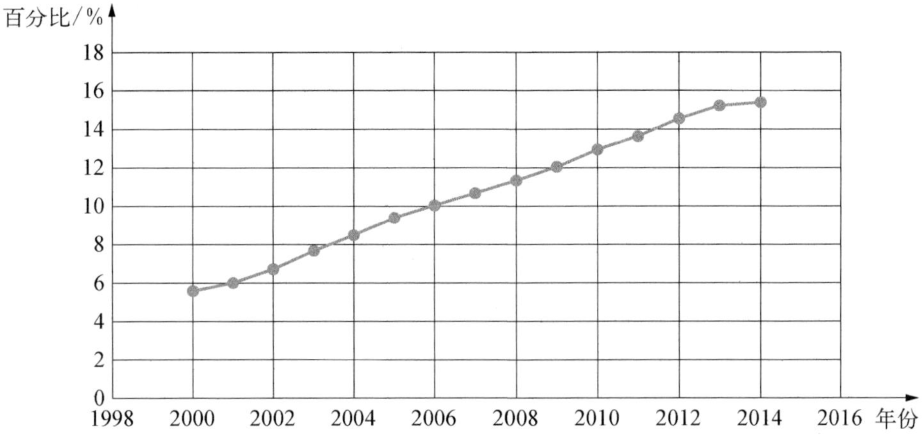

图 4 - 2　中国与海合会占全球贸易比重变化趋势(2000—2014)

4.1.3　中国与海合会对外贸易开放度分析

随着全球经济一体化成为大势所趋，国际贸易在一国经济中的地位越来越突出，对外贸易开放度的研究成为热点。从 20 世纪 60 年代开始，国外陆续出现了不少计算贸易开放度的新思路。第一类方法提出应该局部修改和完善对外贸易比率法，例如可以考虑减去 GDP 中非贸易性行业部分(一般为服务业)等；第二类方法提出度量贸易开放度，除了具体度量关税措施以外，还要加入非关税措施等影响因素。[①] 到了 20 世纪 80 年代以后，由于贸易开放程度持续加大，贸易开放度又诞生了另外一些新的计算方法。第一类是指标分析法，从商品实际价格对贸易开放条件下价格的偏差程度来代表贸易开放度；借鉴采用二进制做法，把各国贸易开放度分别计成 1(表示"开放")和 0(表示"不开放")；在判断贸易开放与否的所有 5 个条件中，只要有 1 条符合，即可认定为不开放国家，若全部不符合，则认定为开放国家；同时，要综合运用各种贸易开放度度量方法。第二类是模型方法，使用由 9 项要素共同组成的赫克歇尔-俄林模型计算各个国家的净贸易流量和贸易强

① 胡立法. 中国贸易开放度的重新估计[J]. 世界经济研究，2004(5)：37 - 41.

度，再依据贸易强度的实际值与预测值之间的差距来计算贸易开放度；采用萨默斯-赫斯特数据，分析消费品相对价格对城市化以及人口等变量回归计算得到的残差值，估算价格扭曲指数；使用对外贸易依存度对 GDP 等进行回归分析，再将其修正后作为下一步开展估计的依据；收集一个国家与其他国家的双边贸易流量数据，将这些数据纳入引力模型中进行计算，再以此作为参考来估计贸易开放度。

简而言之，对外贸易开放度可以在一定程度上理解成为一个国家或一个地区对外贸易的开放度。本书认为衡量一个国家或一个地区对外开放程度的通行指标是对外贸易比率，该比率反映的是参加国际贸易或国际分工的程度。[①] 可以从开放的结果着手展开分析，用如下公式表示：

$$I = (X + M)/GDP \tag{4-1}$$

其中，I 就是对外贸易开放度，X 则是一个国家或一个地区的出口贸易总额，M 是一个国家或一个地区的进口贸易总额。

按照以上公式，可以计算出 2001 年至 2014 年中海各自对外贸易的开放度。结果如表 4－4 所示：

表 4－4　中国与海合会对外贸易开放度(2001—2014)

年份	中国/%	海合会/%
2001	38.26	68.25
2002	42.46	69.30
2003	51.58	75.58
2004	59.46	82.04
2005	62.68	85.98
2006	64.49	86.38
2007	61.78	91.20

① 李翀.中国对外开放程度的度量与比较[J].经济研究，1998(1)：26－29.

续　表

年份	中国/%	海合会/%
2008	56.23	96.70
2009	43.63	88.16
2010	49.24	88.92
2011	48.61	95.65
2012	45.70	97.90
2013	43.82	99.92
2014	41.54	95.34

数据来源：贸易数据来自 WTO 数据库；GDP 数据来自世界银行公开数据，http://data.worldbank.org.cn。

根据表 4 - 4 中的数据，从大趋势来看，中国与海合会的对外贸易开放度在 2001 年至 2014 年之间都保持着明显的上升趋势，如果除去金融危机造成的干扰，基本上保持了比较高的增长率。这说明，中国和海合会都积极参与国际贸易发展，与世界经济的关系十分紧密，依赖国际市场的特征较为突出。其中，中国对外贸易开放度从 2001 年加入 WTO 以后就进入了不可思议的高速增长阶段，在 2003 年至 2008 年期间，增长速度连续 6 年超过 50%，2006 年达到 64.49%的最高点，受 2008 年金融危机影响，2009 年缩小到 43.63%，之后在全球应对金融危机的政策刺激下逐步回升，2010 年达到 49.24%，2011 年达到 48.61%，2012 年之后由于全球经济再次陷入低谷而逐步走低，平均每年都要下滑约 2 个百分点，2014 年更是降低到了 41.54%。中国在加入 WTO 以后，对外贸易迎来蓬勃发展，中国制造的产品迅速抢占全球市场，带动中国经济高速增长，外向型经济取得举世瞩目的成绩。尤其应该认识到，我国对外贸易开放度的快速上升建立在 GDP 高速增长的基础之上，其成绩更加来之不易。

相较于中国，海合会对外贸易开放度数值更高，其资源出口型经济特征十分明显。海合会 2001 年的对外贸易开放度为 68.25%，一直到 2008 年的

96.7%，保持了连续 8 年的高增长，直到金融危机爆发后回落到 2009 年的 88.16%。在全球经济复苏过程中，海合会对外贸易开放度表现出与中国截然不同的趋势，从 2010 年开始稳步回升，每年都保持了较高的增长率，2014 年达到了 95.34%。这跟海合会的经济结构有直接关系：一方面，在全球经济复苏过程中，石油作为重要的原材料之一，其国际需求始终较为旺盛，进出口贸易稳中有升；另一方面，海合会成员国经济体量较之中国明显要小一些，GDP 增速也更加平稳。两方面的因素造成了海合会对外贸易开放度在金融危机后迅速回升到 95%以上。海合会经济十分依赖石油出口贸易，在全球石油市场中的份额很高，对经济发展起到了关键作用。

可以看到，中国与海合会作为重要的新兴经济体，在全球经济一体化进程中，发挥自身资源禀赋优势，不断加大对外贸易推进力度，加速经济发展，在世界贸易格局中确立了自己较为稳固的地位。中国与海合会一方面通过积极参与国际贸易，使得自身经济发展水平持续提高，经济体量不断壮大；另一方面持续扩大对外贸易开放度，充分展示出中海双方历来支持自由贸易的坚定态度。这些都为未来双方建设自由贸易区创造了有利条件。

4.2 中国与海合会贸易规模分析

4.2.1 中国与海合会双边贸易规模分析

自古代丝绸之路开始，中国与阿拉伯世界的经贸往来就十分频繁。海合会自 1981 年成立伊始，就与中国展开了国际贸易，石油贸易一直占据着重要份额。作为新兴工业化国家，中国历来对于能源进口的需求较为旺盛，特别是在改革开放以后，随着外资的大举引进，石油进口量进一步上升，充足的能源供应关系到整个国家的经济安全与稳定。自 2001 年加入 WTO 之后，中国的外向型经济发展迅猛，成为全球加工制造基地，对于石油的需求量不断上升,两大经济体之间的贸易关系愈发紧密。如表4-5所示,2007年中国与海合会之间的贸易规模达到了578.26亿美元,占中国对外贸易总额的比重达到了2.66%,其中出口额达到了275.49亿美元,进口额达到了302.77亿美元,两者规模较为接近,贸易逆差达到了—27.28亿美元。2008年贸易总额较之2007年大幅上涨59.94%,占中国对外贸易比重也上升近1个百分点,出口增长率为40.63%,进口增长率为77.51%。受国际金融危机带来的影响,2009年双边贸易额的增长率为—26.52%,有一定程度的萎缩,占中国对外贸易比重下滑约0.5个百分点,出口增长率为—19.34%,进口增长率为—31.69%。2010年和2011年由于世界多国都实行经济刺激政策,国际贸易有所复苏,中国与海合会的贸易总额有所回升,2010年贸易总额增长率为36.15%,2011年为44.51%,贸易差额进一步拉大到近400亿美元规模。2012年之后,受世界经济整体影响,中国与海合会的贸易总额进入常态化增长阶段,贸易总额增长率回到个位数,尤其从进口增长率上来看,2014年与2013年基本处于持平状态,出口增长率则略高一些。这也体现出中国经济进入新常态之后,对于能源的需求逐步趋于稳定,而生产技术水平的提高又促进了贸易出口额的增加,使得形势发生了扭转,原先进口增长率大于出口增长率的情况开始倒过来,转变为出口增长率大于进口增长率。单独从中国与海合会双边贸易额占中国对外贸易总额的比例来看,其增长率加快的趋势表现得较为明显,2007年达到了2.66%,到2014年时已经上升至4.07%,还是在中国贸易总额基数大幅增加的基础之上取得的。这充分反映出第一个特点:中海双边贸易体量不断扩大,重要性得到持续稳步的提升。再从贸易差额来看,中国对海合会一直以来都是贸易逆差。2007年时双方的贸易逆差仅仅是较少的27.28亿美元,到2014年已经上升至379.99亿美元,在这一阶段共扩大了10倍以上。这反映出第二个特点:石油在中海双边贸易结构中愈加重要,中国对海合会的贸易逆差表现出持续增加的趋势。

表 4-5 中国与海合会双边贸易规模变化(2007—2014)

年份	贸易总额			出口额		进口额		贸易差额/亿美元
	金额/亿美元	增长率/%	占中国对外贸易总额的比例/%	金额/亿美元	增长率/%	金额/亿美元	增长率/%	
2007	578.26	—	2.66	275.49	—	302.77	—	−27.28
2008	924.87	59.94	3.61	387.42	40.63	537.45	77.51	−150.03
2009	679.61	−26.52	3.08	312.48	−19.34	367.13	−31.69	−54.65
2010	925.26	36.15	3.11	360.50	15.37	564.76	53.83	−204.26
2011	1 337.14	44.51	3.67	468.68	30.01	868.46	53.78	−399.78
2012	1 551.11	16.00	4.01	543.30	15.92	1007.81	16.05	−464.51
2013	1 653.47	6.60	3.98	596.77	9.84	1 056.70	4.85	−459.93
2014	1 751.79	5.95	4.07	685.90	14.94	1 065.89	0.87	−379.99

数据来源：UN Comtrade(联合国商品贸易统计)数据库，http://comtrade.un.org/data。由于海合会部分国家统计数据不全，因此年份选择为 2007 年至 2014 年；本章后续部分的表格年份同样选择 2007 年至 2014 年，原因相同，不再重述。

4.2.2 中国与海合会贸易强度变化

贸易强度指数(Trade Intensity Index，TII)是用来计算各个经济体相互之间贸易状况依赖程度大小的重要方法之一，指一个经济体对另一个贸易合作伙伴的出口贸易额占该经济体出口贸易总额的比重，与该贸易合作伙伴的进口贸易额占全球进口贸易总额比重的两者之比。本节在此基础上，做进一步修改和优化，具体描述为：i 国对 j 国的出口贸易额占 j 国进口贸易总额的比重与 i 国的出口贸易额占除 i 国以外世界进口贸易总额比重的两者之比。参考小岛清在 1964 年提出的计算公式[①]，修改后的公式如下：

$$S_{ij} = \left(\frac{X_{ij}}{M_j}\right) / \left(\frac{X_i}{M_w - M_i}\right) \quad (4-2)$$

① KOJIMA K. The pattern of international trade among advanced countries[J]. Hitotsubashi journal of economics，1964，5(1)：16-36.

其中 S_{ij} 表示的是贸易强度指数，X_{ij} 表示的是 i 国对 j 国的出口贸易额，X_i 是 i 国的出口贸易总额，M_j 是 j 国的进口贸易总额，M_w 是全世界进口贸易总额，M_i 是 i 国的进口贸易总额。其判断标准如下：

（1）若 $S_{ij}<1$，说明 j 国对于 i 国出口贸易依赖程度较小；

（2）若 $S_{ij}=1$，说明 j 国对于 i 国出口贸易依赖程度较为中性；

（3）若 $S_{ij}>1$，说明 j 国对于 i 国出口贸易依赖程度较大。

依照以上所列的公式，可分别计算出 2007 年至 2014 年中国和海合会之间相互的贸易强度指数，结果如下表 4－6 所示。

表 4－6　中国与海合会的双边贸易强度指数①

年份	中国对海合会的贸易强度指数	海合会对中国的贸易强度指数
2007	1.02	0.80
2008	1.09	1.01
2009	0.96	0.87
2010	0.92	0.93
2011	0.97	0.95
2012	0.92	0.95
2013	0.86	0.92
2014	0.94	0.99

数据来源：中国对海合会的出口贸易额和海合会对中国的出口贸易额选自 UN Comtrade 数据库，其余数据来自 WTO 数据库。

从表 4－6 可以看到，中国对海合会的贸易强度指数，在 2007 年、2008 年这两年均表现出略微超过 1，显示出中国的出口对海合会的市场依赖程度略微偏强。2009 年之后，中国对海合会的贸易强度指数略有下滑，但是基本维持在 0.9 以上，显示出中国的出口对海合会市场略微偏弱的依赖性。其中，只有 2013 年偏低，为 0.86。通过分析可以发现，第一，中国出口在 2008 年至 2014 年之间虽然受到金融危机影响，但是基本保持了较快的增长幅度。

① 按照出口国方向计算。

在这种情况下，海合会市场依然能够保持一个略微偏弱的依赖性，贸易强度指数虽然不高，但是其绝对值的增幅较为可观。第二，海合会成员国依靠石油经济，国民收入普遍较高，其对资本技术密集型产品的需求弹性相对较高，对劳动密集型产品的需求弹性就表现得相对较低，而中国能发挥比较优势的领域主要就集中在劳动密集型产品方面，因此贸易强度指数相对微弱减少也就不难理解。第三，在 2006 年至 2016 年，全球货物贸易总额在达到峰值后逐步趋于稳定，在此期间世界贸易额增量的绝对值较大，而海合会成员国属于生产消费较为成熟的区域，因此其贸易进口的增幅相对于世界增幅略微低一些。

海合会对中国的贸易强度指数，最高值是出现在 2008 年的 1.01，显示出海合会出口对于中国市场略微高于中性的依赖程度，而最低值则是 2007 年的 0.80，显示为偏弱的依赖程度；2009 年以后，出现微弱增长的趋势，从 2009 年的 0.87 一直到 2014 年的 0.99，海合会对于中国市场的依赖性正在逐步增强。从中我们可以发现，第一，鉴于中东政治稳定性的考虑，中国力求对于石油进口采取多元化战略措施，尤其是加大了从距离较近的俄罗斯、中亚及石油价格较为便宜的非洲国家等地区进口油气资源的力度，尽量避免由于中东政治动荡等不确定因素影响石油安全。第二，随着中国在世界经济中的地位不断攀升，对于能源的需求稳步增长，中东作为全世界最大的油气产地，是中国最重要的合作伙伴之一。因此，海合会与中国之间稳步增长的贸易额，就体现在对中国市场稳定提升的依赖程度上面。第三，在世界经济蓬勃发展的同时，全球各个国家对于能源进口的需求都比较强烈，中东国家成为众多国家的主要贸易伙伴，因此其出口贸易目的地分布较为均衡。这成为海合会对中国市场依赖程度一直略低的原因之一。

结合以上分析可以看到，中国与海合会之间的双边贸易关系尚不紧密，这与双方各自的贸易结构有重要关系。但是，从另一个角度来看，两大经济体之间蕴含着巨大的贸易潜力可供挖掘，双方可以共同致力于发挥各自的比较优势，降低贸易壁垒，力争扩大贸易规模，不断优化贸易结构，为双方实现互惠共赢一起努力。无疑，设立自由贸易区对中国和海合会来说是一种符合双方心愿的合作方式。

4.3　中国与海合会贸易结构分析

4.3.1　中国与海合会贸易结构分析

自实施改革开放政策以来，中国依靠外向型经济的突飞猛进，大举吸引外资，加工制造能力迅速提升，经济实力跃居世界前列。在加入 WTO 以后，中国的国际贸易规模大幅上升，成为拉动经济的重要引擎，尤其是在全球价值链中确立了加工制造基地的地位，向世界各国出口了大量价廉质优的产品。海合会成员国则主要以石油经济为主，依靠丰富的自然资源出口带动经济发展，国际贸易进出口额稳步增长。近年来，海合会成员国开始注重石化类企业发展，从纯粹的石油出口转向附加值更高的石化产品出口。随着中国和海合会在世界分工体系中的定位愈加明确，双方的贸易结构互补性越来越强，本节将从初级产品和工业产品的角度分析中国同海合会进出口贸易中所占比例的变化，以此充分展示中海之间贸易结构具有的特点。

联合国统计署所创建的联合国商品贸易统计数据库（UN Comtrade Database）按照联合国《国际贸易标准分类》（SITC）第四次修订本的产品分类方式，将贸易产品总共分成 10 个大类，如表 4 - 7 所示：0 类为食品及主要供食用的活动物（Food and live animals）；1 类为饮料及烟类（Beverages and tobacco）；2 类为除燃料以外的非食用原料（Crude materials, inedible, except fuels）；3 类为矿物燃料、润滑油及有关原料（Mineral fuels, lubricants and related materials）；4 类为动植物油脂及蜡（Animal and vegetable oils, fats and waxes）；5 类为未列名化学品及有关产品（Chemicals and related products, n. e. s.）；6 类为主要按原料分类的制成品（Manufactured goods classified chiefly by material）；7 类为机械及运输设备（Machinery and transport equipment）；8 类为杂项制品

(Miscellaneous manufactured articles)；9 类为未分类的其他制品(Commodities and transactions not classified elsewhere in the SITC)。其中，可以进一步将 0 类至 4 类归为资源密集型产品，将 5 类至 8 类归为工业制成品。

表 4－7　联合国《国际贸易标准分类》(SITC)产品分类方法

代码	货物贸易分类(英文)	中文名称
0	Food and live animals	食品及主要供食用的活动物
1	Beverages and tobacco	饮料及烟类
2	Crude materials, inedible, except fuels	除燃料以外的非食用原料
3	Mineral fuels, lubricants and related materials	矿物燃料、润滑油及有关原料
4	Animal and vegetable oils, fats and waxes	动植物油脂及蜡
5	Chemicals and related products, n. e. s.	未列名化学品及有关产品
6	Manufactured goods classified chiefly by material	主要按原料分类的制成品
7	Machinery and transport equipment	机械及运输设备
8	Miscellaneous manufactured articles	杂项制品
9	Commodities and transactions not classified elsewhere in the SITC	未分类的其他制品

注：0、1、2、3、4 类主要为初级产品，可以归为资源密集型产品范畴；5、6、7、8 类主要为工业制成品。其中，可以进一步把 5、7 类归为资本技术密集型产品，6、8 类归为劳动密集型产品。

从表 4－8 中可以看到，随着中国经济的迅速腾飞，不管是初级产品还是工业制成品，中国与海合会之间的进出口贸易额都在不断增加，贸易结构总体表现得较为稳定。从进口角度来看，2007 年中国从海合会进口的初级产品进口额达到了 257.54 亿美元，2014 年进口额上升至 904.59 亿美元。工业制成品在 2007 年的进口额达到了 45.22 亿美元，2014 年的进口额上升至 159.24 亿美元，但绝对值较低。中国对海合会的进口贸易结构十分稳定，这跟中国经济中油气资源始终占据重要进口地位有一定关系，能源进口与经济增长必定保持较为紧密的联系。从进口比重来看，如图 4－3 所示，2007 年初级产品进口比重达到了 85.06%，2014 年达到了 85.03%，两者较为接近，其中除了 2008

表 4-8　中国对海合会进出口贸易中初级产品和工业制成品所占比重情况

产品类型	数据类别	年份							
		2007	2008	2009	2010	2011	2012	2013	2014
初级产品(包括SITC 分类 0、1、2、3、4)	进口额/亿美元	257.54	489.68	308.43	470.15	728.09	865.07	904.38	904.59
	进口比重/%	85.06	91.11	84.01	83.38	83.84	85.84	85.64	85.03
	出口额/亿美元	7.64	10.00	10.50	14.62	13.77	15.16	17.06	19.31
	出口比重/%	2.77	2.58	3.37	4.06	2.94	2.79	2.86	2.82
工业制成品(包括 SITC 分类 5、6、7、8)	进口额/亿美元	45.22	47.76	58.71	93.74	140.37	142.74	151.65	159.24
	进口比重/%	14.94	8.89	15.99	16.62	16.16	14.16	14.36	14.97
	出口额/亿美元	267.76	377.41	301.31	345.84	454.86	528.14	579.71	666.57
	出口比重/%	97.23	97.42	96.63	95.94	97.06	97.21	97.14	97.18

数据来源：UN Comtrade 数据库。

年的比重略高一些(为 91.11%)以外,其他各个年份的比重都在 85%左右浮动。2007 年工业制成品的进口比重为 14.94%,2014 年为 14.97%,其中除了 2008 年的比重略低(为 8.89%)以外,其他各个年份的比重基本都在 15%上下浮动。在进口贸易额出现翻倍增长的同时,整个进口贸易结构却依然表现出非常强的稳定性。这在其他国家的双边贸易中是比较罕见的。

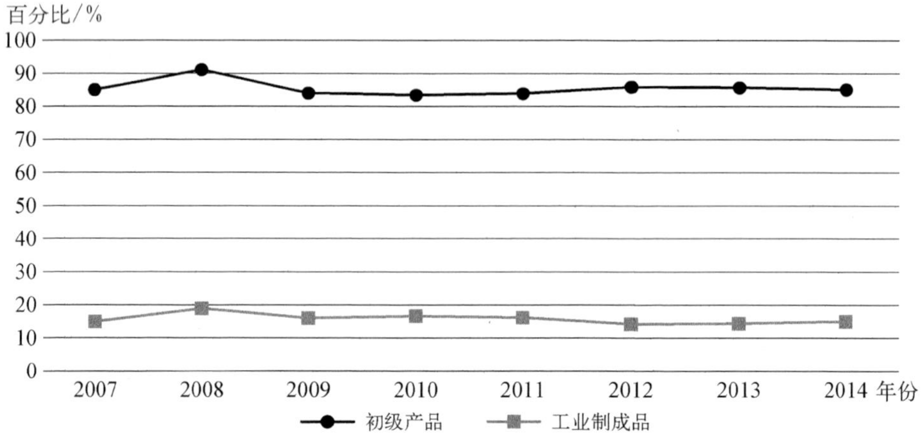

图 4-3　中国对海合会进口贸易比重图(2007—2014)

再从出口来看,2007 年中国对海合会出口的初级产品出口额达到了 7.64 亿美元,2014 年出口额上升至 19.31 亿美元,但绝对值较低。工业制成品 2007 年的出口额达到了 267.76 亿美元,2014 年的出口额上升至 666.57 亿美元。中国对海合会的出口贸易结构同样十分稳定,这跟海合会是全球市场中的贸易进口大国有关,而中国在货物贸易方面具有较强的竞争力,凭借比较优势迅速发展成为海合会重要的货物进口来源地之一。从出口比重来看,如图 4-4 所示,2007 年初级产品的出口比重大约为 2.77%,2014 年约为 2.82%,除了 2010 年的比重略高(为 4.06%)以外,各年份的比重都在 3%左右,比重相当低。2007 年工业制成品的出口比重为 97.23%,2014 年为 97.18%,除了 2010 年的比重略低(为 95.94%)以外,各年份的比重都在 97%上下,比重相当高。在出口贸易额出现翻倍增长时,整个出口贸易结构依然表现出非常强的稳定性。

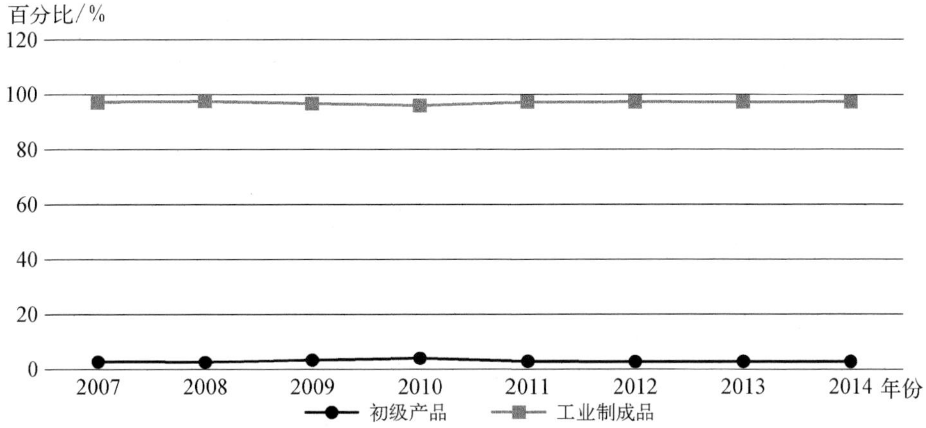

图 4－4　中国对海合会出口贸易比重图(2007—2014)

从上述分析中我们可以了解到,中国与海合会双边贸易结构的特点非常鲜明:中国从海合会进口的主要是初级产品,占到进口贸易总额的 8 成以上,中国对海合会出口的主要是工业制成品,占到出口贸易总额的 9 成以上。与不断扩张的贸易规模相比,中国与海合会的双边贸易结构却表现得非常稳定。

4.3.2　中国与海合会贸易结构竞争性和互补性分析

对自由贸易区内各个成员国之间贸易结构的竞争性和互补性进行分析,是深入研究一个自由贸易区的重要方面,直接决定了贸易创造效应的大小。毕竟世界上还是有不少自由贸易区由于互补性不强而导致区域内贸易增长幅度不显著的情况。本节接下来将分别使用出口相似度指数、贸易互补性指数和贸易结合度指数来进行具体分析。

1. 出口相似度指数分析

出口相似度指数(Export Similarity Index, ESI)是由芬格(Finger)和科瑞尼(Kreinin)于 1979 年提出的[①],用以测算任意两个国家或两组国家在全球市场上或第三方市场上出口产品的相似程度。其优点主要在于该指数随

① FINGER J M, KREININ M E. A measure of "export similarity" and its possible uses [J]. The economic journal, 1979, 89(356): 905－912.

着时间收敛时，其增长情况能够同时反映出这个国家高速经济增长和产业结构优化等特性。该指数可以从出口产品国和出口目的国两个角度进行测算，如果进行适当的权重设置，可以得到相同的两个计算结果。

本节的计算将重点借鉴格利克(Glick)和罗斯(Rose)在1998年对该指数的修正①，对中国和海合会在第三方市场上的各类产品出口相似度进行具体计算和分析。公式如下：

$$S(ij,k)=\sum_{l}\left\{\left[\frac{\left(\frac{X_{ik}^{l}}{X_{ik}}\right)+\left(\frac{X_{jk}^{l}}{X_{jk}}\right)}{2}\right]\left[1-\left|\frac{\left(\frac{X_{ik}^{l}}{X_{ik}}\right)-\left(\frac{X_{jk}^{l}}{X_{jk}}\right)}{\left(\frac{X_{ik}^{l}}{X_{ik}}\right)+\left(\frac{X_{jk}^{l}}{X_{jk}}\right)}\right|\right]\right\},$$

$$S\in[0,100] \tag{4-3}$$

在上述公式里，X 表示出口贸易额，l 表示第 l 种出口产品，i 表示自由贸易区内一个国家，j 表示自贸区内另一个国家，k 为自贸区内两个国家的出口目的地，X_{ik}^{l}/X_{ik} 表示 i 国出口到目的地国家 k 的第 l 种产品出口贸易额占 i 国出口到目的地国家 k 的所有产品出口贸易总额的比重，X_{jk}^{l}/X_{jk} 表示 j 国出口到目的地国家 k 的第 l 种产品出口贸易额占 j 国出口到目的地国家 k 的所有产品出口贸易总额的比重，其判断标准如下：

(1) 若 $S=0$，那么说明 i 和 j 出口到第三方目的地国家 k 的产品类型完全不相同。

(2) 若 $S=100$，那么说明 i 和 j 出口到第三方目的地国家 k 的产品类型完全相同。

(3) 若 $0<S<100$，那么当 S 值越大时，i 和 j 出口到目的地国家 k 的产品类型相同程度越高，这意味着双方在第三方目的地国家竞争程度越高；当 S 值越小时，i 国和 j 国出口到目的地国家 k 的产品类型相同程度越低，这意味着双方在第三方目的地国家的分工配合程度越好。

① GLICK R, ROSE A K. Contagion and trade: why are currency crises regional? [J]. Journal of international money and finance, 1999, 18(4): 603-617.

本节选取联合国贸易和发展会议(UNCTAD)数据库内关于中国和海合会于 2000 年至 2014 年对欧盟[1]的出口贸易数据。选取欧盟作为双方出口贸易目的地国家的原因在于,欧盟作为中国和海合会的重要贸易伙伴,无论是从地理位置还是从贸易规模上来看,都具有较强的代表性。以 2014 年为例,中国和海合会对欧盟的出口贸易额占其出口贸易总额的比例分别为 15.84%和 6.39%。其中,海合会对欧盟出口比重略低的原因在于欧盟已将生产制造类企业转移到发展中国家,对海合会出口的资源类初级产品的需求有所降低。具体计算结果如表 4-9 所示。

表 4-9　中国与海合会产品在欧盟市场上的出口相似度指数(2000—2014)

年份	资源密集型产品	资本技术密集型产品	劳动密集型产品
2000	0.06	0.11	0.10
2001	0.07	0.13	0.12
2002	0.05	0.15	0.12
2003	0.05	0.16	0.12
2004	0.05	0.17	0.12
2005	0.04	0.19	0.08
2006	0.04	0.14	0.10
2007	0.03	0.15	0.13
2008	0.04	0.13	0.11
2009	0.03	0.18	0.12
2010	0.03	0.16	0.10
2011	0.03	0.12	0.10
2012	0.03	0.13	0.09
2013	0.03	0.15	0.11
2014	0.03	0.14	0.12

数据来源:UNCTAD(联合国贸易和发展会议)数据库,http://unctad.org/en/Pages/Statistics.aspx。

① 这里的欧盟国家指欧盟 28 国。

在表 4-9 中我们可以看到，中国和海合会在第三方欧盟市场上的指数值都很低。在资源密集型产品方面，2000 年的出口相似度指数仅为 0.06，2014 年为 0.03，在 2000 年至 2014 年之间都没有超过 0.1。中国主要是作为资源密集型产品进口国，海合会则主要是作为该类产品出口国，两者不存在实质性的竞争关系，这也导致中海双方在欧盟市场上的该指数值较低，几乎可以认为不存在出口相似性情况。同样相类似的情况也出现在资本技术密集型和劳动密集型两大类产品方面。资本技术密集型产品在 2000 年的出口相似度指数仅为 0.11，2014 年为 0.14，在 2000 年至 2014 年之间都没有超过 0.2。劳动密集型产品在 2000 年的出口相似度指数仅为 0.10，在 2014 年时为 0.12，在 2000 年至 2014 年之间都没有超过 0.2。其实不难理解，劳动密集型产品本身就在中国出口贸易中占据优势地位，而海合会由于劳动力缺乏等原因对于劳动密集型产品基本都依赖进口，因此对于第三方市场欧盟的此类产品的出口竞争力主要都表现为中国生产制造的产品。而对于资本技术密集型产品，中国和海合会本身的竞争优势都较低，出口能力较为有限，虽然中国近几年在此类产品上已经有所突破，但是对于欧盟这样的发达经济体而言，在国际贸易中依然是明显的贸易逆差。计算结果显示三大类产品的出口相似度指数比较低，这充分说明了中国和海合会在第三方市场上的相互竞争性是非常低的。

通过以上分析，我们可以认为，中国与海合会各自具有的资源禀赋条件差异较大，海合会的比较优势主要表现在资源类初级产品方面，而中国的比较优势主要表现在劳动密集型产品方面，双方并不存在直接冲突。虽然中国和海合会在资本技术密集型产品方面都取得了一定的进步，但是与发达国家相比，比较劣势依然十分明显，双方在此类产品上的出口竞争力都有待提高。因此，中国和海合会的贸易结构整体上就表现出较为稳定的“低竞争”特征。

2. 贸易互补性指数分析

贸易互补性指数(Trade Complementarity Index，TCI)是由经济学家彼

得・德莱斯代尔(Peter Drysdale)在 1967 年正式提出的。[①] 贸易互补性指数的公式如下：

$$TCI_{ij}^{k} = RCA_{xi}^{k} \times RCA_{mj}^{k} \tag{4-4}$$

其中，TCI_{ij}^{k} 表示，当假设 i 国为出口国，j 国为进口国时，双方在产品 k 上面体现出来的贸易互补性指数，RCA_{xi}^{k} 表示从出口角度进行计算的 i 国在产品 k 上面体现出来的显示性比较优势指数，RCA_{mj}^{k} 表示从进口角度进行计算的 j 国在产品 k 上面体现出来的显示性比较劣势指数。

RCA_{xi}^{k} 的计算公式如下：

$$RCA_{xi}^{k} = \left(\frac{X_i^k}{X_i}\right) / \left(\frac{X_w^k}{X_w}\right) \tag{4-5}$$

在公式(4－5)中，X_i^k 表示的是 i 国产品 k 的出口贸易额，X_i 表示的是 i 国所有产品的出口贸易额，X_w^k 表示的是全世界产品 k 的出口贸易额，X_w 表示的是全世界所有产品的出口贸易总额。

RCA_{mj}^{k} 的计算公式如下：

$$RCA_{mj}^{k} = \left(\frac{M_j^k}{M_j}\right) / \left(\frac{X_w^k}{X_w}\right) \tag{4-6}$$

在公式(4－6)中，M_j^k 表示的是 j 国在产品 k 上面的进口贸易额，M_j 表示的是 j 国所有产品的进口贸易额；X_w^k 表示的是全世界产品 k 的出口贸易额；X_w 表示的是全世界所有产品的出口贸易总额。

TCI_{ij}^{k} 指数的分析依据一般是：

(1) 如果 RCA_{xi}^{k} 指数值比较大，那么说明 i 国在出口产品 k 上面体现的显示性比较优势就比较大；同时，如果 RCA_{mj}^{k} 指数值比较大，说明 j 国在进口产品 k 上面体现的显示性比较劣势就比较大，那么 TCI_{ij}^{k} 计算出来的值就

① DRYSDALE P. Japan, Australia and New Zealand: the prospect for western Pacific economic integration [J]. Economic record, 1969, 45(111): 321－342.

比较大，则表示 i 国和 j 国在产品 k 上面表现出来的贸易互补性就比较强，i 国大量出口的产品 k 正好是 j 国大量进口的同一种产品。

(2) 如果 RCA_{xi}^{k} 指数值比较小，那么说明 i 国在出口产品 k 上面体现的显示性比较优势就比较小；同时，如果 RCA_{mj}^{k} 指数值比较小，说明 j 国在进口产品 k 上面体现的显示性比较劣势就比较小，那么 TCI_{ij}^{k} 计算出来的值就比较小，则表示 i 国和 j 国在产品 k 上面表现出来的贸易互补性就比较弱，i 国少量出口产品 k 而 j 国少量进口同一种产品。

当两个国家之间的双边贸易出现在多个产品之间的时候，这两个国家贸易的综合性互补指数就可以使用各个产品互补性指数的加权平均数来表示，其具体计算公式如下所示：

$$TCI_{ij} = \sum_{k} TCI_{ij}^{k} \times \left(\frac{X_{w}^{k}}{X_{w}}\right) = \sum_{k} (RCA_{xi}^{k} \times RCA_{mj}^{k}) \times \left(\frac{W_{k}}{W}\right) \quad (4-7)$$

在上述公式中，TCI_{ij} 表示的是 i 国和 j 国两个国家综合性的贸易互补性指数，加权系数为 $\frac{W_k}{W}$，表示的是各类相对应的产品在世界贸易总额中的比重。

TCI_{ij} 指数的判断标准一般为：

(1) 如果 $TCI_{ij}>1$，那么表示 i 国主要的出口产品与 j 国主要的进口产品契合度比较高，贸易互补性比较强，而且 TCI_{ij} 指数越大，两国的贸易互补性就越强；

(2) 如果 $TCI_{ij}\leqslant 1$，那么表示 i 国主要的出口产品与 j 国主要的进口产品契合度比较低，贸易互补性比较弱，而且 TCI_{ij} 指数越小，两国的贸易互补性就越弱。

按照以上公式，分别计算：(1) 中国为出口国、海合会为进口国的贸易互补性指数；(2) 海合会为出口国、中国为进口国的贸易互补性指数。2000 年至 2014 年期间，中国与海合会的贸易互补性指数如表 4－10 和图 4－5 所示。

表 4－10　中国与海合会贸易互补性指数(2000—2014)

年份	中国为出口国的贸易互补性指数	海合会为出口国的贸易互补性指数
2000	1.06	1.11
2001	0.97	0.95
2002	0.96	0.90
2003	0.95	0.91
2004	0.99	0.98
2005	1.01	0.93
2006	1.01	0.94
2007	1.07	0.95
2008	0.90	1.02
2009	0.88	0.98
2010	1.03	0.98
2011	1.14	1.03
2012	1.19	1.03
2013	1.13	1.01
2014	1.18	1.12

数据来源：UNCTAD 数据库。

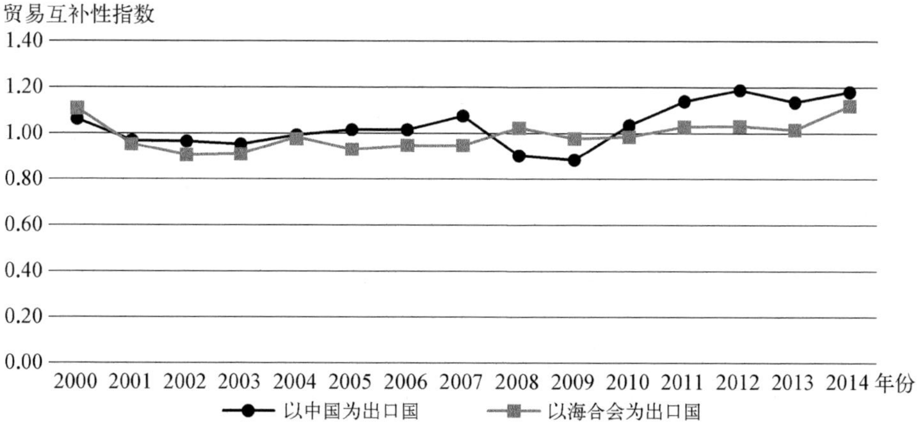

图 4－5　中国与海合会贸易互补性指数(2000—2014)

从表 4－10、图 4－5 中可以看到，以中国为出口国的中海贸易互补性指数总体呈增长趋势，2000 年指数为 1.06，2014 年指数则为 1.18，且大部分指数都大于 1。在较低的指数中，2008 年为 0.90，2009 年为 0.88，这两年指数略低于其他年份，主要原因在于受到国际金融危机的冲击，中海双边贸易有所萎缩；2001 年至 2004 年的指数分别为 0.97、0.96、0.95 和 0.99，虽然低于 1，但是差距非常微小，近似等于 1。这种增长趋势表现得较为明显的阶段是 2010 年至 2014 年，大幅上涨了 0.15，表明双方贸易互补性正变得越来越强。

从表 4－10 中还可以看到，以海合会为出口国的海中贸易互补性指数总体上较为稳定，2000 年指数为 1.11，2014 年指数为 1.12，中间呈现出走低回升的过程。在指数低于 1 的两个阶段中，2001 年至 2007 年阶段，最低的指数出现在 2002 年的 0.90，其余年份都在 0.9 以上，虽然小于 1，但是差距并不大；2009 年和 2010 年都是 0.98，近似等于 1，依然可以看作双方的贸易互补性较强。2000 年、2008 年以及 2011 年至 2014 年等年份中，指数都大于 1，较为明显地表现出中海双方较强的贸易互补性特征。

总体上来看，中国与海合会在相互的进出口贸易中表现出较强的贸易互补性，而且这种互补性有不断增强的趋势。这符合中国和海合会所具有的要素资源禀赋情况，与两大经济体在世界经济分工体系中的定位相一致：中国的优势是利用自身人口资源禀赋出口劳动密集型产品，海合会的优势是利用自身自然资源禀赋出口资源密集型产品。随着近些年融入全球化体系的程度不断加深，中国已成为全球制造业基地，从海合会进口自然资源的需求稳步增长，同时随着产业结构的升级，制造生产的产品质量得到有效提升，比以往更能满足海合会的进口需求。因此，中国和海合会的贸易互补性就表现出较好的增强趋势。

考虑到中国和海合会之间有较好的贸易互补性，若成功建立中海自贸区，则可以通过进一步削减关税，降低现存的非关税壁垒来促进双边贸易更快发展，从而产生良好的贸易创造效应，有效扩大双边贸易规模。

3. 贸易结合度指数分析

贸易结合度指数(Trade Combined Degrees，TCD)是学者 A. J. 布朗(A. J. Brown)于 1947 年提出的[①]，后来经过小岛清等诸位学者的持续改进，其在经济学等方面的内涵逐步清晰。其被定义为：一个国家对某一个贸易伙伴国的出口贸易额占这个国家贸易总额的比重，与该贸易伙伴国进口贸易额占全球进口贸易总额的比重的两者之比。贸易结合度指数可以被用来评估两个国家之间贸易合作水平的高低。贸易结合度的计算公式如下所示：

$$TI_{ij}=\left(\frac{X_{ij}}{X_i}\right)/\left(\frac{M_j}{M_w}\right) \tag{4-8}$$

其中，TI_{ij} 表示 i 国和 j 国的贸易结合度指数；X_{ij} 表示从 i 国出口到 j 国的贸易额；X_i 表示 i 国的出口贸易总额；M_j 表示 j 国的进口贸易总额；M_w 表示全世界进口贸易总额。其判断标准如下：

(1) 如果 $TI_{ij}>1$，那么表示 i 国和 j 国的贸易结合度比较强；

(2) 如果 $TI_{ij}=1$，那么表示 i 国和 j 国的贸易结合度处于世界平均水平；

(3) 如果 $TI_{ij}<1$，那么表示 i 国和 j 国的贸易结合度比较弱。

按照以上公式，分别计算：(1) 中国为出口国、海合会为进口国的贸易结合度指数；(2) 海合会为出口国、中国为进口国的贸易结合度指数。最后将 2007 年至 2014 年的两国贸易结合度指数以图表形式进行展示(见表 4－11 和图 4－6)。

表 4－11　中国与海合会的贸易结合度指数(2007—2014)

年份	中国为出口国的贸易结合度指数	海合会为出口国的贸易结合度指数
2007	1.10	0.82
2008	1.17	1.03
2009	1.04	0.89

① BROWN A J. Applied economics: aspects of the world economy in war and peace [M]. London: Allen & Unwin, 1947.

续 表

年份	中国为出口国的贸易结合度指数	海合会为出口国的贸易结合度指数
2010	1.01	0.95
2011	1.07	0.97
2012	1.02	0.98
2013	0.96	0.95
2014	1.04	1.01
平均值	1.05	0.95

数据来源：UN Comtrade 数据库。

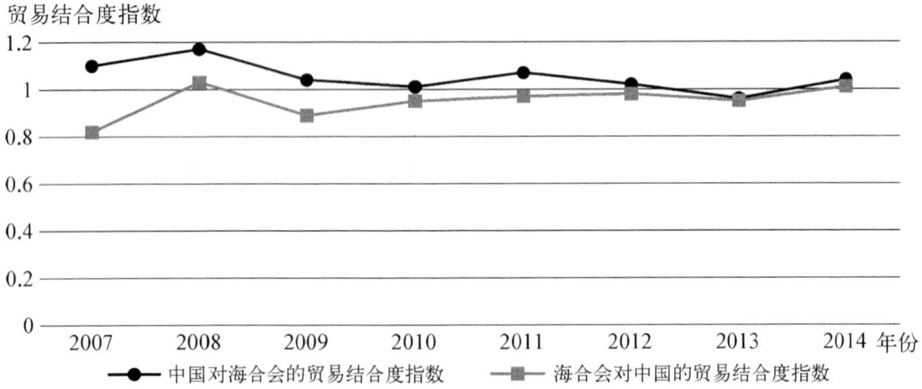

图 4－6　中国与海合会的贸易结合度指数(2007—2014)

从表 4－11、图 4－6 中可以看到，在中国为出口国的贸易结合度指数上，总体水平都比较高，其中最高值是 2008 年的 1.17，最低值则是 2013 年的 0.96，这也是唯一低于 1 的值，2007 年至 2014 年的平均值是 1.05，这就说明中国出口贸易同海合会市场之间的紧密程度比较强。再从海合会为出口国的贸易结合度指数方面来看，其总体水平略低于中国为出口国的贸易结合度指数，其最高值是 2008 年的 1.03，最低值则是 2007 年的 0.82，2007 年至 2014 年的平均值为 0.95，略低于 1。但是从 2007 年的 0.82 到 2014 年的 1.01 可以看出，海合会为出口国的贸易结合度指数存在逐步上升的趋势。这说明海合会出口贸易同中国市场之间的关系略弱，但是总体上在不断增强。

由上述计算结果可知，中国为出口国的贸易结合度指数大于海合会为出口国的贸易结合度指数，说明中国出口贸易对海合会市场的依赖性大于海合会出口贸易对于中国市场的依赖性。这意味着海合会在中国出口贸易中的地位略高，而反过来中国在海合会出口贸易中的地位则相对略低。究其原因在于：海合会成员国普遍较为富裕，其市场需求较为稳定，对中国货物的进口量较大。当前，随着中国经济转型升级，国内制造的各类产品竞争力得以提升，对海合会市场的贸易竞争力将继续得到加强。与此同时，中国能源进口市场分散化趋势较为明显。为保障能源安全，降低过度依赖海合会的风险系数，中国从海合会稳定进口大量石油的同时，将石油供应方拓展到多个国家，尤其是地理位置更占优势的俄罗斯和中亚地区，以及价格更加优惠的非洲地区。这使得中国对海合会的石油进口需求趋于稳定，未有大的突破性增长。不过从海合会为出口国的贸易结合度指数的上升趋势看，中国在海合会出口市场上的分量正在不断提升。随着中国在世界经济中的地位越来越重要，海合会对中国市场的依赖性也在逐步增强。未来，鉴于美国页岩气技术革命带来的深远影响，预计海合会对中国市场的依赖性将越来越强。从总体上来看，中海双方之间的贸易结合度指数有上升趋势，表明中海双边贸易合作水平正在加深，经贸氛围正在升温，未来贸易规模有望继续扩大。

4.4　中国与海合会投资情况分析

作为世界上重要的经济体，中国是吸引外商投资的主要国家之一，海合会在吸引外资方面较之中国要略微逊色一些，但是历年增长趋势同样较为显著。在经济发展壮大的同时，两大经济体开始扩大对外投资规模，与世界经济的结合更加紧密。这种良好的发展态势为双方将来扩大双边投资规模，增强区域内的经济依存度奠定了基础。

从表 4 - 12、图 4 - 7 中可以看到，中国在 2000 年吸引的外资规模约为

407 亿美元，2014 年达到了 1 285 亿美元，扩张了 3 倍左右，海合会在 2000 年吸引的外资规模约为 3.9 亿美元，2014 年约为 217.4 亿美元，扩大了约 56 倍。中国自加入 WTO 以来所吸引的外资规模，呈现出加速增长的趋势，投资规模屡创新高，其原因在于外资认可中国在人力资源方面具有的优势，运用比较优势原则将中国纳入全球价值链中。海合会所吸引的外资规模较之中国要小很多，但是大规模增长的势头同样存在，其原因在于海合会各个成员国本身并不缺少资金，对石油经济的依赖程度比较强。随着全球化经济浪潮汹涌澎湃，海合会成员国在对外国投资方面由原先较为谨慎的态度转为开放欢迎的态度，使得吸引外资的规模迅速壮大。再从吸引外资占全球比重来看，2000 年中国吸引的外资占全球比重为 2.99%，2014 年已经上升为 10.46%，只有 2006 年和 2007 年这两年受到整体经济环境影响有所萎缩，其余年份基本都保持了高速增长的迅猛势头。2000 年海合会吸引外资占全球比重为 0.03%，比例非常低，到 2014 年已经上升为 1.77%，其中在 2008 年和 2009 年都达到 4%以上，之后又有所回落，但是增长势头依然较好。中国和海合会都对外资持欢迎开放的积极态度，双方吸引外资占全球比重持续攀升，体现出两大经济体积极融入全球经济一体化的成果正在显现。

表 4-12　中国与海合会吸引外资及对外投资情况(2000—2014)

年份	吸引外资金额/百万美元		吸引外资占全球百分比/%		对外投资金额/百万美元		对外投资占全球百分比/%	
	中国	海合会	中国	海合会	中国	海合会	中国	海合会
2000	40 714.81	391.33	2.99	0.03	915.78	1 697.81	0.08	0.15
2001	46 877.59	1 957.36	6.85	0.29	6 885.40	250.23	1.18	0.04
2002	52 742.86	1 514.86	8.92	0.26	2 518.41	2 553.59	0.51	0.52
2003	53 504.70	6 133.93	9.69	1.11	2 854.65	−2 578.19	0.54	−0.48
2004	60 630.00	14 144.53	8.88	2.07	5 497.99	6 383.56	0.62	0.72
2005	72 406.00	28 317.51	7.81	3.05	12 261.17	10 263.23	1.54	1.29

续　表

年份	吸引外资金额/百万美元		吸引外资占全球百分比/%		对外投资金额/百万美元		对外投资占全球百分比/%	
	中国	海合会	中国	海合会	中国	海合会	中国	海合会
2006	72 715.00	39 232.29	5.22	2.82	21 160.00	20 447.18	1.57	1.52
2007	83 521.00	47 560.99	4.46	2.54	26 510.00	31 010.51	1.24	1.46
2008	108 312.00	62 542.47	7.27	4.20	55 910.00	34 271.82	3.30	2.02
2009	95 000.00	51 441.01	8.01	4.34	56 530.00	15 014.02	5.13	1.36
2010	114 734.00	42 106.85	8.64	3.17	68 811.00	15 506.95	5.04	1.14
2011	123 985.00	29 839.13	7.92	1.91	74 654.00	28 615.87	4.70	1.80
2012	121 080.00	26 983.89	8.63	1.92	87 804.00	17 318.26	6.84	1.35
2013	123 911.00	22 560.53	8.45	1.54	101 000.00	35 000.18	7.73	2.68
2014	128 500.00	21 741.39	10.46	1.77	116 000.00	29 409.02	8.57	2.17

数据来源：UNCTAD 数据库。

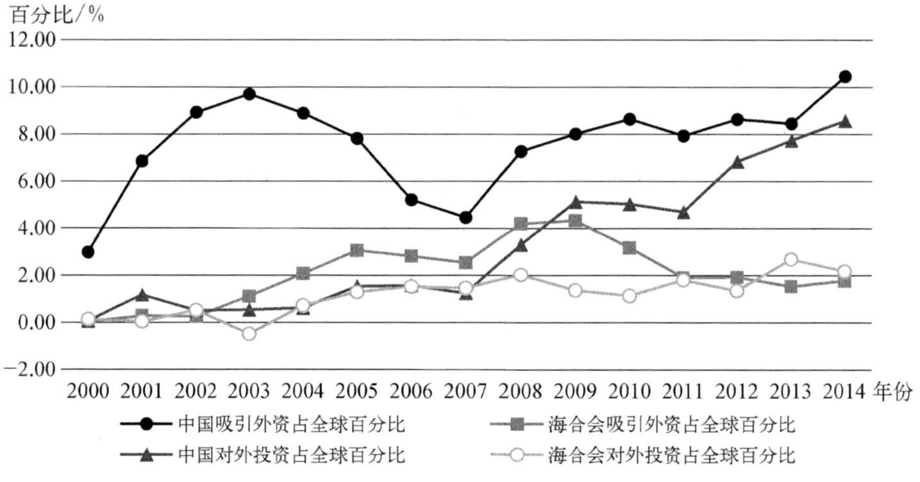

图 4－7　中国与海合会吸引外资和对外投资占全球百分比(2000—2014)

随着经济实力的增强，转型升级的发展任务更加紧迫，中国和海合会都在寻求整合全球资源来提升经济发展质量的途径。近几年，两个经济体在对外投资方面的力度持续增强，使得整体规模不断扩张。2000 年中国对外投资规模约为 9.15 亿美元,2014 年则达到了 1 160 亿美元,已经与吸引外资的规模差不多持平,增长了约 127 倍。2000 年海合会对外投资规模为近 17 亿美元,2014 年则达到了 294 亿美元,增长了约 17 倍。双方规模扩张都较大,相比较而言,中国的扩张力度更加惊人,从 2000 年时主要的外资流入国到 2014 年时主要的外资流出国,实现了大逆转。这与中国经济的腾飞有直接关系,随着经济实力的增强,原先较为粗放式的资源消耗型经济发展模式逐渐转型,而实现经济转型的关键途径之一就是要扩大对外投资规模,利用全球资源掌握更多高端技术,拓展和培育海外市场。海合会扩大对外投资的步伐较为平稳,有助于其突破原先与其他国家之间较为狭窄的经济合作范畴,拓展更多领域。再从对外投资占全球的百分比来看,中国 2000 年的占比仅为 0.08%,2014 年时已经上升到 8.57%,成长为举足轻重的投资输出国。海合会 2000 年的占比为 0.15%,2014 年时为 2.17%,增长趋势同样十分明显,但与中国的庞大规模相比略有差距。两大经济体对外投资能力的提高,不仅展现出其拥有的强劲经济实力,而且表达出整合更多世界资源促进经济升级的战略规划。双方这个共同的出发点,将为中海加强双边经贸发展创造机会。

在中国与海合会双边投资方面,从表 4－13、图 4－8 中可以看到中国对海合会的投资流量情况,2006 年仅仅是 1.78 亿美元,占对亚洲的投资流量的 2.32%,占对全球的投资流量的 1.01%。2014 年中国对海合会的投资流量也不过是 11.03 亿美元,较之 2006 年扩张了 6 倍多,但是绝对值偏低,其占对亚洲的投资流量的 1.30%,占对全球的投资流量的 0.90%,占比情况总体处于较低水平,而且较之 2006 年都略有萎缩。造成这一状况的一个原因是,中国在近期经济转型过程中,对高端技术的需求越来越迫切,这已成为对外投资的重要目标。另一个原因是,海合会的主要优势在于油气资源丰富,虽然中国对石油投资的力度同样很大,但是应该看到,为降低风险,中国对石油的投资更加注重多元化,不仅在海合会之外的中东国家,而且在中东以外的地区包括南美、非洲等国家,也加大了投资力度。因此,这造成了对海合会的投资流量金额翻倍增长,但是占亚洲和全球投资流量的比例徘徊不前。

表 4 - 13　中国对海合会、亚洲及全球投资流量(2006—2014)

年份	海合会/亿美元	亚洲/亿美元	对海合会投资占亚洲比例/%	全球/亿美元	对海合会投资占全球比例/%
2006	1.78	76.63	2.32	176.34	1.01
2007	1.73	165.93	1.04	265.06	0.65
2008	2.05	435.48	0.47	559.07	0.37
2009	1.72	404.08	0.43	565.29	0.30
2010	4.30	448.90	0.96	688.11	0.63
2011	5.27	454.94	1.16	746.54	0.71
2012	3.40	647.85	0.52	878.04	0.39
2013	8.54	756.04	1.13	1 078.44	0.79
2014	11.03	849.88	1.30	1 231.20	0.90

数据来源:《2014 年度中国对外直接投资统计公报》。

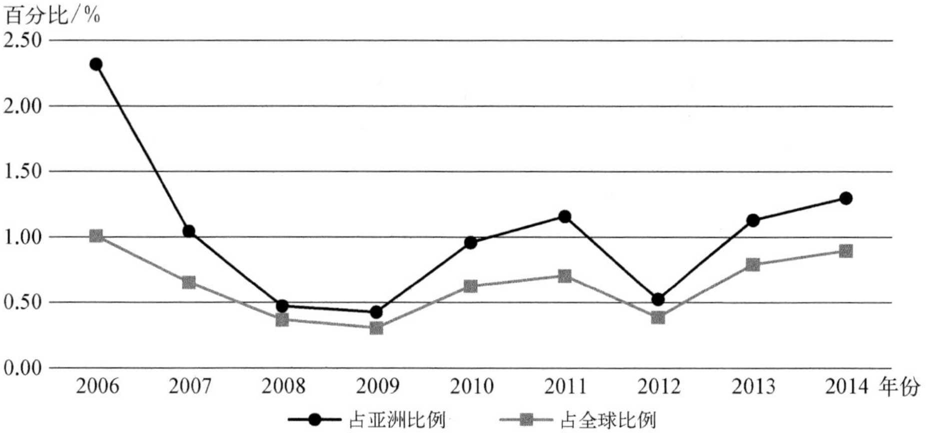

图 4 - 8　中国对海合会投资流量占亚洲及全球比例(2006—2014)

从投资存量来看,情况基本相同。表 4 - 14 中,2006 年中国对海合会投资存量仅仅为 4.66 亿美元,占对亚洲投资存量的 0.97%,占对全球投资存量的 0.62%,绝对值和占比情况都较低。2014 年中国对海合会的投资存量上升到 52.14 亿美元,其占对亚洲的投资存量的 0.87%,占对全球投资存量的 0.59%,占比情况仍然偏低,较之 2006 年变化并不大。从图 4 - 9 中可以更加直观地看到，两条数据线更像两条平行的直线，占比情况一直较为稳定。说明在中国大举向外扩大投资规模的同时，中国对海合会的投资相对较为平缓，未出现突破性的增长。造成这状况的主要原因是，海合会只是中国全球能源战略中的重要一环，中国在其他油气资源丰富的国家也在加紧布局。同时，中国对外投资的主要目标包括发达国家市场，而海合会作为较

表 4－14　中国对海合会、亚洲及全球的投资存量(2006—2014)

年份	海合会/亿美元	亚洲/亿美元	对海合会投资占亚洲比例/%	全球/亿美元	对海合会投资占全球比例/%
2006	4.66	479.78	0.97	750.26	0.62
2007	7.17	792.18	0.90	1 179.11	0.61
2008	10.65	1 313.17	0.81	1 839.71	0.58
2009	12.02	1 855.47	0.65	2 457.55	0.49
2010	16.75	2 281.46	0.73	3 172.11	0.53
2011	23.11	3 034.35	0.76	4 247.81	0.54
2012	28.86	3 644.07	0.79	5 319.41	0.54
2013	37.81	4 474.08	0.85	6 604.78	0.57
2014	52.14	6 009.66	0.87	8 826.42	0.59

数据来源：《2014 年度中国对外直接投资统计公报》。

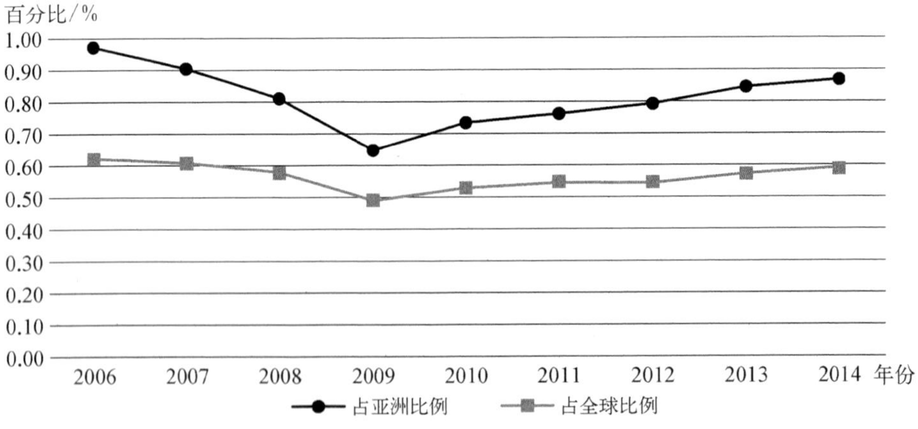

图 4－9　中国对海合会投资存量占亚洲及全球比例(2006—2014)

为稳定的区域性市场，尚不能成为中国对外投资的核心目标。从海合会的角度来看，一方面，海合会自身对外资的审查较为严格，对来自发展中国家的投资持谨慎态度；另一方面，其不少重要资产主要掌握在西方发达国家手中，给中国预留的投资空间有待拓展和挖掘。但是应该看到，这为中国与海合会未来加强双边投资提供了更多空间。

从表4－15中中国实际利用海合会投资的角度来看，2000年仅仅是0.41亿美元，2014年为0.66亿美元，经历了一个由低到高逐步上升后再回落的过程，最高额是2010年的5.96亿美元，总体而言规模其实并不大。中国实际利用亚洲投资的数额却呈现出较为明显的上涨趋势：2000年为254.82亿美元，至2014年时则已经上升到了986.49亿美元，规模扩大了接近4倍。从中国实际利用海合会投资占利用亚洲投资的比例来看（图4－10），2000年为0.16％，2014年仅为0.07％，最高为2010年的0.77％，均未能超过1％，可以看到实际利用海合会投资的规模较小。对中国与海合会双方来说，资源互补的领域较多，各自的经济规模普遍较大，双方对外投资的力度持续加强。阻碍当前扩大双边投资规模，并且造成中国实际利用海合会投资规模徘徊不前的原因包括以下几点：中国投资管理体系有待改革，对外资开放的投资领域要增加，与国际投资规则要尽快实现全面接轨。我们有充分的理由对双方在投资领域展开更多合作保持乐观态度，因为一旦找到合适的产业切入点，未来的发展空间是巨大的。

表4－15　中国实际利用亚洲国家外商直接投资金额(2000—2014)

年份	海合会/亿美元	亚洲/亿美元	占亚洲比例/%
2000	0.41	254.82	0.16
2001	0.42	296.13	0.14
2002	0.49	325.70	0.15
2003	0.76	341.02	0.22
2004	0.97	376.20	0.26

续 表

年份	海合会/亿美元	亚洲/亿美元	占亚洲比例/%
2005	1.02	357.19	0.29
2006	1.50	350.85	0.43
2007	2.26	421.17	0.54
2008	3.72	563.45	0.66
2009	2.21	606.45	0.36
2010	5.96	775.92	0.77
2011	0.96	895.14	0.11
2012	2.07	866.96	0.24
2013	1.21	946.72	0.13
2014	0.66	986.49	0.07

数据来源：国家统计局网站，http://www.stats.gov.cn。

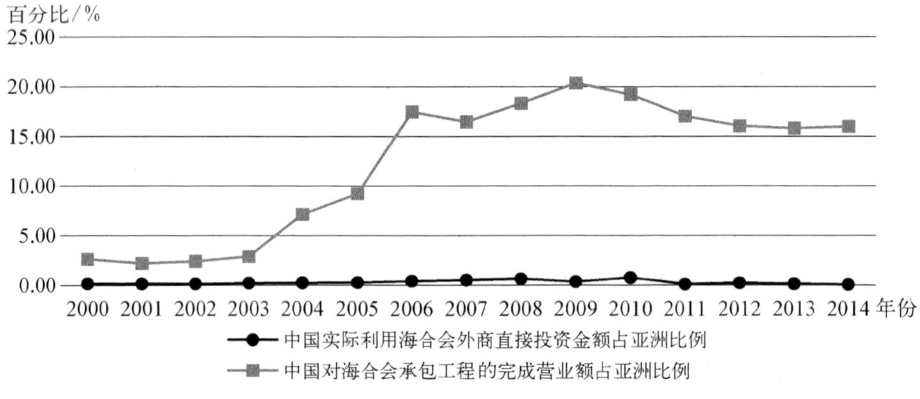

图 4-10 中国实际利用海合会外商直接投资金额占亚洲比例以及对海合会承包工程的完成营业额占亚洲比例(2000—2014)

从表 4-16 中中国对海合会承包工程的完成营业额来看，2000 年只有 1.26 亿美元，2014 年则上升到了 103.69 亿美元，规模持续扩张，成为中国与海合会经贸合作的新亮点。中国对亚洲承包工程的完成营业额在 2000 年时为 47.95 亿美元，在 2014 年时已上升至 648.38 亿美元，扩张了 13 倍以上。从中可以看到，中国对海合会承包工程的完成营业额的增长速度大大超过对亚洲承包工程的完成营业额的整体增长速度，表现出井喷式的发展态势。从中国对海合会承包工程的完成营业额占对亚洲承包工程的完成营业额的比例可以看到，2000 年为 2.64%，2014 年已经扩大为 15.99%，占比不断上升（图 4－10）。这说明中国与海合会在承包工程方面的双边合作能够利用各自资源优势服务于经济建设，取得了优异成绩。中国对海合会承包工程的完成营业额之所以能高速增长，一方面是由于中国对外承包工程建设能力的提高，通过屡创世界奇迹的建设经验积累，中国已经培养出一支在全球范围内处于领先地位的工程承包队伍；另一方面是由于中国在世界经济中的地位不断巩固，海合会对来自中国投资的限制逐步减少，认可度显著提升，表达出强烈的合作意愿。这些有利因素都预示着未来中国与海合会的双边合作有望实现更大突破。

表 4－16　中国对亚洲承包工程的完成营业额(2000—2014)

年份	海合会/亿美元	亚洲/亿美元	占亚洲比例/%
2000	1.26	47.95	2.64
2001	1.03	46.63	2.21
2002	1.39	57.38	2.42
2003	2.01	69.27	2.90
2004	5.81	81.42	7.14
2005	8.59	93.18	9.22
2006	24.05	137.72	17.47
2007	33.51	203.53	16.47
2008	52.95	289.03	18.32
2009	81.07	398.11	20.36
2010	81.94	426.58	19.21
2011	86.89	510.22	17.03
2012	87.05	542.93	16.03
2013	101.81	643.98	15.81
2014	103.69	648.38	15.99

数据来源：国家统计局网站。

第5章　中国与海合会贸易比较优势和竞争优势分析

比较优势理论可以被视作自由贸易理论的基石，其主要观点是：各个国家都可以按照比较优势原则发挥自身具有的优势，在国际贸易体系中找到定位，从中获取贸易红利。按照古典国际贸易理论的解释，各个国家劳动生产率的不同导致比较优势的产生，直接体现在劳动成本的区别上。按照新古典国际贸易理论的解释，比较优势来自各国生产要素资源禀赋的差异，不同产品由于包含着不同的要素组合而表现出生产成本方面的差异。但是，随着世界贸易实践的不断发展，比较优势理论对解释现实情况的局限性开始显现。不管是以劳动生产率差异为核心的相对优势理论，还是以生产要素组合为基础的要素禀赋理论，都建立在一系列较为严格的假设条件之上。这些假设条件包括规模报酬不变、完全竞争状态、产品无差异性及完全自由贸易环境等。正是这些静态条件的限制，导致国际贸易中出现的很多现实情况无法得到解释。

在此情况下，以产业内贸易为代表的新贸易理论出现，并且推动比较优势理论体系向前发展。该理论假设市场结构是不完全竞争状态，造成两个资源禀赋条件相似的国家之间展开贸易活动的原因是规模经济效应和产品差异化，从而会形成产业内贸易的现象，贸易利益主要来自规模经济创造的成本优势及产品多样化所带来的消费者福利。新贸易理论较为强调比较优势的动态变化属性，认为规模经济和产品差异化等条件变化可以产生新的比较优势。一个国家完全可以通过制度设计创造比较优势，在国际贸易中争得一席之地，产业内贸易的崛起为越来越多的国家参与国际分工创造了条件。

本章将按照以上贸易理论演进的总体思路，从静态比较优势到动态比较优势，一共分三步深入探讨中国和海合会的贸易竞争优势。本章主要包括三小节的内容：第 5.1 节将通过显示性比较优势指数对中国和海合会所具有的比较优势进行计算，对结果进行深入讨论；第 5.2 节将具体利用贸易专业化指数对中国和海合会的贸易专业化优势进行计算，全面讨论双方具有的竞争优势；第 5.3 节将利用 G－L 指数探讨并分析中国和海合会产业内贸易水平现状及其未来潜力。

5.1　中国与海合会贸易比较优势竞争力分析

按照比较优势原理，国际贸易在国家层面上将主要发生在资源禀赋差异较大的国家之间，在产业层面将主要发生在生产要素组合不同的工业制成品与初级产品之间。中国和海合会各自的比较优势较为明显，在世界贸易版图中的地位较为重要，双方计划设立自贸区加大经贸合作力度，实现合作共赢的目标。接下来，本节将利用显示性比较优势指数分析中国与海合会的比较优势。

5.1.1　比较优势的内涵

比较优势理论是由大卫·李嘉图在其著作《政治经济学及赋税原理》中

提出的，他将其理解为不同国家在生产同一种产品时表现在机会成本方面的差异，这种差异来自各国实际制造这种产品时在劳动生产率方面产生的差异。其后，赫克歇尔及俄林又从资源禀赋的角度进一步完善这一理论，他们认为由于不同产品包含不同要素组合，各个国家在资源禀赋方面的差异将直接影响生产产品时的实际成本，而成本上体现出的差异就会成为一国在国际贸易中的比较优势。因此，对劳动力资源丰富的国家来说，基于比较优势的理性选择就是出口劳动密集型产品，而对资本充沛的国家来说，基于比较优势的理性选择就是出口资本密集型产品。每个国家可以按照自身的资源禀赋来参与国际分工，中国的劳动力资源及海合会的油气资源都具有显著的比较优势，成为国际贸易链条中的重要环节。双方如果能够发挥比较优势，加大贸易合作，一定可以产生令人欣喜的经济效益。

5.1.2 显示性比较优势指数概念和算法

显示性比较优势指数(Revealed Comparative Advantage Index, RCA 指数)是由经济学家巴拉萨在 1965 年正式提出的[①]，在之后的发展过程中经过小岛清等诸多知名学者的理论推导和整理，该方法得到不断完善和优化，应用面越来越广。其特点主要体现在：通过产品的进出口贸易数据来间接测算一国具有的比较优势情况。[②] 这种特点决定了该指数不用受到各种理论假设的束缚，只要利用历年的贸易统计数据就可以进行计算。但是，该指数的局限性体现在，其只能反映某一产品与国际平均水平相比较而言所具有的比较优势，并不能与其他具有比较优势的产品进行对应比较，也就无法通过相互比较来判断哪个产品的比较优势更强。

显示性比较优势的定义为：一个国家某种产品出口额在世界同种产品出口额中的份额与这个国家所有产品出口额在世界所有产品出口额中份额

① BALASSA B. Trade liberalisation and "revealed" comparative advantage [J]. The Manchester School of economic and social studies, 1965, 33(2): 99 - 123.

② 史智宇. 中国东盟自由贸易区贸易效应的实证研究[D]. 上海：复旦大学，2004.

的占比。显示性比较优势的公式为：

$$RCA_i^j = \left(\frac{X_i^j}{X_i}\right) / \left(\frac{X_w^j}{X_w}\right) \tag{5-1}$$

在以上公式中，RCA_i^j 表示的是 i 国在 j 类商品上的显示性比较优势指数，X_i^j 表示的是 i 国在 j 类产品上的出口贸易额，X_i 表示的是 i 国所有产品的出口贸易额，X_w^j 表示的是 j 类产品在全球的出口贸易额，X_w 表示所有类别产品在全球的出口贸易额。从 RCA 的数值来看，基本可以得出如下判断：

(1) 如果 $RCA>1$，说明 j 类产品的出口额在 i 国总出口额中所占比重大于该类产品全球出口额在所有类别产品全球出口额中的比重，反映出该类产品在全球市场上具有一定的比较优势，在对外贸易中处于较为有利的地位；

(2) 如果 $RCA=1$，说明 j 类产品出口额在 i 国总出口额中所占比重等于该类产品全球出口额在所有类别产品全球出口额中的比重，反映出该类产品在全球市场上的比较优势不明显，但也不处于比较劣势，基本能与国际平均竞争力持平；

(3) 如果 $RCA<1$，说明 j 类产品出口额在 i 国总出口额中所占比重小于该类产品全球出口额在所有类别产品全球出口额中的比重，反映出该类产品在全球市场竞争中具有一定的比较劣势，在一国对外贸易中处于相对较为不利的地位。

在分析 RCA 值所反映的比较优势时，由于上述结论作为判断依据显得较为简单，一般需要更加细化的衡量依据，因此，可参考日本贸易振兴机构(JETRO)的判断标准：

(1) 如果 $0<RCA<1$，说明 i 国的 j 类产品在国际贸易竞争中处于比较劣势，其数值越接近 0，就表示该产品的比较劣势程度越严重，其数值越接近于 1，就表示该产品的比较劣势程度越浅显；

(2) 如果 $RCA>1$,说明 i 国的 j 类产品在国际贸易竞争中处于比较优势,其数值越大,表示该产品的显示性比较优势越明显,其数值越接近于 1,就表示该产品的显示性比较优势越不明显,其竞争力越接近于国际平均水平;

(3) 如果 $RCA>2.5$,说明 i 国的 j 类产品在国际贸易中的竞争力很强,比较优势十分明显,占据较为重要的地位;

(4) 如果 $1.25<RCA<2.5$,说明 i 国的 j 类产品在国际贸易中的竞争力较强,比较优势表现得较为明显;

(5) 如果 $0.8<RCA<1.25$,说明 i 国的 j 类产品在国际贸易中的竞争力处于中游的位置,具有全球平均竞争力水平;

(6) 如果 $0<RCA<0.8$,说明 i 国的 j 类产品在国际贸易中的竞争力较弱,并不具有比较优势,处于全球平均竞争力水平以下。

基于以上分析,本节将使用联合国 SITC 产品分类中的一位数数据[①]来分析中国与海合会比较优势的变化情况,并分别计算中国与海合会的显示性比较优势指数。数据来源是联合国贸易和发展会议数据库(UNCTAD Database),选取年份为 2000 年至 2014 年[②]。具体分析过程包括:第一步,先分别计算中国和海合会 0—8 类产品的 *RCA* 值[③];第二步,把中国与海合会的这 9 个类别的产品分别归纳进资源密集型、劳动密集型和资本技术密集型三大类别框架内;第三步,分别计算这三大类别的 *RCA* 值,以期能反映中国和海合会具有的比较优势特征。

5.1.3 中国与海合会显示性比较优势指数分析

经过计算,可得出中国与海合会的 *RCA* 值计算结果(见表 5-1 和表 5-2)。从表 5-1 中可以看到中国在 0—8 类产品中,6 类、7 类和 8 类的 *RCA* 值相

① SITC 以等级为基础,以阿拉伯数字为编码来描述商品。一位数表示类,二位数表示章,三位数表示组,四位数表示分组,五位数表示项目。这里的"一位数数据"指的是产品编码为一位数的产品。
② 由于数据年限横跨 2000 年至 2014 年,因此分类依据为 SITC 第三次修订本。
③ 由于第 9 类为"未分类的其他制品",分析价值较为有限,此处未计算其结果。

对于其他类别较大，其中 8 类产品“杂项制品”的显示性比较优势指数最大，从 2000 年至 2014 年，*RCA* 值一直都超过 2，其平均值能够达到较高的 2.35，这就说明中国在 8 类产品方面竞争力较大，比较优势较为明显。6 类“主要按原料分类的制成品”的 *RCA* 值一直都在 1 以上，而且表现十分平稳，平均值达到了 1.26，说明中国在 6 类产品上竞争力尚可，基本具备了参与国际贸易的平均水平。7 类产品“机械及运输设备”的 *RCA* 值呈现出不断增长的态势，且增长趋势十分明显，虽然其平均值也为 1.26，但是自 2010 年之后，*RCA* 值稳定在 1.5 左右，说明中国在 7 类产品上的国际竞争力逐渐由弱变强，展示出比较优势的成长性。

表 5-1　中国 0—8 类产品的显示性比较优势指数(2000—2014)

年份	0	1	2	3	4	5	6	7	8
2000	0.94	0.34	0.58	0.30	0.15	0.54	1.25	0.81	2.80
2001	0.84	0.35	0.51	0.32	0.13	0.52	1.21	0.88	2.59
2002	0.78	0.32	0.45	0.27	0.08	0.46	1.18	0.97	2.47
2003	0.71	0.25	0.37	0.25	0.06	0.42	1.15	1.09	2.33
2004	0.60	0.24	0.31	0.22	0.06	0.42	1.21	1.17	2.23
2005	0.57	0.19	0.30	0.17	0.09	0.44	1.23	1.23	2.24
2006	0.54	0.16	0.24	0.12	0.10	0.45	1.28	1.27	2.24
2007	0.50	0.15	0.21	0.12	0.06	0.47	1.26	1.31	2.26
2008	0.43	0.14	0.22	0.12	0.07	0.53	1.35	1.40	2.30
2009	0.44	0.15	0.19	0.12	0.05	0.45	1.22	1.46	2.17
2010	0.46	0.15	0.18	0.11	0.05	0.50	1.22	1.47	2.21
2011	0.46	0.16	0.18	0.09	0.05	0.56	1.30	1.50	2.32
2012	0.44	0.16	0.17	0.08	0.05	0.52	1.33	1.48	2.42
2013	0.42	0.15	0.16	0.08	0.05	0.51	1.34	1.47	2.38
2014	0.41	0.16	0.18	0.09	0.06	0.53	1.39	1.39	2.29
平均值	0.57	0.20	0.28	0.16	0.07	0.49	1.26	1.26	2.35

注：平均值一行表示的是 2000—2014 年显示性比较优势指数的算术平均值。
数据来源：UNCTAD 数据库。本章其他表格数据来源相同，不再重述。

表 5-2 海合会 0—8 类产品的显示性比较优势指数(2000—2014)

年份	0	1	2	3	4	5	6	7	8
2000	0.24	0.51	0.25	7.89	0.41	0.52	0.35	0.07	0.17
2001	0.24	0.74	0.24	7.98	0.34	0.58	0.39	0.09	0.18
2002	0.29	0.73	0.35	7.88	0.31	0.60	0.46	0.12	0.21
2003	0.22	0.32	0.28	7.58	0.29	0.55	0.41	0.12	0.17
2004	0.26	0.35	0.28	6.70	0.30	0.61	0.44	0.12	0.17
2005	0.22	0.26	0.21	5.65	0.26	0.56	0.38	0.13	0.14
2006	0.22	0.21	0.23	5.43	0.32	0.50	0.35	0.12	0.13
2007	0.24	0.25	0.29	5.33	0.31	0.58	0.41	0.13	0.15
2008	0.22	0.20	0.31	4.47	0.30	0.48	0.38	0.12	0.13
2009	0.29	0.38	0.27	4.81	0.36	0.58	0.60	0.18	0.19
2010	0.30	0.28	0.28	4.69	0.39	0.67	0.58	0.12	0.14
2011	0.22	0.21	0.28	4.22	0.38	0.65	0.48	0.11	0.13
2012	0.26	0.25	0.27	4.04	0.34	0.68	0.50	0.12	0.15
2013	0.25	0.24	0.25	4.14	0.36	0.67	0.51	0.12	0.14
2014	0.26	0.23	0.28	4.41	0.41	0.69	0.53	0.13	0.15
平均值	0.25	0.34	0.27	5.68	0.34	0.59	0.45	0.12	0.16

在表 5-1 中，0 类和 5 类的 *RCA* 值相对于其他几个类别产品来说处于中游水平，其中 5 类产品“未列名化学品及有关产品”的 *RCA* 值一直在 0.5 附近，较为稳定，平均值为 0.49，说明中国在 5 类产品方面，虽然国际贸易竞争力表现得较弱，处于全球平均竞争力之下，但是并未处于完全的比较劣势，未来具有提升竞争力的空间。0 类产品“食品及主要供食用的活动物”的 *RCA* 值呈现持续缩小的趋势，由 2000 年的 0.94 下降到 2014 年的 0.41，平均值虽然为 0.57，但是国际竞争力减弱十分明显，这可能与我国居民生活水平的提高导致对 0 类产品的进口需求水平不断提高存在一定的关系。

在中国的所有类别产品中，1 类、2 类、3 类和 4 类的 *RCA* 值一直都表现得比较弱。1 类“饮料及烟类”的 *RCA* 值由 0.34 下降为 0.16，平均值为 0.2；2 类“除燃料以外的非食用原料”的 *RCA* 值由 0.58 下降到 0.18，平均值为 0.28；3 类“矿物燃料、润滑油及有关原料”的 *RCA* 值从 0.3 开始下降到了 0.09，平均值为 0.16；4 类“动植物油脂及蜡”的 *RCA* 值则由 0.15 下降到 0.06，平均值为 0.07。这 4 个类别的产品的 *RCA* 值存在明显的下降趋势，体现出其国际贸易竞争力越来越小，这与中国正式加入 WTO 以后经济的飞速发展存在较为密切的联系，在制造业崛起的过程中，中国大举增加了资源类产品的进口额，造成了相关类别产品 *RCA* 值的下降趋势。

从表 5 - 2 中可以看到，海合会在 0—8 类产品中，3 类“矿物燃料、润滑油及有关原料”的 *RCA* 值较之其他类别都要大，虽然由 2000 年的 7.89 缩减至 2014 年的 4.41，表现出一定程度的下降趋势，但是 *RCA* 值一直都在 4 以上，平均值达到 5.68，说明海合会在 3 类产品上具有压倒性的比较优势，国际贸易竞争力非常强，其关键原因在于海合会具有相当丰富的石油储备，其大量出口石油及石化产品。其他类别的产品都在 0.8 以下，说明其他类别的产品的国际贸易竞争力总体上较弱，并不具有比较优势，在全球平均竞争力之下。其中，5 类“未列名化学品及有关产品”和 6 类“主要按原料分类的制成品”产品处于所有类别产品的中游水平，*RCA* 的平均值分别达到了 0.59 和 0.45，反映出这两大类产品并不具有明显的比较优势，竞争力较为有限。但是值得注意的是，5 类产品的 *RCA* 值从 2000 年的 0.52 上升到 0.69，增长了 0.17，具有一定的上升趋势。同时，6 类产品的 *RCA* 值从 2000 年的 0.35 上升到 0.53，增长了 0.18，上升趋势同样值得关注。这充分说明了自 2000 年至 2014 年，海合会在 5 类和 6 类产品方面的比较优势在不断提升。这与海合会的经济发展战略是紧密相关的，在出口石油等资源类初级产品的基础上，海合会正在加强产业升级力度，在国内生产更多石化类产品用以扩大出口，力求提高出口产品附加值。

在海合会的所有类别产品中，0 类、1 类、2 类、4 类、7 类和 8 类的 *RCA*

值一直处于较低水平。其中，1 类产品“饮料及烟类”有所不同，*RCA* 值从 2000 年的 0.51 下降到 2014 年的 0.23，减少了近一半，说明该类产品的竞争力持续削弱，这可能是海合会成员国在提高经济发展水平的基础上，加大了“饮料及烟类”产品的消费需求，进一步扩大进口额所导致的。余下几个类别的产品则表现得相对较为平稳一些，其中 0 类产品“食品及主要供食用的活动物”的 *RCA* 值一直都在 0.25 左右，2 类产品“除燃料以外的非食用原料”的 *RCA* 值一直都在 0.27 左右，4 类“动植物油脂及蜡”的 *RCA* 值则一直都在 0.34 左右，7 类“机械及运输设备”的 *RCA* 值一直都在 0.12 左右，8 类产品“杂项制品”的 *RCA* 值则一直都在 0.16 左右。这说明海合会在这几类产品中历来贸易竞争力较弱，且存在较为稳定的进口需求。

从表 5-3 中的数据可以看到，在将原先 9 大类产品归纳成资源密集型、资本技术密集型和劳动密集型 3 大类以后，我们可以更加明显地看到中国和海合会存在较为突出的比较优势差异。从资源密集型产品的角度来看，海合会的 *RCA* 值虽然从 2000 年的 4.25 下降到 2014 年的 2.74，存在下滑趋势，但是平均值达到 3.29，说明其在石油资源储备及出口能力方面具有绝对的比较优势。而 *RCA* 值的下滑一方面与除中东以外的其他国家陆续挖掘石油资源导致石油市场供给增加有关，另一方面与页岩气等新能源技术的利用程度的不断深入导致能源结构的调整存在一定关系。在资源密集型产品方面，中国的 *RCA* 值从 2000 年的 0.51 逐步下降到 2014 年的 0.17，均值为 0.28，这说明中国十多年来经济的高速发展带动了资源类产品需求的大幅增长，而进口数量的持续上升是对中国经济高能耗的直接反映。

表 5-3 中国与海合会资源密集型产品、资本技术密集型产品和劳动密集型产品显示性比较优势指数(2000—2014)

年份	资源密集型		资本技术密集型		劳动密集型	
	中国	海合会	中国	海合会	中国	海合会
2000	0.51	4.25	0.76	0.15	1.99	0.26
2001	0.50	4.10	0.81	0.19	1.87	0.29

续　表

年份	资源密集型		资本技术密集型		劳动密集型	
	中　国	海合会	中　国	海合会	中　国	海合会
2002	0.45	4.00	0.87	0.22	1.80	0.34
2003	0.39	3.93	0.95	0.21	1.71	0.30
2004	0.33	3.71	1.01	0.23	1.68	0.31
2005	0.27	3.43	1.06	0.22	1.69	0.27
2006	0.23	3.39	1.09	0.20	1.70	0.25
2007	0.21	3.27	1.12	0.24	1.69	0.30
2008	0.19	2.93	1.19	0.20	1.75	0.27
2009	0.21	2.84	1.20	0.28	1.67	0.41
2010	0.19	2.85	1.23	0.26	1.67	0.38
2011	0.18	2.67	1.26	0.25	1.76	0.32
2012	0.16	2.63	1.24	0.26	1.84	0.34
2013	0.17	2.64	1.23	0.26	1.83	0.34
2014	0.17	2.74	1.18	0.27	1.83	0.35
平均值	0.28	3.29	1.08	0.23	1.77	0.31

注：归类的标准需要特别说明一下，资源密集型产品包括 0—4 类，资本技术密集型产品包括 5 类和 7 类，劳动密集型产品则包括 6 类和 8 类。

在劳动密集型产品方面，中国的 *RCA* 值一直在 1.77 左右，从 2000 年的 1.99 到 2014 年的 1.83，基本变化不大。这说明中国能够充分发挥要素禀赋条件，基本维持了自身所一直具有的竞争优势，在劳动密集型产品方面能发挥出比较优势，积极拓展国际市场。在这十多年间，世界贸易总量的上升幅度很大，对于劳动密集型产品的需求大幅增加，而中国基本维持了出口增速，在全球价值链中较为稳固地占据了加工制造环节。海合会的 *RCA* 值则从 2000 年的 0.26 增加到 2014 年的 0.35，增加了 0.09，平均值为 0.31，一直处于较低水平。这说明海合会在劳动密集型产品方面的比较优势不明显，虽然竞争力有一定幅度的增强，但是基本处于较为弱势的地位，这与海合会成员国较为富裕，其劳动密集型产品主要依靠进口满足需要，或是通过引进国外廉价劳动力来发展有关产业。

在资本技术密集型产品方面，中国的 *RCA* 值从 2000 年的 0.76 一下子上升至 2014 年的 1.18，增加了 0.42，平均值为 1.08，这显示出中国在经济发展过程中，资本技术密集型产品的竞争力得到稳步提升，初步具备了一定的比较优势，基本已经达到了国际有关行业领域的平均竞争力水平。这与中国在发展劳动密集型产业时，十分注重推进资本技术类产业，坚持加大资本投入，力求通过技术创新来推进产业升级存在较为重要的联系。海合会的 *RCA* 值从 2000 年的 0.15 上升到 2014 年的 0.27，上升了 0.12，平均值为 0.23，虽然竞争力得到了一定的提升，但是与中国相比，竞争力水平的发展依然十分有限，基本上处于竞争力较弱的状态，这与海合会成员国过度依赖自然资源类产品的出口有直接关系。

为了解具体产品层面上的比较优势情况，接下来将选取中国与海合会在 2000 年、2004 年、2009 年和 2014 年的 SITC 三位数数据，计算具体产品的显示性比较优势指数。表 5-4、表 5-5 分别为中国及海合会显示性比较优势指数中排在前十位及后十位产品。①

表 5-4 中国显示性比较优势指数前十位及后十位产品

年份	显示性比较优势指数前十位产品	显示性比较优势指数后十位产品
2000	[261]丝绸	[281]铁矿石及精矿
	[325]焦炭及半焦炭，煤等	[041]小麦等
	[666]陶器	[043]大麦
	[848]服装(不含纺织品)	[231]天然橡胶等
	[687]锡	[781]交通运输工具
	[786]拖车和半拖车	[283]铜矿石及精矿等
	[831]旅行用品，手袋及类似物品	[024]奶酪和凝乳

① 前十位是指显示性比较优势指数最大的十个产品类别，后十位是指显示性比较优势指数最小的十个产品类别。

续　表

年份	显示性比较优势指数前十位产品	显示性比较优势指数后十位产品
2000	[593]炸药和烟火制品	[023]从牛奶中提炼出的黄油和其他油脂
	[291]粗动物材料	[342]液化丙烷和丁烷
	[894]婴儿车,玩具,游戏及体育用品	[251]纸浆和废纸
2004	[261]丝绸	[023]从牛奶中提炼出的黄油和其他油脂
	[325]焦炭及半焦炭,煤等	[971]黄金
	[848]服装(不含纺织品)	[281]铁矿石及精矿
	[666]陶器	[283]铜矿石及精矿等
	[786]拖车和半拖车	[284]镍矿砂及其精矿,镍锍等
	[831]旅行用品,手袋及类似物品	[883]电影胶片
	[894]婴儿车,玩具,游戏及体育用品	[024]奶酪和凝乳
	[658]纺织材料	[282]铁废料,钢废料
	[763]录音机等	[231]天然橡胶等
	[696]餐具	[043]大麦
2009	[261]丝绸	[971]黄金
	[666]陶器	[283]铜矿石及精矿等
	[658]纺织材料	[281]铁矿石及精矿
	[752]自动数据处理设备	[024]奶酪和凝乳
	[843]男式服装,纺织品,针织品等	[041]小麦等
	[831]旅行用品,手袋及类似物品	[282]铁废料,钢废料
	[844]女式服装,纺织品,针织品等	[344]石油气体,气态烃
	[763]录音机等	[212]毛皮原料
	[846]服装辅料,纺织面料	[883]电影胶片
	[652]棉织物等	[247]未加工木材
2014	[261]丝绸	[971]黄金
	[666]陶器	[041]小麦等

续 表

年份	显示性比较优势指数前十位产品	显示性比较优势指数后十位产品
2014	[813]照明灯具及配件等	[043]大麦
	[844]女式服装,纺织品,针织品等	[283]铜矿石及精矿等
	[658]纺织材料	[282]铁废料,钢废料
	[697]家用电器等	[024]奶酪和凝乳
	[752]自动数据处理设备	[281]铁矿石及精矿
	[652]棉织物等	[672]铁或钢锭等
	[831]旅行用品,手袋及类似物品	[044]玉米
	[846]服装辅料,纺织面料	[333]石油,沥青等

从表 5 - 4 中可以看到,中国显示性比较优势最大的产品是“[261]丝绸”,基本上多年以来稳居排名第一的宝座,其他产品无法撼动。2 类产品中的“[291]粗动物材料”在 2000 年排进过前十。3 类产品中的“[325]焦炭及半焦炭,煤等”在 2000 年和 2004 年进入前十,主要原因在于我国的煤炭资源较为丰富;但是 2009 年和 2014 年则未能进入前十,主要原因是随着我国生产力的扩张,对煤炭资源的需求持续上升,导致出口量持续下降,另外加工制造能力的增强也推动了其他产品的出口。在资本技术密集型产品类别(5 类和 7 类)内,2000 年有“[786]拖车和半拖车”“[593]炸药和烟火制品”,2004 年有“[786]拖车和半拖车”“[763]录音机等”,2009 年有“[752]自动数据处理设备”“[763]录音机等”,2014 年有“[752]自动数据处理设备”,在前十的占比上总体较为平稳,可以看到中国在资本技术密集型产品的出口方面,由 2000 年的拖车产品转向 2014 年的自动数据处理设备,产品的总体竞争力在稳步提升。在所有前十的产品中,最突出的特点还是劳动密集型产品(包括 6 类和 8 类)最多,主要有“[666]陶器”“[848]服装(不含纺织品)”“[687]锡”“[831]旅行用品,手袋及类似物品”“[894]婴儿车,玩具,游戏及体育用品”“[658]纺织材料”“[696]餐具”等。其中,陶器的竞争优势反映出

我国在此类商品上具有的优良传统和文化，以及被世界所认可的地位。纺织、服装类等传统劳动密集型产品的竞争优势说明我国在全球贸易体系中的总体定位主要处于劳动密集型领域附加值较低的产品类别上。另外，我国对于稀土资源的出口量进行了逐步调控，原本2000年进入前十的锡，后面就未再登榜。在2014年，照明灯具和家用电器排进前十，说明我国具有竞争力的劳动密集型产品类型更加多元化，结构更趋合理。资源密集型的0类、1类和4类产品则始终未能进入前十，充分说明了我国在这几大类产品上并不具有比较优势。

在显示性比较优势指数排名的后十位数据里面，总体来看资源密集型产品是其中的主体，占据了绝大多数位置，2000年除了“[781]交通运输工具”以外，其他全是资源密集型产品，包括矿石、大小麦、乳制品、橡胶、液化丙烷和丁烷以及纸浆和废纸等。可以看到，其中一部分是食物，主要与我国庞大的人口基数有直接关系，另一部分就是工业产品原料，是我国工业发展的基石。2004年的变化体现在，除了矿石、乳制品、大麦和橡胶等产品未发生变化以外，新出现了黄金和电影胶片，这是由于我国居民收入水平提高后对黄金制品的需求量有所增加，同时黄金作为一种保值产品在价值观念较为传统的中国颇受欢迎。而电影胶片的大量进口则是因为居民对文化产品，尤其是对国外优秀的电影作品的需求明显提升；在电影进口增加的同时，我国电影的出口依然较少，整体影视产业的发展还处于起步期。2009年的变化表现在，新上榜的产品包括石油气体，主要用于石化类产品生产；毛皮原料主要用于制造高档衣物，未加工木材则主要用于家具产品，都与居民生活水平提高息息相关。2014年基本维持了食物类产品和工业类原料的格局，只在局部调整上，新上榜了“[044]玉米”“[333]石油，沥青等”。总体而言，在中国显示性比较优势指数排名后十位的产品中，主要由两大板块组成，其中一个板块是食物类，主要与我国人数众多，生活水平提高后需求量增加存在直接关系；另一个板块是工业原料，主要集中在矿石、石油等方面，体现出加工制造业在我国整个经济结构中愈发重要的主体地位。

表 5-5　海合会显示性比较优势指数前十位及后十位产品

年份	显示性比较优势指数前十位产品	显示性比较优势指数后十位产品
2000	[342]液化丙烷和丁烷	[351]电流
	[333]石油，沥青等	[212]毛皮原料
	[274]铁矿，硫等	[072]可可
	[334]石油或沥青矿物	[776]阴极阀及管
	[512]醇类，酚类等	[284]镍矿砂及其精矿，镍锍等
	[571]乙烯聚合物	[791]铁路车辆及相关设备
	[516]其他有机化学品	[871]光学仪器及设备
	[344]石油气体，气态烃	[525]无线电及相关材料
	[343]天然气	[583]单丝，塑料
	[684]铝	[722]拖拉机
2004	[342]液化丙烷和丁烷	[284]镍矿砂及其精矿，镍锍等
	[333]石油，沥青等	[351]电流
	[274]铁矿，硫等	[072]可可
	[571]乙烯聚合物	[871]光学仪器及设备
	[512]醇类，酚类等	[776]阴极阀及管
	[334]石油或沥青矿物	[246]片状或粒状木材，废木料
	[971]黄金	[285]铝矿砂及其精矿(含氧化铝)
	[343]天然气	[325]焦炭及半焦炭，煤等
	[562]肥料	[265]植物纺织纤维
	[516]其他有机化学品	[683]镍
2009	[342]液化丙烷和丁烷	[286]铀，钍矿石和精矿
	[274]铁矿，硫等	[351]电流
	[333]石油，沥青等	[284]镍矿砂及其精矿，镍锍等
	[571]乙烯聚合物	[072]可可
	[512]醇类，酚类等	[321]煤炭
	[344]石油气体，气态烃	[265]植物纺织纤维

续　表

年份	显示性比较优势指数前十位产品	显示性比较优势指数后十位产品
2009	[667]珍珠，宝石	[871]光学仪器及设备
	[343]天然气	[525]无线电及相关材料
	[971]黄金	[016]肉，干面粉等
	[562]肥料	[231]天然橡胶等
2014	[342]液化丙烷和丁烷	[351]电流
	[333]石油，沥青等	[284]镍矿砂及其精矿，镍锍等
	[274]铁矿，硫等	[286]铀，钍矿石和精矿
	[571]乙烯聚合物	[321]煤炭
	[343]天然气	[871]光学仪器及设备
	[512]醇类，酚类等	[525]无线电及相关材料
	[269]旧衣物	[411]动物油脂
	[344]石油气体，气态烃	[016]肉，干面粉等
	[667]珍珠，宝石	[246]片状或粒状木材，废木料
	[684]铝	[112]含酒精的饮料

从表 5 - 5 中可以看到，海合会显示性比较优势最大的十位产品中，2000 年在资源密集型产品方面包括了“[342]液化丙烷和丁烷”“[333]石油，沥青等”“[274]铁矿，硫等”“[334]石油或沥青矿物”“[344]石油气体，气态烃”“[343]天然气”等，主要与海合会丰富的石油天然气和矿产资源紧密相关，而“[512]醇类，酚类等”“[571]乙烯聚合物”“[516]其他有机化学品”虽然属于资本技术密集型产品范畴，但是也是基于石油资源的工业化产品，而“[684]铝”作为金属产品，本质上反映出海合会的矿产资源优势。2004 年，在石油天然气原料及其工业产品以外，“[971]黄金”出现在前十的榜单之上，这与同期中国大量进口黄金形成了互补关系。2009 年在保持矿产、油气资源及其工业制成品的传统优势产品基础上，“[667]珍珠，宝石”继黄金之后也上榜，这与其形成的宝石产业有很大关系，大量宝石原料从非洲等地进

口到海合会以后，又被加工制造成具有高附加值的奢侈品再出口到世界各地。2014 年，具有比较优势的产品基本未发生大的变化，“[684]铝”自 2000 年之后再次入围前十，而“[269]旧衣物”则反映出海合会居民的高收入和高生活水平，大量旧衣服被出口到其他经济较落后的国家。可以看到，海合会的竞争优势产品集中在油气、矿产资源及其延伸的工业品领域，并在黄金、宝石等奢侈品行业具有较大竞争力。

在海合会显示性比较优势指数最小的十位产品当中，2000 年在资源密集型产品方面包括“[351]电流”“[212]毛皮原料”“[072]可可”“[284]镍矿砂及其精矿，镍锍等”等，说明海合会在油气矿产资源丰富的同时，生活必需品和稀有金属等相对匮乏。在工业品方面则包括“[776]阴极阀及管”“[791]铁路车辆及相关设备”“[871]光学仪器及设备”“[525]无线电及相关材料”“[583]单丝，塑料”“[722]拖拉机”等几类产品，这说明海合会的工业优势较为集中在石化产品行业，在其他制造业领域的比较劣势相对突出。2004 年，“[246]片状或粒状木材，废木料”“[325]焦炭及半焦炭，煤等”“[265]植物纺织纤维”等几类产品进入后十位，这几类基本上可以被纳入生活用品范畴。值得关注的是，海合会虽然油气资源十分丰富，但是煤炭资源却相对匮乏。2009 年，“[016]肉，干面粉等”“[231]天然橡胶等”两类产品进入排名，在基本保持原有结构的基础上，新出现的产品一个是生活必需品，一个是工业原料，说明海合会的比较优势较为集中于油气矿产资源上，生活用品领域的产品则处于比较劣势，且部分工业原料依赖于进口。2014 年，“[411]动物油脂”“[112]含酒精的饮料”这两类产品进入显示性比较优势指数最小的十位里面，属于生活必需品范畴，其他领域变化不大，基本维持了 2000 年以来的结构特征。可以看到，海合会竞争力较弱的产业集中在生活用品、稀土矿产、工业制成品等方面。由于地理环境的约束，其生活用品较为缺乏，稀土资源需要依靠国际市场进口，大量工业制成品也需要进口。这充分说明了海合会的比较优势较为集中在油气、矿产资源上，产生了一定程度的依赖，导致产业结构较为单一。

5.2　中国与海合会对外贸易竞争力分析

5.2.1　新贸易理论与贸易专业化内涵

随着比较优势理论对当今国际贸易实际发展状况的说服力逐步下降，新贸易理论出现了。相对于古典贸易理论和新古典贸易理论强调比较优势静态特征，新贸易理论的不同之处在于其更加强调动态变化，该理论认为规模经济等条件变化能够带来新的比较优势。一个国家即使在国际贸易中比较优势不明显，也可以通过专业化分工途径在某几类产品或某几个生产环节上建立竞争优势，以规模经济效应实现成本降低，通过产品差异化确立比较利益，从而深度融入国际贸易分工体系。新贸易理论中的重要条件是规模经济和产品差异化，而要通过这两大条件促进产业内贸易，以专业化分工方式确立竞争优势成为关键途径。任何一个国家，只有通过创造条件建立自身竞争优势，才能在激烈的贸易竞争中占据有利地位，不断向前发展。

中国作为全球最大的发展中国家，经过几十年的快速发展，在加工制造环节已经占据一定的优势地位。如果说在加工制造业发展初期，中国还主要依赖人力成本优势的话，那么现在的制造业正在往专业化方向发展，技术含量得到有效提升，在国际垂直分工体系中越来越具有不可替代性。海合会由多个矿产资源丰富的国家组成，以往单纯依赖石油等资源类产品出口，如今致力于生产更具附加价值的石化产品后再出口，在石化产业中的专业化分工逐步加深，使得贸易竞争力变得越来越强。中国与海合会的专业化分工定位不同，竞争优势的发展方向存在互补性，一旦成功设立自贸区，双边贸易的快速增长将值得期待。

5.2.2　贸易专业化指数算法

贸易专业化指数(Trade Special Coefficient 或 Trade Special Index)，又

被称为贸易竞争力指数(Trade Competitive Index)或者净贸易比(Net Trade Ratio)等,有时候也被称为贸易竞争指数,主要被用来对一个国家或地区的某个具体产品的国际竞争力情况进行研究,即研究一个国家或地区某个具体产业或产品进出口贸易差额在该产业或产品进出口贸易总额中的比例。由于其将进口额和出口额综合起来考虑,因此能较好地反映出一个国家或地区生产的某种产品所具有的竞争优势,以及在与其他国家或地区同一类产品相互竞争中所展示出来的贸易竞争水平的强弱情况。其公式如下:

$$TSC_i = (X_i - M_i)/(X_i + M_i) \tag{5-2}$$

其中,X_i 表示的是一个国家或地区第 i 种产品的出口贸易额,M_i 表示的是一个国家或地区第 i 种产品的进口贸易额。从公式中已经可以看出 TSC 数值的取值范围在-1与1之间,即 $TSC \in [-1,1]$,其判断标准一般如下[①]:

(1) 如果 $TSC=-1$,那么说明该国为 i 产品的完全进口国,只进口而不出口,处于完全的竞争劣势地位,其国际贸易竞争力水平为0。

(2) 如果 $-1<TSC<0$,那么说明该国的 i 产品出口贸易额小于进口贸易额,属于贸易逆差状态,其表现出来的国际贸易竞争力比较弱。该数值越低,那就表示竞争水平越弱。其中,若 $-1<TSC\leqslant-0.6$,表示该国 i 产品正处于一种较为严重的竞争劣势状况下;若 $-0.6<TSC\leqslant-0.3$,表示该国 i 产品正处于一种较为不利的竞争劣势状况下;若 $-0.3<TSC<0$,表示的是该国 i 产品正处于一种相对较为微弱的竞争劣势状态下。

(3) 如果 $TSC=0$,那么说明该国的 i 产品出口贸易额等于进口贸易额,其竞争优势与国际标准看齐,其产品竞争力达到世界平均水平。

(4) 如果 $0<TSC<1$,那么说明该国的 i 产品出口贸易额大于进口贸易

---

① 另有一种判断标准可供参考:TSC 数值属于$[-1,-0.75]$和$[0.75,1]$时,该产品属于高度垂直分工;TSC 数值属于$(-0.75,-0.5]$和$[0.5,0.75)$时,该产品属于垂直分工;TSC 数值属于$(-0.5,-0.25]$和$[0.25,0.5)$时,该产品属于水平分工;TSC 数值属于$(-0.25,0.25)$时,该产品属于高度水平分工。

额，属于贸易顺差的状态，其表现出来的国际贸易竞争力比较强。该数值越高，那就表示竞争力越强。其中，若 $0<TSC\leqslant 0.3$，表示该国 i 产品处于一种较为微弱的竞争优势状态下；若 $0.3<TSC\leqslant 0.6$，表示该国 i 产品处于一种相对较为有利的竞争优势状态下；若 $0.6<TSC<1$，表示该国 i 产品正处于一种非常有利的竞争优势状态下。

(5) 如果 $TSC=1$，那么表示该国为 i 产品的完全出口国，只出口而不进口，具有绝对的竞争优势，其贸易竞争水平处于垄断地位。

基于以上分析，本节将继续使用联合国 SITC 产品分类中的一位数数据来分析中国和海合会产品竞争优势情况，并分别计算中国与海合会的贸易专业化指数。数据来源是联合国贸易和发展会议数据库（UNCTAD Database），选取年份为 2000 年至 2014 年。具体分析过程为：第一步，先分别计算中国和海合会从 0—8 类产品的贸易专业化指数；第二步，将中国与海合会的这 9 个类别的产品分别归纳进资源密集型产品、劳动密集型产品和资本技术密集型产品 3 大类别框架内；第三步，计算 3 大类别的贸易专业化指数，以期能更好反映中国与海合会的竞争优势特征。

5.2.3　中国与海合会贸易专业化指数分析

经过计算，可以得出中国与海合会双方的贸易专业化指数值计算结果（见表 5-6 和表 5-7）。从表 5-6 中可以看到中国的 0 类、1 类、6 类、7 类和 8 类产品的 TSC 平均值表现为正数，其中第 0 类“食品及主要供食用的活动物”的 TSC 值虽然一直是正值，但是其具体数值却表现出持续下降的趋势，由 2000 年的 0.44 逐步减小至 2014 年的 0.11，表现为专业化水平方面出现连续下降，其竞争力在不断减弱，由较强转向较为微弱的竞争力方向。与此情况类似的是，1 类“饮料及烟类”的 TSC 平均值虽然为正数，但是自 2008 年以来已经连续 7 年为负值，由 2000 年的 0.34 逐步减小至 2014 年的 -0.24，专业化水平也是出现了连续下降的状况，贸易竞争力由较强向较为微弱的劣势方向发展，较之 0 类下滑幅度更大。造成这一状况的根本原因在于，随着我国经济发展，居民对于这两类商品的需求大量增加，导致进口额上升幅度较大。6类“主要按原料分类的制成品”的 *TSC* 值表现为不断上升的趋势，由2000年的0.01逐步增长至2014年的0.40，竞争优势得到稳步提升，贸易竞争力由与国际平均水平相接近向较强竞争力方向发展。7类“机械及运输设备”的 *TSC* 值同样处于一个上升通道内，由2000年的−0.05逐步增长至2014年的0.19，且自2004年至今全部为正值，贸易专业化水平有所提高，实现从贸易竞争力的微弱劣势向微弱优势转变。8类“杂项制品”的 *TSC* 值较为稳定，保持在0.6左右，基本可以视为贸易专业化水平较高，国际竞争力又展现出较强的实力，是我国一直以来在出口贸易中的主力。

表5-6　中国0—8类产品贸易专业化指数(2000—2014)

年份	0	1	2	3	4	5	6	7	8
2000	0.44	0.34	−0.64	−0.45	−0.79	−0.43	0.01	−0.05	0.74
2001	0.44	0.36	−0.68	−0.35	−0.75	−0.41	0.02	−0.06	0.70
2002	0.47	0.43	−0.68	−0.39	−0.89	−0.44	0.04	−0.04	0.67
2003	0.49	0.35	−0.74	−0.45	−0.93	−0.43	0.04	−0.01	0.59
2004	0.35	0.38	−0.81	−0.54	−0.93	−0.43	0.15	0.03	0.51
2005	0.41	0.20	−0.81	−0.57	−0.85	−0.37	0.23	0.10	0.52
2006	0.44	0.07	−0.83	−0.67	−0.83	−0.32	0.34	0.12	0.54
2007	0.46	0.00	−0.86	−0.67	−0.92	−0.28	0.36	0.17	0.55
2008	0.40	−0.11	−0.87	−0.68	−0.89	−0.20	0.42	0.21	0.55
2009	0.37	−0.09	−0.89	−0.72	−0.92	−0.29	0.26	0.18	0.56
2010	0.31	−0.12	−0.90	−0.75	−0.92	−0.26	0.31	0.17	0.54
2011	0.27	−0.24	−0.90	−0.79	−0.91	−0.22	0.36	0.18	0.57
2012	0.19	−0.26	−0.90	−0.82	−0.92	−0.22	0.39	0.19	0.59
2013	0.14	−0.27	−0.90	−0.81	−0.89	−0.23	0.42	0.19	0.62
2014	0.11	−0.24	−0.89	−0.80	−0.86	−0.18	0.40	0.19	0.64
平均值	0.35	0.05	−0.82	−0.63	−0.88	−0.31	0.25	0.10	0.59

表 5-7　海合会 0—8 类产品贸易专业化指数(2000—2014)

年份	0	1	2	3	4	5	6	7	8
2000	−0.64	−0.29	−0.05	0.99	−0.35	0.12	−0.30	−0.72	−0.50
2001	−0.64	−0.13	−0.14	0.98	−0.36	0.14	−0.30	−0.71	−0.51
2002	−0.58	−0.13	0.08	0.97	−0.33	0.20	−0.25	−0.66	−0.46
2003	−0.61	−0.35	0.03	0.95	−0.36	0.18	−0.27	−0.65	−0.51
2004	−0.55	−0.27	−0.04	0.98	−0.34	0.26	−0.24	−0.63	−0.54
2005	−0.58	−0.38	−0.08	0.96	−0.33	0.30	−0.24	−0.62	−0.55
2006	−0.54	−0.40	−0.01	0.95	−0.25	0.24	−0.31	−0.65	−0.56
2007	−0.53	−0.30	0.08	0.96	−0.27	0.27	−0.31	−0.65	−0.56
2008	−0.54	−0.33	0.13	0.95	−0.17	0.32	−0.33	−0.66	−0.55
2009	−0.48	−0.14	−0.03	0.95	−0.17	0.29	−0.17	−0.56	−0.55
2010	−0.51	−0.35	−0.08	0.94	−0.20	0.27	−0.20	−0.68	−0.65
2011	−0.53	−0.35	0.00	0.94	−0.12	0.36	−0.19	−0.65	−0.63
2012	−0.47	−0.28	−0.02	0.95	−0.09	0.35	−0.19	−0.63	−0.58
2013	−0.51	−0.35	−0.07	0.92	−0.20	0.32	−0.17	−0.64	−0.60
2014	−0.53	−0.38	−0.08	0.93	−0.08	0.29	−0.18	−0.65	−0.61
平均值	−0.55	−0.29	−0.02	0.95	−0.24	0.26	−0.24	−0.65	−0.56

在表 5-6 中，我们可以看到 2 类、3 类、4 类和 5 类产品的 *TSC* 平均值表现为负数，其中 2 类“除燃料以外的非食用原料”的 *TSC* 值表现为负数，从 2000 年的−0.64 逐步减小至 2014 年的−0.89，贸易专业化水平在低位不断徘徊，处于较为严重的竞争劣势状态下。3 类“矿物燃料、润滑油及有关原料”的 *TSC* 值从 2000 年的−0.45 下降到 2014 年的−0.80，贸易竞争力水平由较弱向很弱转变，进口额呈现出压倒性的趋势。4 类“动植物油脂及蜡”的 *TSC* 值情况与 3 类较为类似，从 2000 年的−0.79 逐步下降到 2014 年的−0.86，持续处在较为严重的竞争劣势状态下。这些情况都与我国加工制造业需要大量工业原料的投入直接相关。与此情况不同的是，5 类“未列名化学品及有关产品”的 *TSC* 值由 2000 年的−0.43 上升到−0.18，由较

严重的比较劣势转向轻微的比较劣势，说明我国石化产业总体上仍处于劣势地位，但是经过多年的发展，已经在高技术含量产品上取得了较为显著的进步，进出口正趋向更加平衡的状态。

从表 5－7 中可以看到，海合会的 3 类和 5 类产品的贸易专业化指数的平均值为正数，3 类“矿物燃料、润滑油及有关原料”的 *TSC* 值一直处于 0.9 以上，2000 年时为 0.99，2014 年时为 0.93，贸易专业化水平极高，贸易竞争力具有压倒性优势。其关键原因在于海合会国家都拥有丰富的油气矿产资源，这些资源已成为其出口的支柱产品，在某种程度上造成经济发展的依赖性。5 类“未列名化学品及有关产品”的 *TSC* 值从 2000 年的 0.12 上升到 2014 年的 0.29，虽然都处于较为微弱的竞争优势状态下，但是竞争力水平的提升显而易见。这与海合会成员国在出口油气矿产原料以外，越来越重视石化产业发展有关。为提高出口竞争力，海合会成员国大力投资建设更多技术密集型产品用于扩大出口，以在国际贸易过程中获取更大附加值，成效较为显著。

海合会在 0 至 2 类，4 类以及 6 至 8 类产品上的 *TSC* 值均为负值。其中，0 类“食品及主要供食用的活动物”的 *TSC* 值一直处于－0.55 左右，从 2000 年的－0.64 到 2014 年的－0.53，表明其贸易竞争力较为不足。1 类“饮料及烟类”的 *TSC* 值一直处于－0.3 左右，从 2000 年的－0.29 到 2014 年的－0.38，表明其贸易竞争力偏弱。2 类“除燃料以外的非食用原料”的 *TSC* 值的平均值为－0.02，2000 年至 2014 年间则在 0 附近波动，在此类产品中既有海合会储量丰富的矿产资源大量出口，又有稀缺的稀有金属资源需要进口。4 类“动植物油脂及蜡”的 *TSC* 值从 2000 年的－0.35 上升到 2014 年的－0.08，贸易竞争力水平得到有效提高。6 类“主要按原料分类的制成品”的 *TSC* 值从 2000 年的－0.30 到 2014 年的－0.18，略有提高，但始终处于竞争力偏弱的地位。7 类“机械及运输设备” 的 *TSC* 值从 2000 年的－0.72 到 2014 年的－0.65，同时 8 类“杂项制品”的 *TSC* 值从 2000 年的－0.50 到 2014 年的－0.61，表明这两类产品竞争水平变动都较小，其具有的竞争劣势都较为严重。

从资源材料的角度来看，在 0 类至 4 类产品中，海合会凭借其独特的自然资源和环境条件，形成了 3 类竞争优势明显，2、4 类竞争水平相对平均，而 0、1 类竞争劣势明显的格局。从工业品的角度来看，海合会因利用其油气资源，积极发展石化产业，形成了 5 类产品竞争力稳步上升，6 类产品竞争力略有改善，以及 7、8 类产品竞争劣势较为严重的状态，这也就在工业品中画出了一条位于优势产品与劣势产品之间的鲜明分界线。

从表 5－8 中可以看到，通过将 9 个类别的产品归纳为资源密集型、资本技术密集型和劳动密集型 3 大类别以后，我们可以进一步发现中国和海合会在贸易专业化指数方面表现出来的差异，以及这些差异反映出的各自的竞争优势。从资源密集型产品来看，中国的 *TSC* 值从 2000 年的－0.29 下降到 2014 年的－0.70，平均值为－0.54，说明中国在资源密集型产品方面进口额大幅超越出口额，失衡状态较为严重，其原因在于以加工制造业为主体的经济发展模式决定了中国对于资源密集型产品持续攀升的巨大需求量。海合会的 *TSC* 值从 2000 年的 0.82 到 2014 年的 0.78，平均值为 0.81，显示出强劲的专业化水平，竞争力很强。可以看到，中国和海合会双方在资源密集型产品方面存在较为良好的优势互补性，海合会在资源类产品上所体现出来的贸易竞争优势正好可以满足中国对此类产品的大量进口需求。

表 5－8　中国与海合会资源密集型产品、资本技术密集型产品和劳动密集型产品贸易专业化指数(2000—2014)

年份	资源密集型		资本技术密集型		劳动密集型	
	中国	海合会	中国	海合会	中国	海合会
2000	－0.29	0.82	－0.13	－0.48	0.40	－0.38
2001	－0.27	0.80	－0.12	－0.47	0.39	－0.38
2002	－0.27	0.79	－0.11	－0.43	0.39	－0.33
2003	－0.35	0.80	－0.08	－0.42	0.34	－0.36
2004	－0.49	0.83	－0.04	－0.38	0.35	－0.34

续 表

年份	资源密集型		资本技术密集型		劳动密集型	
	中国	海合会	中国	海合会	中国	海合会
2005	—0.50	0.83	0.03	—0.37	0.39	—0.34
2006	—0.56	0.84	0.06	—0.42	0.45	—0.39
2007	—0.59	0.83	0.10	—0.41	0.46	—0.38
2008	—0.65	0.84	0.15	—0.41	0.49	—0.39
2009	—0.64	0.78	0.11	—0.34	0.43	—0.30
2010	—0.68	0.77	0.11	—0.38	0.44	—0.34
2011	—0.71	0.81	0.11	—0.30	0.47	—0.33
2012	—0.73	0.81	0.13	—0.30	0.51	—0.32
2013	—0.72	0.78	0.13	—0.33	0.53	—0.32
2014	—0.70	0.78	0.14	—0.35	0.53	—0.33
平均值	—0.54	0.81	0.04	—0.39	0.44	—0.35

在资本技术密集型产品方面，中国的 *TSC* 值从 2000 年的—0.13 逐步增长至 2018 年的 0.14，平均值为 0.04，表现为一个较小的正数值，这表明中国在这方面的贸易专业化水平正在不断提高，竞争力取得了较为明显的进步和发展，已经摆脱不利局面并显示出较为微弱的竞争优势。促成这一增长的原因在于，中国经济在发展过程中历来强调转型升级，注重技术能力的培养和开发，因而投入大量资源研发高端产品，使得产业竞争力向高端发展。海合会的 *TSC* 值从 2000 年的—0.48 到 2014 年的—0.35，平均值为—0.39，进步并不大，这与海合会经济过度依赖资源类产品出口有关。值得肯定的是，随着中国在资本技术密集型产品方面出口能力的提升，未来海合会对此类产品的进口需求会形成贸易新增长点，潜力巨大。

在劳动密集型产品方面，中国的 *TSC* 值从 2000 年的 0.40 到 2014 年的 0.53，平均值在 0.44，变化幅度并不大，表现十分稳定，较好地显示出中国在劳动密集型产品方面所具有的良好竞争优势。中国凭借在此类产品上表现出来的较强竞争力，一直牢牢占据国际市场份额，地位较为稳固。而海合会的 TSC 值从 2000 年的－0.38 到 2014 年的－0.33，平均值为－0.35，其竞争劣势一直较为明显。这是因为海合会国家普遍较为富裕，劳动力成本较高，不具备生产劳动密集型产品的要素禀赋条件，所以主要依靠进口来满足国内需求。在劳动密集型产品方面，同样可以看到中国与海合会存在良好的优势互补机遇，随着"一带一路"倡议的贯彻实施，相信越来越多的"中国制造"产品将可以更加顺畅地抵达海合会市场，为双方创造更多的经济福利。

为从更加微观的角度分析中国与海合会产品的贸易专业化水平，接下来将选取双方在 2000 年、2004 年、2009 年和 2014 年的 SITC 三位数数据，计算具体产品的贸易专业化指数，表 5－9、表 5－10 分别展示了中国与海合会贸易专业化指数前十位及后十位的产品。①

表 5－9　中国贸易专业化指数前十位及后十位产品

年份	贸易专业化指数前十位产品	贸易专业化指数后十位产品
2000	[044]玉米	[281]铁矿石及精矿
	[325]焦炭及半焦炭，煤等	[043]大麦
	[666]陶器	[231]天然橡胶等
	[037]鱼等	[283]铜矿石及精矿等
	[593]炸药和烟火制品	[041]小麦等
	[343]天然气	[342]液化丙烷和丁烷
	[843]男式服装，纺织品，针织品等	[344]石油气体，气态烃
	[658]纺织材料	[251]纸浆和废纸
	[786]拖车和半拖车	[579]塑料等
	[831]旅行用品，手袋及类似物品	[247]未加工木材

① 前十位是指贸易专业化指数最大的十个产品类别，后十位是指贸易专业化指数最小的十个产品类别。

续 表

年份	贸易专业化指数前十位产品	贸易专业化指数后十位产品
2004	[325]焦炭及半焦炭，煤等	[281]铁矿石及精矿
	[343]天然气	[283]铜矿石及精矿等
	[044]玉米	[231]天然橡胶等
	[666]陶器	[247]未加工木材
	[017]肉等	[282]铁废料，钢废料
	[025]蛋等	[023]从牛奶中提炼出的黄油和其他油脂
	[037]鱼等	[043]大麦
	[658]纺织材料	[211]兽皮
	[844]女式服装，纺织品，针织品等	[284]镍矿砂及其精矿，镍锍等
	[593]炸药和烟火制品	[251]纸浆和废纸
2009	[017]肉等	[281]铁矿石及精矿
	[025]蛋等	[283]铜矿石及精矿等
	[844]女式服装，纺织品，针织品等	[282]铁废料，钢废料
	[666]陶器	[247]未加工木材
	[845]服装，纺织面料	[284]镍矿砂及其精矿，镍锍等
	[658]纺织材料	[288]非铁金属废料
	[761]电视机	[212]毛皮原料
	[037]鱼等	[231]天然橡胶等
	[843]男式服装，纺织品，针织品等	[211]兽皮
	[786]拖车和半拖车	[579]塑料等
2014	[325]焦炭及半焦炭，煤等	[283]铜矿石及精矿等
	[017]肉等	[043]大麦
	[025]蛋等	[281]铁矿石及精矿
	[666]陶器	[041]小麦等
	[786]拖车和半拖车	[247]未加工木材

续　表

年份	贸易专业化指数前十位产品	贸易专业化指数后十位产品
2014	[661]水泥等	[282]铁废料，钢废料
	[658]纺织材料	[288]非铁金属废料
	[844]女式服装，纺织品，针织品等	[333]石油油料
	[813]照明灯具及配件等	[212]毛皮原料
	[697]家用电器等	[024]奶酪和凝乳

从表 5 - 9 中可以看到，中国贸易专业化指数前十位的产品中，比较引人注目的是资源密集型产品中的 0 类“食品及主要供食用的活动物”，包括“[044]玉米”在 2000 年、2004 年进入前十，“[037]鱼等”在 2000 年、2004 年和 2009 年进入前十，“[017]肉等”在 2004 年、2009 年和 2014 年进入前十，“[025]蛋等”在 2004 年、2009 年和 2014 年进入前十。这说明我国部分农副产品的贸易竞争力比较强，成为对外贸易出口份额中重要的组成部分之一。资源密集型产品中的“[325]焦炭及半焦炭，煤等”在 2000 年、2004 年和 2014 年进入前十，说明了我国煤炭资源十分丰富，近几年一直保持了较强的出口竞争力；“[343]天然气”在 2000 年和 2004 年进入前十，而在 2009 年和 2014 年则未能排进前十，主要也是与我国能源结构的调整有关，从环保角度出发扩大天然气进口量，逐步替代煤炭的使用。在劳动密集型产品分类中，“[666]陶器”在 2000 年、2004 年、2009 年和 2014 年均进入前十，“[843]男式服装，纺织品，针织品等”在 2004 年和 2009 年进入前十，“[844]女式服装，纺织品，针织品等”在 2004 年、2009 年和 2014 年进入前十，“[658]纺织材料”在 2000 年、2004 年、2009 年和 2014 年进入前十，“[831]旅行用品，手袋及类似物品”在 2000 年进入前十，“[845]服装，纺织面料”在 2009 年进入前十，“[661]水泥等”在 2014 年进入前十，“[813]照明灯具及配件等”在 2014 年进入前十，“[697]家用电器等”在 2014 年进入前十。我们可以从中看到两个规律：第一个规律是，劳动密集型产品的专业化指数基本在各年前十排名中占

据主体地位，这跟我国的人力资源禀赋优势有很大关系；第二个规律是，从早期的主要是纺织、服装类产品为主，转向电器、照明设备等产品为主，在劳动密集型产品结构的内部发生了新的变化，摆脱了以往过度依赖纺织业的不利局面，有利于实质性提升我国对外贸易的整体竞争水平。在资本技术密集型产品方面，“[593]炸药和烟火制品”在 2000 年和 2004 年进入前十，“[786]拖车和半拖车”在 2000 年、2004 年和 2014 年进入前十，“[761]电视机”在 2009 年进入前十，总体上在排名前十的产品中所占比重略微低于资源密集型产品和劳动密集型产品，但是其增长趋势表现良好，相关领域的竞争力在将来有待继续发展和推进。

在中国贸易专业化指数后十位产品中，可以看出基本是由资源密集型产品组成。“[281]铁矿石及精矿”“[283]铜矿石及精矿等”“[247]未加工木材”在 2000 年、2004 年、2009 年和 2014 年都进入后十位，原因在于我国需要进口大量高品质矿石及木材，这与加工制造大国的地位相符。此外，“[043]大麦”在 2000 年、2004 年和 2014 年进入后十位，“[231]天然橡胶等”在 2000 年、2004 年和 2009 年进入后十位，“[041]小麦等”在 2000 年和 2014 年进入后十位，“[342]液化丙烷和丁烷”“[344]石油气体，气态烃”在 2000 年进入后十位，“[251]纸浆和废纸”在 2000 年和 2004 年进入后十位，“[282]铁废料，钢废料”在 2004 年、2009 年和 2014 年进入后十位，“[023]从牛奶中提炼出的黄油和其他油脂”在 2004 年进入后十位，“[211]兽皮”“[284]镍矿砂及其精矿，镍锍等”在 2004 年和 2009 年进入后十位，“[288]非铁金属废料”“[212]毛皮原料”在 2009 年和 2014 年进入后十位，“[333]石油油料”“[024]奶酪和凝乳”在 2014 年进入后十位。而在资本技术密集型产品内，只有“[579]塑料等”在 2000 年和 2009 年进入后十位。

通过以上分析可以看到，我国贸易专业化指数前十位产品中占比最大、出现次数最多的是劳动密集型产品，资源密集型产品次之，而资本技术密集型产品则相对较少，较为符合中国对外贸易竞争力的总体情况。而在我国贸易专业化指数后十位产品中，占比最大、出现次数最多的主要是资源密集型产品，伴有少量资本技术密集型产品。这与我国当前经济发展模式相一致，即进口资源类产品加工生产后再大量出口。通过进一步分析我们可以发现，在资源密集型产品领域出现了优势与劣势并存的局面，这是因为我国本身资源较为丰富，煤炭等部分产品存在较强竞争力，同时随着经济发展所需的消耗量不断增大，铁矿石等产品又需要进口，存在明显的竞争劣势。而在资本技术密集型领域，在经济实力发展壮大的背景下，家用电器等产品已经具有较强竞争力，同时塑料等产品又因为存在技术门槛而导致了竞争劣势。中国经济要想转型成功，未来在资本技术密集型领域的突破至关重要。

表 5－10　海合会贸易专业化指数前十位及后十位产品

年份	贸易专业化指数前十位产品	贸易专业化指数后十位产品
2000	[342]液化丙烷和丁烷	[351]电流
	[333]石油，沥青等	[043]大麦
	[274]铁矿，硫等	[891]武器和弹药
	[289]贵金属的矿石及精矿	[711]蒸汽锅炉及辅助装置等
	[334]石油或沥青矿物	[712]蒸汽涡轮机等
	[343]天然气	[245]燃料木材和木炭
	[512]醇类，酚类等	[212]毛皮原料
	[344]石油气体，气态烃	[583]单丝，塑料
	[562]肥料	[044]玉米
	[284]镍矿砂及其精矿，镍锍等	[248]木材及木基
2004	[333]石油，沥青等	[043]大麦
	[342]液化丙烷和丁烷	[891]武器和弹药
	[343]天然气	[285]铝矿砂及其精矿(含氧化铝)
	[274]铁矿，硫等	[284]镍矿砂及其精矿，镍锍等
	[344]石油气体，气态烃	[711]蒸汽锅炉及辅助装置等
	[334]石油或沥青矿物	[322]煤、褐煤和泥炭
	[562]肥料	[011]鲜牛肉

续 表

年份	贸易专业化指数前十位产品	贸易专业化指数后十位产品
2004	[512]醇类,酚类等	[072]可可
	[571]乙烯聚合物	[071]咖啡等
	[289]贵金属的矿石及精矿	[727]食品加工机
2009	[333]石油,沥青等	[043]大麦
	[342]液化丙烷和丁烷	[891]武器和弹药
	[562]肥料	[285]铝矿砂及其精矿(含氧化铝)
	[274]铁矿,硫等	[284]镍矿砂及其精矿,镍锍等
	[343]天然气	[041]小麦等
	[512]醇类,酚类等	[265]植物纺织纤维
	[571]乙烯聚合物	[011]鲜牛肉
	[288]非铁金属废料	[047]面粉等
	[289]贵金属的矿石及精矿	[245]燃料木材和木炭
	[282]铁废料,钢废料	[072]可可
2014	[342]液化丙烷和丁烷	[285]铝矿砂及其精矿(含氧化铝)
	[274]铁矿,硫等	[043]大麦
	[333]石油,沥青等	[711]蒸汽锅炉及辅助装置等
	[562]肥料	[245]燃料木材和木炭
	[343]天然气	[012]肉等
	[288]非铁金属废料	[844]女式服装,纺织品,针织品等
	[571]乙烯聚合物	[735]机器零件
	[286]铀,钍矿石和精矿	[872]医疗仪器及用具
	[512]醇类,酚类等	[831]旅行用品,手袋及类似物品
	[516]其他有机化学品	[524]其他无机化学品

从表 5 - 10 中可以看到,海合会贸易专业化指数前十位的产品中,占比最大、出现次数最多的基本上是资源密集型产品,在资本技术密集型产品方面体现在石化类衍生产品上,范围相对较为狭窄。具体来看,在资源密集型

产品方面,“[342]液化丙烷和丁烷”“[333]石油,沥青等”“[274]铁矿,硫等”“[343]天然气”在2000年、2004年、2009年和2014年均排进前十,“[289]贵金属的矿石及精矿”分别在2000年、2004年和2009年进入前十排名,“[334]石油或沥青矿物”“[344]石油气体,气态烃”在2000年和2004年进入前十,“[284]镍矿砂及其精矿,镍锍等”在2000年进入前十,“[288]非铁金属废料”在2009年和2014年进入前十,“[282]铁废料,钢废料”在2009年进入前十,“[286]铀,钍矿石和精矿”在2014年进入前十。在资本技术密集型产品方面,“[512]醇类,酚类等”“[562]肥料”在2000年、2004年、2009年和2014年进入前十,“[571]乙烯聚合物”在2004年、2009年和2014年进入前十,“[516]其他有机化学品”在2014年进入前十。应该说,海合会贸易专业化指数排名前十位的产品类别相对较为集中,贸易专业化水平比较高,竞争优势表现得比较明显。这与海合会在油气资源方面得天独厚的优势紧密相关,正好与中国处于竞争劣势的产品存在较好的互补性。

在海合会贸易专业化指数后十位产品中,产品类型较为多元化,较为均匀地分布在资源密集型产品、劳动密集型产品和资本技术密集型产品上。在资源密集型产品方面,“[043]大麦”在2000年、2004年、2009年和2014年进入后十位,“[245]燃料木材和木炭”在2000年、2009年和2014年进入后十位,“[351]电流”“[212]毛皮原料”“[044]玉米”“[248]木材及木基”在2000年进入后十位,“[285]铝矿砂及其精矿(含氧化铝)”在2004年、2009年和2014年进入后十位,“[284]镍矿砂及其精矿,镍锍等”在2009年和2014年进入后十位。“[322]煤、褐煤和泥炭”“[071]咖啡等”在2004年进入后十位,“[011]鲜牛肉”“[072]可可”在2004年和2009年进入后十位,“[041]小麦等”“[265]植物纺织纤维”“[047]面粉等”在2009年进入后十位,“[012]肉等”在2014年进入后十位。在劳动密集型产品方面,“[891]武器和弹药”分别在2000年、2004年、2009年进入后十位排名,“[844]女式服装,纺织品,针织品等”“[872]医疗仪器及用具”“[831]旅行用品,手袋及类似物品”在2014年进入后十位,在资本技术密集型产品方面,“[711]蒸汽锅炉及辅助装置等”在 2000 年、2004 年和 2014 年进入后十位，“[712]蒸汽涡轮机等”“[583]单丝，塑料”在 2000 年进入后十位，“[727]食品加工机”在 2004 年进入后十位。“[735]机器零件”“[524]其他无机化学品”在 2014 年进入后十位。由此我们可以看出，海合会专业化指数后十位的产品在结构上发生了显著变化，从以资源密集型类别中的食品类产品为主，逐步开始向以资本技术密集型和劳动密集型产品为主转变。这也意味着，海合会将来在与中国的双边贸易上存在巨大的优势互补空间，前景值得期待。

5.3 中国与海合会产业内贸易水平分析

世界贸易中所占份额最大、增长最迅速的基本上都是发生在工业化国家之间的贸易，而且绝大部分往往是非常相似的产品之间的双向贸易，即产业内贸易。中国与海合会成员国作为新兴工业化国家，虽然尚未完全达到发达国家的经济水平，但是在不少产品领域已经具有较强的竞争力，因而对于双方的产业内贸易现状及其增长前景，我们有必要在此做进一步的分析和探讨。

5.3.1 产业内贸易的内涵

巴拉萨是研究国际贸易的知名学者，最早提出了产业内贸易（Intra-Industry Trade，IIT）的概念。他在研究欧共体各成员国之间的贸易关系时注意到一个十分有趣的现象：各个成员国贸易规模扩大并不是出现在国际贸易产品标准分类下的不同大类产品之间，而是主要发生在同一大类产品内部。这一新发现被称为产业内贸易。产业内贸易因观察角度不同而出现了诸多含义，其中较有代表性的定义包括以下两种：(1) 有区别但是可以相互替代的产品之间的贸易（H. G. Grubel，P. J. Lloyd，1975）；(2) 一定时期以内某一具体产业内的产品同时发生输入和输出活动（Greenaway，Milner，

1982)。本书将产业内贸易理解为，在全球贸易范围内，某一个产业内部发生的不同或者相同产品的双向流动。通过对产业内贸易状况进行深入分析，我们可以进一步了解到中海双方产业内的分工情况。

从设立自贸区的实践经验来看，有两种模式较为成功，一种是发达经济体之间设立自贸区。由于发达国家生产要素和经济结构的调整成本相对较低，因此双边贸易主要是以产业内贸易为主。另一种是发展中国家和发达国家设立自贸区。发展中国家以生产与出口初级产品和劳动密集型产品为主，可以与发达国家进行产业间贸易。而发展中国家之间设立自贸区面临的困难就相对大一些，原因在于经济结构调整的空间较小。中国和海合会成员国作为世界上具有代表性的发展中国家，经济发展迅速，GDP 规模都已经达到或者接近发达国家的经济水平，双方经济结构互补性很强。为了明确在这种情况下双方能够从建立自贸区中获取实质性收益，有必要对双方产业内贸易水平的现状及其未来发展潜力进行较为全面的分析和论证，这也将成为研究自贸区贸易效应的一个重要方面。

5.3.2　产业内贸易水平算法

本节将主要借鉴 H. G. 格鲁贝尔(H. G. Grubel)和 P. J. 劳埃德(P. J. Lloyd)在 1975 年时正式提出的 G－L 指数分析方法，对中国和海合会产业内贸易水平展开计算和深入研究。G－L 指数是一个比较具有代表性、应用型较强的产业内贸易计算指标，有时候又被称为格鲁贝尔-劳埃德公式，其计算公式如下所示：

$$GL_i = 1 - [\,|X_i - M_i| / (X_i + M_i)\,],\ GL_i \in [0,1] \qquad (5-3)$$

该公式表示：在某一个具体产业中，先把该产业的出口额减去进口额以后得到一个差额，再看这个差额占整个产业进出口贸易总额的比重，这个比重是测算一个国家或地区参与国际化生产时产业内分工程度的重点依据。当某一个具体产业的产业内贸易水平变得越高时，就会导致这个产业的出

口量与进口量相互抵消的程度变得越大。在上述公式里面，GL_i 表示的就是两个贸易伙伴国之间第 i 个产业的产业内贸易指数，X_i 表示的是某个国家第 i 个产业的出口贸易额，M_i 表示的是某个国家第 i 个产业的进口贸易额。GL_i 的值计算出来越接近于 1，即公式中 $|X_i-M_i|/(X_i+M_i)$ 部分越接近于 0，说明两个贸易伙伴国之间在第 i 个产业上的垂直分工程度就越高，可以判断为属于产业内贸易状态；GL_i 的值计算出来越接近于 0，即公式中 $|X_i-M_i|/(X_i+M_i)$ 部分越接近于 1，说明两个贸易伙伴国之间在第 i 个产业上的水平分工程度就越高，可以判断为属于产业间贸易状态。一般来说，GL_i 的取值范围有如下几种情况：

(1) 如果 $GL_i=0$，那么说明两个贸易伙伴国之间在第 i 个产业上就属于产业间贸易状态，水平分工程度较高。

(2) 如果 $0<GL_i\leqslant 0.5$，那么说明两个贸易伙伴国之间在第 i 个产业上的产业内贸易水平是比较低的，产业间贸易占据贸易主体地位。

(3) 如果 $0.5<GL_i<1$，那么说明两个贸易伙伴国之间在第 i 个产业上的产业内贸易水平是比较高的，产业内贸易已经占据贸易主体地位。

(4) 如果 $GL_i=1$，那么说明两个贸易伙伴国之间在第 i 个产业上属于产业内贸易状态，垂直分工程度较高。

要计算一个国家或地区囊括了所有产业在内的 G-L 总指数，则可以通过对单个产业部门的 G-L 指数进行加权求和以后得到。其计算公式如下：

$$GL=1-\sum_{i=1}^{n}|X_i-M_i|/\sum_{i=1}^{n}(X_i+M_i)\text{ , }GL_i\in[0,1] \quad (5-4)$$

其中，n 是指该国家或地区共有 n 个产业，GL 是指两个贸易伙伴国之间产业内贸易总指数，X_i 是指某个国家或地区第 i 个产业出口贸易额，M_i 表示的是某个国家或地区第 i 个产业的进口贸易额。

从产业内贸易水平来看，如果 G-L 指数出现上升，那么说明双边贸易总额以及贸易结构都在持续优化，毕竟产业内贸易能够创造出比传统比较优势更大的贸易红利，这不仅有利于经济体开拓更大的国际市场空间，而且能为国民带来更多的经济福利。G－L指数越高，说明设立自贸区以后可以挖掘的贸易潜力越大。

由于产业内贸易主要发生在工业制成品[①]中，出现在初级产品之间的情况并不多见，因此本节将采用G－L指数分析方法对中国与海合会之间的工业制成品产业内贸易水平进行计算和分析。数据来源是联合国贸易和发展会议数据库（UNCTAD Database），选取年份为2000年至2014年。具体分析过程为：第一步，分别计算中国和海合会从5—8类产品的G－L指数；第二步，将中国与海合会的这4个类别的产品分别归纳进劳动密集型和资本技术密集型两大类别框架内，计算两大类别的G－L指数；第三步，再将这4个类别的产品整合成为工业制成品的一个整体，计算G－L指数；第四步，选取2014年中国和海合会双边贸易总额排名前十位[②]的产品，分别计算其G－L指数以期获得中国和海合会产业内贸易水平的特征。

5.3.3　中国与海合会G－L指数分析

1. 中国与海合会工业制成品G－L指数分析

经过计算，可以得出中国和海合会工业制成品双边G－L指数的计算结果（见表5－11）。

表5－11　中国与海合会双边G－L指数(2000—2014)

年份	5	6	7	8	5+7	6+8	5—8
2000	0.280	0.180	0.010	0.000	0.840	0.080	0.360
2001	0.210	0.180	0.000	0.000	0.970	0.080	0.450
2002	0.240	0.140	0.000	0.000	0.860	0.060	0.400
2003	0.230	0.180	0.000	0.000	0.820	0.090	0.390
2004	0.210	0.120	0.000	0.000	0.860	0.060	0.430

① 在农业产品中，产业内贸易比例较低；而在服务贸易中，近年来的产业内贸易比例正在逐步增加，但本书的分析对象仅限于货物贸易，针对服务贸易的分析有待将来进一步研究。
② 此处的产品分类是按照SITC产品分类编码前三位数相同来进行定义。

续　表

年份	5	6	7	8	5+7	6+8	5—8
2005	0.230	0.070	0.000	0.000	0.850	0.040	0.440
2006	0.290	0.070	0.000	0.000	0.710	0.040	0.370
2007	0.340	0.040	0.000	0.000	0.590	0.020	0.290
2008	0.410	0.020	0.000	0.000	0.480	0.020	0.220
2009	0.310	0.110	0.000	0.000	0.590	0.060	0.330
2010	0.250	0.050	0.000	0.000	0.770	0.030	0.430
2011	0.230	0.060	0.010	0.000	0.850	0.030	0.470
2012	0.250	0.060	0.010	0.000	0.800	0.030	0.430
2013	0.260	0.060	0.000	0.000	0.790	0.030	0.410
2014	0.290	0.050	0.000	0.000	0.730	0.020	0.390
平均值	0.270	0.092	0.004	0.001	0.766	0.046	0.387

从工业制成品的角度来看，中国与海合会之间的 G－L 指数从 2000 年的 0.360 到 2014 年的 0.390，平均值为 0.387，最高值是 2011 年的 0.470，最低值是 2008 年的 0.220，波动幅度较大；从历年的 G－L 指数整体来看均未出现超过 0.5 的情况，可以判断为属于产业间贸易为主，产业内贸易为辅的状态。这与中国和海合会各自的贸易结构有一定的关系。对中国来说，劳动密集型产业是最具竞争力的领域，而海合会则主要在石化等行业内具有一定的竞争力，其他领域则基本依靠进口。因此，中国和海合会双方在工业制成品领域的产业间贸易表现得更加活跃，而产业内贸易则处于较低的水平。

从表 5－11 中看到，资本技术密集型产品①的 G－L 指数最高，从 2000 年的 0.840 到 2014 年的 0.730，平均值为 0.766，最高值是 0.970，最低值是 0.480。其主要原因是受到 2008 年金融危机的影响，全球贸易陷入低谷，而 2009 年之后，G－L 指数逐步回升。令人略感意外的是，在双方的资本技术

① 5、6、7、8 类产品主要为工业制成品。其中，可以把 5、7 类产品称为资本技术密集型产品，把 6、8 类产品称为劳动密集型产品。

密集型产业内，计算出来的G－L指数居然如此之高，处在接近于完全的产业内贸易状态下。从5类产品来看，从2000年的0.280到2014年的0.290，平均值为0.270，G－L指数并不高，同时从7类产品来看，从2000年的0.010到2014年的0.000[①]，平均值为0.004，G－L指数非常低，几乎接近于0。为什么会出现资本技术密集型产业G－L指数计算出来很高，而5类、7类产品G－L指数计算出来又很低的反常情况呢？本书认为，在资本技术密集型产业内，双方进出口贸易的重点存在不同的诉求。以2014年为例，在RCA指数分析中，海合会在"[571]乙烯聚合物""[512]醇类，酚类等"等方面具有较强的竞争力，而中国在"[752]自动数据处理设备"等方面具有竞争优势；在TSC指数分析中，海合会在"[571]乙烯聚合物""[512]醇类，酚类等""[562]肥料""[516]其他有机化学品"等方面具有较强的竞争力，而中国则在"[786]拖车和半拖车"等方面具有竞争优势，不难发现中海双边贸易基础较为稳固，互补性较强。海合会的竞争优势主要集中在5类产品方面，中国竞争优势较为集中在7类产品方面，中国与海合会在各自具有竞争优势的领域内可以较好地满足对方的进口需求，契合度较高，双边贸易额较为接近，因此造成了从资本技术密集型产业角度计算时获得的G－L指数数值高，而从5类和7类产品分别计算时获得的G－L指数数值低这一状况。这也反映出，将来中海双方在资本技术密集型产业内还具有进一步扩大贸易额的空间。

从表5－11中可以看到，劳动密集型产业G－L指数计算出来都比较低，从2000年0.080再到2014年0.020，平均值为0.046，历年[②]数据均未超过0.1，始终处于较低的数值，说明在劳动密集型产业内主要还是表现为产业间贸易。而从6类产品来看，从2000年的0.180到2014年的0.050，平均值为0.092，G－L指数表现为逐年降低，同时从8类产品看，自2000年的0.000再到2014年的0.000，平均值为0.001，G－L指数很低，几乎接近于0。同样以2014年为例，在RCA指数中，中国在"[666]陶器""[658]纺织材

① 此处的0.000表示数值非常小，但保留3位小数。本章其他部分处理方式相同，不再重述。
② 这里的历年数据是指2000年至2014年的数据。

料”“[697]家用电器等”“[652]棉织物等”“[813]照明灯具及配件等”“[844]女式服装，纺织品，针织品等”“[831]旅行用品，手袋及类似物品”“[846]服装辅料，纺织面料”等方面具有竞争力，而海合会则在“[667]珍珠，宝石”“[684]铝”等方面有一定比较优势；在TSC指数中，中国在“[666]陶器”“[661]水泥等”“[658]纺织材料”“[697]家用电器等”“[844]女式服装，纺织品，针织品等”“[813]照明灯具及配件等”等方面具有较强竞争力，而海合会在6类和8类中具有一定竞争力的产品较少，反倒是在竞争劣势方面较为突出地表现在“[844]女式服装，纺织品，针织品等”“[872]医疗仪器及用具”“[831]旅行用品，手袋及类似物品”等方面，与中国的竞争优势产品形成较好的呼应。从劳动密集型产业以及6类、8类产品的具体分析中，我们可以发现中国都具有压倒性的竞争优势，主要体现在产业间贸易方面。而产业内贸易水平较低，根本原因在于中国的劳动力资源优势，且海合会劳动力成本过高，造成了主要由中国向海合会单向出口此类产品的状况，因此G-L指数较低。

2. 中国与海合会主要贸易产品G-L指数分析

在中国和海合会工业制成品产业内贸易水平的分析基础上，下一步将从更加微观的角度选取2014年中国海合会双边贸易额排名前十位的产品，分别计算其2000年到2014年期间产业内贸易水平的G-L指数。表5-12展示出中国与海合会主要贸易产品G-L指数的计算结果。

表5-12 中国与海合会主要贸易产品产业内贸易指数(2000—2014)①

年份	512	764	571	342	752	821	511	844	851	575
2000	0.002 2	0.046 7	0.000 4	0.000 0	0.000 1	0.000 0	0.431 2	0.000 0	0.000 0	0.119 5
2001	0.001 7	0.001 3	0.000 5	0.000 0	0.009 2	0.000 2	0.241 2	0.000 0	0.001 0	0.040 4
2002	0.002 3	0.000 1	0.000 5	0.000 0	0.001 1	0.000 2	0.247 9	0.000 0	0.000 2	0.214 4
2003	0.002 9	0.003 5	0.000 9	0.000 0	0.000 0	0.000 2	0.188 6	0.000 0	0.000 0	0.244 6

① 主要贸易产品选自2014年中国与海合会双边贸易额前十位，分别为：[512]醇类，酚类等；[764]电信设备及零件；[571]乙烯聚合物；[342]液化丙烷和丁烷；[752]自动数据处理设备；[821]家具及零件；[511]烃等；[844]女式服装，纺织品，针织品等；[851]鞋；[575]其他塑料。

续　表

年份	512	764	571	342	752	821	511	844	851	575
2004	0.014 6	0.000 1	0.001 9	0.000 0	0.000 0	0.002 4	0.143 1	0.000 0	0.000 0	0.361 8
2005	0.019 1	0.000 0	0.001 8	0.000 0	0.000 0	0.000 5	0.269 7	0.000 0	0.000 0	0.255 8
2006	0.011 1	0.000 1	0.003 9	0.000 0	0.000 0	0.000 2	0.240 5	0.000 1	0.000 0	0.317 3
2007	0.016 4	0.000 3	0.010 6	0.000 0	0.000 0	0.000 3	0.210 1	0.000 0	0.000 0	0.385 5
2008	0.022 4	0.000 1	0.021 0	0.000 0	0.000 1	0.000 6	0.222 0	0.000 0	0.000 0	0.276 4
2009	0.012 9	0.000 1	0.009 5	0.000 0	0.000 0	0.000 1	0.135 8	0.000 0	0.000 0	0.213 5
2010	0.016 3	0.000 1	0.007 2	0.000 0	0.000 0	0.000 1	0.086 4	0.000 0	0.000 0	0.157 9
2011	0.013 3	0.000 6	0.014 0	0.000 2	0.000 0	0.000 3	0.159 5	0.000 0	0.000 0	0.125 8
2012	0.012 0	0.000 0	0.013 5	0.000 1	0.000 0	0.000 1	0.108 2	0.000 0	0.000 0	0.129 1
2013	0.015 3	0.000 1	0.012 6	0.000 2	0.000 0	0.000 0	0.061 2	0.000 0	0.000 0	0.161 7
2014	0.017 7	0.000 1	0.012 9	0.000 0	0.000 0	0.000 1	0.055 5	0.001 1	0.000 1	0.178 9
平均值	0.012 0	0.003 5	0.007 4	0.000 0	0.000 7	0.000 3	0.186 7	0.000 1	0.000 1	0.212 2

从表 5－12 中可以看到，在 2014 年中国与海合会双边贸易额前十位产品的结构上，3 类产品有“[342]液化丙烷和丁烷”，5 类产品有“[512]醇类，酚类等”“[571]乙烯聚合物”“[511]烃等”“[575]其他塑料”，7 类产品有“[764]电信设备及零件”“[752]自动数据处理设备”，8 类产品有“[821]家具及零件”“[844]女式服装，纺织品，针织品等”“[851]鞋”。3 类和 5 类基本体现的是海合会的优势产品，而 7 类和 8 类则基本体现的是中国的优势产品。从具体的 G－L 指数来看，“[342]液化丙烷和丁烷”的平均值为 0.000 0，几乎可以等同于 0，考虑到海合会自身具有的竞争优势，可以认为这类产品主要是中国从海合会进口，其产业内贸易水平几乎不存在。“[512]醇类，酚类等”的 G－L 指数平均值为 0.012 0、“[571]乙烯聚合物”的 G－L 指数平均值为 0.007 4，表明产业内贸易水平很低，考虑到海合会在这两类产品上的竞争优势，可以认为这两类产品主要是中国从海合会进口。“[511]烃等”的 G－L 指数平均值为 0.186 7，最高值是 2000 年的 0.431 2，最低值是 2014 年的

0.055 5，总体趋势是逐步萎缩，产业内贸易水平降低。“[575]其他塑料”的G－L指数平均值为0.212 2，最高值是2007年的0.385 5，最低值是2001年的0.040 4，较之其他产品，产业内贸易水平相对较大，主要原因在于中国在塑料制品方面具有较强的制造加工能力，而海合会自身拥有石化产业方面的资源优势，双方形成了一定水平的产业内贸易，其数值较小的原因是出于产业安全的考虑，而且目前相关类别产品的关税水平较高，这也是中国与海合会设立自由贸易区的阻碍因素之一。“[764]电信设备及零件”的G－L指数的平均值为0.003 5，“[752]自动数据处理设备”的G－L指数的平均值为0.000 7，“[821]家具及零件”的G－L指数的平均值为0.000 3，“[844]女式服装，纺织品，针织品等”的G－L指数的平均值为0.000 1，“[851]鞋”的G－L指数的平均值为0.000 1，这5个类别的产品的产业内贸易水平都表现为较低，考虑到中国在这几类产品上所具有的竞争优势，以及海合会在这几类产品上表现出来的竞争劣势，可以认为这5个类别的产品主要就是中国对海合会出口的单向贸易。

通过以上分析我们可以看到，中国与海合会之间具有产业内贸易特征的产品较少，基本上以产业间贸易为主，究其原因主要在于：第一，海合会具有充沛的油气资源，使其在5类产品上具有明显的竞争优势，而中国必须通过大量进口石油才能满足生产需要，双方的竞争优劣势较为明显；第二，中国具有劳动力资源禀赋，而海合会则以石油经济为主，社会普遍较为富裕，导致劳动力成本过高，这就决定了中国在6类、8类产品上具有较为明显的竞争优势，而海合会则主要进口这两大类产品；第三，随着近年来制造技术水平的不断提高，中国在7类产品方面的竞争力正在逐渐加强，未来该类产品很有希望成为我国与海合会拓展合作的新领域。

第6章　中海自贸区贸易效应研究

为充分研究中海自贸区的贸易效应，本章将从四个部分来展开阐述。其一，采用引力模型估算中海自贸区贸易潜力，为后续分析奠定基础；其二，运用SMART模型对中海自贸区的贸易效应、关税收入及福利效应进行全面的模拟分析；其三，深入探讨中海自贸区的动态效应；其四，运用新区域主义理论阐述中海双方建立自贸区所带来的非传统收益。

6.1　中海自贸区贸易潜力估算

6.1.1　引力模型介绍

引力模型是研究贸易效应的事后估计方法之一，本书已在第二章中对其进行过阐述。在廷伯根、珀于赫宁、安德森、赫尔普曼、克鲁格曼、伯格斯特兰、迪尔多夫、伊顿和科尔图姆等学者的推动下，引力模型得到了持续的发展，理论基础被不断夯实。

引力模型对自由贸易区贸易效应的研究思路是：构建虚拟变量代表贸易效应，回归检验参数的符号及其显著性，再对贸易效应进行判断。具体计算时，有两个问题值得引起重视：其一，全球各个自由贸易区建立时间普遍较短，数据量较为有限，进行回归检验困难不小。虽然有学者会采取反事实估计方法来模拟数据，但缺陷较为明显且并不令人信服。其二，如果虚拟变量设置过多，也会影响整个模型的自由度。在样本数据较少的情况下，有必要控制虚拟变量的数目。本节在构建模型时将对以上问题予以充分考虑。

本节将依据 2014 年联合国贸易和发展会议数据库（UNCTAD Database）中的双边贸易额来确定海合会前 30 大贸易伙伴，依据 2014 年国家统计局网站数据来确定中国前 30 大贸易伙伴。选取 2000 年至 2014 年期间中海双方分别与各自 30 大贸易伙伴之间的双边贸易额、经济体量、人口规模和空间距离等面板数据，进行引力模型实证分析。其中，双边出口贸易额来自联合国贸易与发展会议数据库；用 GDP 数据代表经济体量，选自世界银行公开数据（其中，伊拉克 2000 年至 2003 年之间缺乏数据，这 4 项数据按照 2004 年至 2014 年的平均增长率倒推计算得到并进行补充）；人口规模数据选自联合国贸易与发展会议数据库；用首都之间的距离代表空间距离，选自 GEOBYTES 网站①（其中，利雅得代表海合会"首都"，茨瓦内代表南非首都②）。

6.1.2 计量模型设置

本节将参考安德森和范·温库普（Van Wincoop）提出的模型③，构建贸易引力面板模型，其具体方程式如下所示：

海合会方程：

① http://geobytes.com/citydistancetool.

② 南非拥有三个首都：行政首都（中央政府所在地）为茨瓦内（原名比勒陀利亚），立法首都（议会所在地）为开普敦，司法首都（最高法院所在地）为布隆方丹。此处以茨瓦内为代表。

③ ANDERSON J E, WINCOOP E V. Gravity with gravitas: a solution to the border puzzle [J]. American economic review, 2003, 93(1): 170-192.

$$\ln xm_{git} = \alpha_0 + \alpha_1 \ln gdp_{gt} \cdot gdp_{it} + \alpha_2 \ln pop_{gt} \cdot pop_{it} + \alpha_3 \ln dis_{gi} + \alpha_{gi} + \varepsilon_{git} \quad (6-1)$$

中国方程：

$$\ln xm_{cit} = \alpha_0 + \alpha_1 \ln gdp_{ct} \cdot gdp_{it} + \alpha_2 \ln pop_{ct} \cdot pop_{it} + \alpha_3 \ln dis_{ci} + \alpha_{ci} + \varepsilon_{cit} \quad (6-2)$$

将上述方程(6-1)和(6-2)中包含的变量定义为：

$\ln xm_{git}$ 表示的是海合会与排名前 30 位贸易伙伴的贸易出口额计算出来的对数值；

$\ln xm_{cit}$ 表示的是中国与排名前 30 位贸易伙伴的贸易出口额计算出来的对数值；

$\ln gdp_{gt} \cdot gdp_{it}$ 表示的是海合会前 30 名贸易伙伴的 GDP 与海合会的 GDP 乘积计算出来的对数值；

$\ln gdp_{ct} \cdot gdp_{it}$ 表示的是中国前 30 名贸易伙伴的 GDP 和中国的 GDP 乘积计算出来的对数值；

$\ln pop_{gt} \cdot pop_{it}$ 表示的是海合会前 30 名贸易伙伴人口数与海合会人口数乘积计算出来的对数值；

$\ln pop_{ct} \cdot pop_{it}$ 表示的是中国前 30 名贸易伙伴人口数和中国人口数乘积计算出来的对数值；

$\ln dis_{gi}$ 表示的是海合会排名前 30 位贸易伙伴国家首都与海合会首都距离计算出来的对数值；

$\ln dis_{ci}$ 表示的是中国排名前 30 位贸易伙伴国家首都与中国首都距离计算出来的对数值；

α_{gi} 、α_{ci} 则表示不随时间改变的截面个体固定效应(由于研究样本偏少，采用固定效应较为适合①)；

① 在随机效应里，假设个体效应和随机误差项之间不相关，固定效应则无这个假设。

ε_{git} 、ε_{cit} 表示残差。

在引力模型结论中，一般情况下两个经济体的 GDP 乘积越大，表明两个经济体的经济发展水平越好，扩大出口贸易额的潜力越大。可以预判，在方程(6－1)和(6－2)中反映出口贸易额与 GDP 关系的回归系数 $\alpha_1 > 0$。两个经济体之间的距离越大，产品运输成本就会越高，这将对扩大出口额产生一定的负面影响。可以预判，在方程(6－1)和(6－2)中反映出口贸易额与距离关系的回归系数 $\alpha_3 < 0$。

1. 计量估计方法

在方程(6－1)和(6－2)中，由于两个经济体之间的距离是一个固定值，与时间变量并无关联，故参考面板固定效应方差分解(Panel Fixed Effects Variance Decomposition)三步法估计方程(6－1)和(6－2)中距离变量回归系数。该估计方法由以下三个步骤构成：

$$y_{it} = \alpha + X_{it}\beta + Z_i\gamma + \mu_i + \varepsilon_{it} \tag{6-3}$$

第一步先采用组间离差去除变量 Z_i（不随时间变化）和固定效应 μ_i 以后，得到方程(6－4)：

$$y_{it} - \bar{y}_i = (X_{it} - \bar{X}_i)\beta + \varepsilon_{it} - \bar{\varepsilon}_i \tag{6-4}$$

对方程(6－4)面板估计以后，得到的变量(不随时间变化)和固定效应为：

$$\theta_i = \bar{y}_i - \bar{X}_i\hat{\beta}_{FE} \tag{6-5}$$

第二步是针对方程(6－5)中的 θ_i 对变量 Z_i（不随时间变化)做回归估计：

$$\theta_i = \omega + Z_i\gamma + \eta_i \tag{6-6}$$

估算方程(6－6)中的残差 η_i ，并将 η_i 当作自变量再进行第三步回归估计：

$$y_{it} = \alpha + X_{it}\beta + Z_i\gamma + \varphi\eta_i + \varepsilon_{it} \tag{6-7}$$

方程(6－7)中变量 Z_i（不随时间变化)的回归系数 γ 就是所获得的结果。

从海合会引力模型的分析结果来看(见表 6－1)，该方程中解释变量的回归系数符号基本上与预判相一致，具体表现在以下几个方面：

（1）GDP 对出口贸易额的作用。表 6－1 中两个经济体的 GDP 乘积对数值与出口贸易额对数值之间的回归系数是 0.879 9，在 5%置信水平上显著。这说明对海合会来说，GDP 与出口贸易额之间的关系表现出显著正相关，表示两个经济体经济发展水平越好，扩大出口贸易额的潜力越大。

（2）人口对出口贸易额的作用。表 6－1 中两个经济体人口乘积对数值与出口贸易额对数值之间的回归系数是－0.716 5，在 5%置信水平上显著。这说明对海合会来说，人口与出口贸易额之间的关系表现为显著负相关，表示两个经济体的人口规模越大，扩大出口贸易额的潜力就会越小。这与海合会由石油供应大国组成有关系。因为当前发展中国家人口规模普遍较大，发达国家人口规模相对较小，但是发达国家的经济发展水平却高出发展中国家很多，其能源需求自然就会更大，这就直接造成海合会对发达国家的出口额超过对发展中国家的出口额，因而在以上模型中表现为人口与出口额之间的负相关关系。

（3）距离对出口贸易额的作用。表 6－1 中两个经济体距离对数值与出口贸易额对数值之间的回归系数是－0.371 0，但是未能通过显著性检验，这表明对海合会来说，两个经济体之间的距离对出口贸易额所产生的影响不显著。这也与海合会由石油供应大国组成有关系。一个经济体对能源的需求也是不可替代的，因此运输成本的高低并不一定会对出口贸易额产生必然影响。可以认为，起关键作用的还是该经济体经济发展水平对能源的需求程度，距离的影响存在不确定性。

表 6－1　海合会引力模型的面板固定效应方差分解估计结果

解释变量	回归系数	标准差	t 值	$P>\|t\|$	95%置信区间	
$\ln gdp_{gt} \cdot gdp_{it}$	0.879 9	0.059 2	14.85	0.000	0.763 4	0.996 3
$\ln pop_{gt} \cdot pop_{it}$	－0.716 5	0.243 7	－2.94	0.003	－1.195 6	－0.237 4
$\ln dis_{gi}$	－0.371 0	0.405 4	－0.92	0.361	－1.167 9	0.425 9
常数项	－5.861 6	1.890 2	－3.10	0.002	－9.577 2	－2.146 0

从中国引力模型的分析结果来看(见表 6 - 2),方程中解释变量的回归系数符号基本上与预判相一致,具体表现在以下几个方面:

(1) GDP 对出口贸易额的作用。在表 6 - 2 中,两个经济体的 GDP 乘积对数值与出口贸易额对数值之间的回归系数是 0.829 7,在 5%置信水平上显著,说明对中国来说,GDP 与出口贸易额之间的关系表现为显著正相关,表示两个经济体经济发展水平越好,扩大出口贸易额的潜力越大。

(2) 人口对出口贸易额的作用。在表 6 - 2 中,两个经济体的人口乘积对数值与出口贸易额对数值之间的回归系数是−0.112 5,但是其没有能够通过显著性检验,这表明对中国而言,人口对出口贸易额的影响是不显著的。其可能的解释是:一方面,当前发展中国家人口规模普遍较大,发达国家人口规模相对较小,而发达国家的经济发展水平又处于较为领先的地位,导致其货物需求水平更大,这就会直接造成中国对发达国家的出口贸易额超过对发展中国家的出口贸易额,因而在人口与出口额之间呈现出的是负相关关系;另一方面,与海合会的本质性区别在于,中国的竞争优势主要表现在劳动密集型产品领域,合作伙伴人口规模大,意味着市场规模大,带动的市场需求量就大,这将促进中国出口贸易额的增长,因而会导致在人口与出口贸易额之间呈现出正相关关系。两个方面的因素方向是相反的,但是又相互交织在一起共同发挥作用的,这可能是造成人口因素表现得不显著的原因。

(3) 距离对出口贸易额的作用。在表 6 - 2 中,两个经济体距离对数值与出口贸易额对数值之间的回归系数是−0.880 6,在 5%置信水平上表现出来是显著的。这说明对中国来说,如果两个经济体之间的距离越大,那么贸易的运输成本就越高,进而距离与贸易出口额便产生负相关关系。这与中国的出口以货物贸易为主体存在一定关系,由于货物贸易对运输成本较为敏感,较长距离的运输将会增加货物贸易成本,对产品竞争力造成直接影响,而较短距离的运输将有效控制货物贸易成本,保持产品在国际市场的竞争力。

表 6-2　中国引力模型的面板固定效应方差分解估计结果

解释变量	回归系数	标准差	t 值	$P>\|t\|$	95%置信区间	
$\ln gdp_{ct} \cdot gdp_{it}$	0.829 7	0.046 1	18.00	0.000	0.739 1	0.920 3
$\ln pop_{ct} \cdot pop_{it}$	−0.112 5	0.487 6	−0.23	0.818	−1.071 0	0.846 6
$\ln dis_{ci}$	−0.880 6	0.217 6	−4.05	0.000	−1.308 4	−0.452 7
常数项	−8.524 5	4.121 5	−2.07	0.039	−16.626 0	−0.422 9

2. 稳健及内生性分析

在对回归系数进行估算时，由于解释变量存在内生性现象，因而有时会对结论的稳定性造成一定影响。内生性现象一般由几种方式产生：遗漏变量、联立方程或逆向的因果关系以及测量误差。[①] 接下来，本节将重点考察解释变量的内生性情况，力求获得更加可靠的结果。

在上述引力模型(6-1)和(6-2)中，出口贸易额受到 GDP 规模的影响，一般情况下出口贸易额大则 GDP 规模也大。但是，出口贸易额基本上不会受到人口和距离两个变量的影响，其联立方程或逆向的因果关系并不成立，即不存在内生性现象。故应重点考察两个经济体 GDP 的内生性现象。

这表示在引力模型(6-1)和(6-2)中：

$$\mathrm{cov}(\ln gdp_{gt} \cdot gdp_{it}, \varepsilon_{git}) \neq 0 \tag{6-8}$$

$$\mathrm{cov}(\ln gdp_{ct} \cdot gdp_{it}, \varepsilon_{cit}) \neq 0 \tag{6-9}$$

此时，如果内生性现象存在，那么回归系数将是有偏差的。

针对这个问题，本节将在参考豪斯曼-泰勒模型方法的基础之上进行进一步的回归分析[②]，计算结果如表 6-3 和表 6-4 所示。

---

① WOOLDRIDGE J M. Econometric analysis of cross section and panel data[M]. Cambridge: The MIT Press, 2001.

② HAUSMAN J A, TAYLOR W E. Panel data and unobservable individual effects[J]. Journal of econometrics, 1981, 16(1): 155.

表 6－3 海合会基本贸易引力方程的面板豪斯曼－泰勒估计结果

解释变量	回归系数	标准差	Z	$P>\|Z\|$	95%置信区间	
$\ln gdp_{gt} \cdot gdp_{it}$	0.802 0	0.040 9	19.59	0.000	0.721 8	0.882 3
$\ln pop_{gt} \cdot pop_{it}$	−0.384 2	0.161 4	−2.38	0.017	−0.700 4	−0.067 95
$\ln dis_{gi}$	−0.293 8	0.401 2	−0.73	0.464	−1.080 1	0.492 5
常数项	−7.428 5	1.676 0	−4.43	0.000	−10.713 3	−4.143 6

表 6－3 中的估计结果表明，表 6－1 中海合会引力模型的面板固定效应方差分解估计结果是稳健的。

用两个方法得出估计结果，两者的结论相同：

（1）GDP 对出口贸易额的作用。在表 6－3 里，两个经济体的 GDP 乘积对数值与出口额对数值之间的回归系数是 0.8020，在 5%置信水平上显著。这表示对海合会而言，GDP 和出口贸易额之间的关系是显著正相关，表明两个经济体经济发展水平越好，扩大出口贸易额的潜力越大。

（2）人口对出口贸易额的作用。在表 6－3 中，两个经济体的人口乘积对数值与出口贸易额对数值之间的回归系数是－0.384 2，在 5%置信水平上显著。这说明对海合会来说，人口与出口贸易额之间的关系表现为显著负相关，表示的是两个经济体人口规模越大，扩大出口额的潜力越小。理由与前文所述相同。

（3）距离对出口贸易额的作用。在表 6－3 里，两个经济体的距离对数值与出口额对数值之间的回归系数是－0.293 8，但是没有能够通过显著性检验。这表明对海合会而言，两个经济体之间的距离对出口贸易额产生的影响是不显著的。理由与前文所述相同。

表 6－4 中国基本贸易引力方程的面板豪斯曼－泰勒估计结果

解释变量	回归系数	标准差	Z	$P>\|Z\|$	95%置信区间	
$\ln gdp_{ct} \cdot gdp_{it}$	0.846 6	0.031 6	26.76	0.001	0.784 6	0.908 6
$\ln pop_{ct} \cdot pop_{it}$	−0.353 8	0.103 2	−3.43	0.001	−0.556 1	−0.151 5

续　表

解释变量	回归系数	标准差	Z	$P>\|Z\|$	95%置信区间	
$\ln dis_{ci}$	−0.821 8	0.176 4	−4.66	0.000	−1.167 6	−0.476 0
常数项	−6.533 4	1.218 0	−5.36	0.000	−8.920 8	−4.146 1

表 6－4 中的估计结果表明，表 6－2 中展示出来的中国引力模型面板固定效应方差分解估计结果是稳健的。

用两个方法得出估计结果，两者的结论相同：

(1) GDP 对出口贸易额的作用。在表 6－4 中，两个经济体的 GDP 乘积对数值与出口贸易额对数值之间的回归系数是 0.846 6，在 5%置信水平上显著。这说明对中国来说，GDP 与出口贸易额之间的关系表现为显著正相关，表示两个经济体经济发展水平越好，扩大出口贸易额的潜力越大。

(2) 人口对出口贸易额的作用。在表 6－4 中，两个经济体的人口乘积对数值与出口贸易额对数值之间的回归系数是－0.353 8，但是没有能够通过显著性检验。这表明对中国而言，人口因素对出口贸易额产生的影响是不显著的。理由与前文所述相同。

(3) 距离对出口贸易额的作用。在表 6－4 中，两个经济体的距离对数值与出口贸易额对数值之间的回归系数是－0.821 8，在 5%置信水平上是显著的。这说明对中国而言，两个经济体之间的距离越大，越会提高贸易的运输成本，这将与扩大贸易出口额产生负相关关系。理由与前文所述相同。

6.1.3　贸易潜力估计

本节将参考豪斯曼-泰勒模型回归分析所得到的结果(见表 6－3 和表 6－4)，建立海合会和中国与其贸易伙伴的引力模型，进一步分析海合会和中国的出口贸易实际值与计算出来的预测值之间的比值。具体方法如下：

将 2014 年海合会和中国的 GDP、距离和人口数据分别代入依据豪斯曼-泰勒模型回归分析得到的引力模型中，计算出 2014 年的贸易出口额预测值，再与2014年实际的贸易出口额进行比较，计算出实际贸易出口额与预测值之间的比值，该比值越小，表示存在贸易潜力越大。

（1）如果比值等于1或在1左右，那么表示实际贸易出口额与预测值之间的拟合度较好；

（2）如果比值大于1，那么表示实际贸易出口额超过了从理论角度估计出来的预测值，存在“贸易过度”的情况；

（3）如果比值小于1，那么表示实际贸易出口额小于从理论角度估计出来的预测值，存在“贸易不足”的情况。

从表6-5中可以看到，海合会对中国的实际贸易出口额与预测值之间的比值为0.927，中国对海合会的比值为0.872，中海双边贸易存在“贸易不足”的情况，双方在对方市场的出口贸易潜力尚有一定空间值得挖掘。为发挥中海之间的贸易潜力，双方应该抓住建立自由贸易区的机遇，加强经贸往来，实现优势互补，促进资源优化配置，实现合作共赢。

表6-5 海合会与中国间贸易潜力(2014)①

国家或组织	实际出口总额对数值（实际值）	预测出口总额对数值（预测值）	实际值/预测值
海合会对中国	8.01	8.64	0.927
中国对海合会	7.78	8.92	0.872

6.2 中海自贸区贸易效应——基于WITS-SMART的模拟分析

中国与海合会之间的自由贸易协定一旦成功签署，自贸区内的关税税率将

① 按照中国统计局的数据，在中国前30大贸易伙伴里，未将海合会作为一个整体进行考虑，模型计算时以中国与沙特阿拉伯和阿拉伯联合酋长国的出口贸易额代替中国与海合会的出口贸易额，并相应地调整了人口和GDP数据。

从当前状态下降到一个更低的水平，这将对双方贸易、关税、福利等多个方面都产生较为明显的影响。鉴于中海双方在贸易领域存在较强的互补关系，本节有必要在前述章节分析的基础上对中海自贸区带来的潜在贸易效应做一个量化评估，该计算结果也可作为未来推动中海自贸区加快建设的决策依据。本节基于事前估计方法，运用WITS数据库中的SMART模型对中海自贸区贸易效应、关税收入和福利效应等多个方面展开模拟推演，并对结论进行深入分析和探讨。

6.2.1　SMART模型介绍

1. 选择SMART模型的理由

从研究方法选择上来看，当前较为流行的做法是采用一般均衡分析方法，该方法主要运用GTAP模型分析关税变化等贸易政策引起的贸易变动情况，以及由此导致的各国福利变化。这种方法的优点在于能够考虑自贸区对区内成员国所有部门的影响，不仅能涉及自贸区对某个具体行业的直接影响，而且能顾及其他部门之间的关联性影响。但是，从现实情况来看，GTAP模型对数据的全面性要求过高，对模拟条件的要求也过于理想化，而且运用的数据一般都是投入产出表中部门划分较为粗略的数据。在这种情况下，各部门分类内部不同产业间的特性差异极有可能被掩盖，从而造成数据归并误差(aggregation biases)，对计算结果造成一定的干扰。① 基于以上这些因素，本节尝试使用细分程度更高的行业数据，从局部均衡视角来分析关税削减对各行业带来的经济影响，为自贸区成员国提供更加切合实际的模拟结论，以此为中海自贸区建议提供有益参考。因此，本节将使用SMART模型，从局部均衡分析角度，模拟不同层次关税减让方案所带来的贸易效应。

2. SMART模型介绍

WITS(World Integrated Trade Solutions)系统是由世界银行、世界贸易组织、联合国贸易和发展会议以及联合国统计局等多个国际权威组织共

① 彭支伟，张伯伟. 中日韩自由贸易区的经济效应及推进路径[J]. 世界经济研究，2012(12)：65－71.

同开发设计的，主要用于分析关税削减等措施对贸易效应、关税收入、福利效应等带来的影响。而SMART模型是整合在WITS系统内的一个政策模拟分析工具，该模型基于全球局部均衡模型理论，模拟各国或地区由于关税税率变动而导致的与伙伴国之间贸易额的变动程度，其研究结论具有较好的权威性。与GTAP模型相比较，SMART模型最大的优势在于数据来源于高度细分的商品种类，避免一般均衡模型行业分类较为宽泛的缺陷，并突破由此可能导致的数据归并误差问题。不过，SMART模型本身也具有一些短板。一方面，局部均衡分析方法具有的一个先天劣势就是不会涉及部门与部门之间的关联效应；另一方面，局部均衡分析方法涉及的数据较少，其模拟效果的精度有可能受到一定程度的限制。

SMART模型关注的基本问题是关税变化对一国与其伙伴国之间贸易商品结构和数量上的影响。其基本假设包括以下两种：

基本假设一：价格接受者假设(Price Taker Assumption)。假定全球是一个完全竞争的市场环境，各国的出口供给弹性都变得足够大，导致出口供给弹性曲线斜率接近于无限小，可以将其视为一条水平线，因此各类出口产品都会在这种充分理想化的市场条件下，拥有一个完全自由贸易背景下的唯一价格，但是进口国采取的不同关税税率可以改变这些来自不同国家或地区产品的到岸价格。

基本假设二：阿明顿假设(Armington Assumption)①。假设来自不同出口国的同一种商品在产生到岸价格差异时，相互之间只会产生一定程度的替代关系。这就保证了两个经济体之间在签订自贸协定以后，两者贸易额将得以增长，但是双边贸易又不会完全取代双方各自与自贸区以外第三方经济体之间的贸易。②

① ARMINGTON P S. A theory of demand for products distinguished by place of production[J]. Staff papers, 1969, 16: 159-178.

② 彭支伟，张伯伟. 中日韩自由贸易区的经济效应及推进路径[J]. 世界经济研究，2012(12): 65-71.

以上两大假设[①]将对购买者采取行为选择何种产品的最优化策略造成直接影响：第一个方面是，在综合考虑各个出口国商品价格复合指数的基础上做出商品最佳进口总量决策；第二个方面是，根据不同出口国同种产品之间的阿明顿替代弹性，分别确定从每个出口国的最佳进口量。SMART 模型假设在中国和海合会签订自由贸易协定后，双方将按照协定分别削减各自的进口关税率直至实现零关税，以及采取措施取消进口数量限制等贸易壁垒措施，市场准入门槛有望显著降低。这些措施最终将产生两种效应：其一是贸易创造效应，即关税削减使得一方的出口商品在另一方的国内市场价格下降，从而相应扩大了进口需求；其二是贸易转移效应，即预先设定自贸区内各个成员国相互削减关税，由于来自某一个成员国的出口商品会比自贸区外其他国家出口的同类商品具有更低的价格，从而导致另一个成员国会将原本进口自贸区外其他国家这种商品的需求量，转移为对自贸区内该成员国的进口需求量。

6.2.2　SMART 模型的估算方法

在自贸区贸易效应分析方面最具权威性的应该要数维纳，其研究关税同盟时第一次定义了贸易创造与贸易转移概念，并得出了具有说服力的结论：建立关税同盟并不一定会提高福利水平，能否最终实现福利水平的提高，关键还是取决于贸易创造和贸易转移两者之间的高低情况。本节将把维纳的分析框架视为研究基础，全面探讨未来中国与海合会设立自贸区以后所产生的贸易效应、关税效应和福利效应等情况。假设整个世界贸易体系存在 C(China)、G(GCC)和 W(the rest of world)三个参与方[②]，C(China)从 G(GCC)和 W(the rest of world)进口商品 O(oil)[③]，C(China)和 G

① 价格接受者假设和阿明顿假设的设立，意味着分析范围仅限于中海自贸区贸易数量的变化，而不会涉及价格效应的影响。此外，局部均衡分析方法不会涉及中海自贸区的收入效应。

② 假设 GCC(海合会)为一个参与方，the rest of world(世界上的其余国家)为一个参与方。

③ 假设进口的商品为石油。

(GCC)建立中海自贸区。

1. 贸易创造效应和贸易转移效应①

C国和G国建立自贸区以后,C国对G国商品的进口关税率将会降低,而对W国的关税率则不变。在进口贸易总额一定的情况下,C国在理性选择下一定会增加对于G国的进口贸易额,即产生贸易创造效应。对G国的关税率降低以后,G国产品进口价格将下降,这就会使得购买者能够获取更多消费者剩余,C国在理性选择之下一定会将部分原来从W国进口的商品额度转向从G国进口,即产生贸易转移效应。

假设O在C国国内的价格为 P ,整个全球市场价格为 P^{w} ,C国对商品O的进口数量为M,其中从G国进口商品O的数量是 M_{O}^{G} ,从W国进口商品O的数量是 M_{O}^{W} ,进一步假设 $M_{O}^{GW}=M_{O}^{G}/M_{O}^{W}$;C国从G国进口商品O的到岸价格是 P_{O}^{G} ,从W国进口商品O的到岸价格是 P_{O}^{W} ,进一步假设 $P_{O}^{GW}=P_{O}^{G}/P_{O}^{W}$ 。此时,G国和W国的出口商品O在C国市场上的相互替代弹性为 $\alpha=\left(\frac{\mathrm{d}M_{O}^{GW}}{M_{O}^{GW}}\right)/\left(\frac{\mathrm{d}P_{O}^{GW}}{P_{O}^{GW}}\right)$,另外,C国的进口需求弹性设定为 $\beta=\left(\frac{\mathrm{d}M}{M}\right)/\left(\frac{\mathrm{d}P}{P}\right)$,其中 $P=P^{W}(1+t)$,t 为实际进口关税率。SMART模型设定所有国家均面临一个统一的世界价格,各国国内价格的变化受关税率的变动而影响。自贸区带来的贸易创造效应等同于关税削减后C国将要增加的进口量,公式如下:

$$TC=P\mathrm{d}M=\beta MP^{W}\mathrm{d}t/(1+t) \tag{6-10}$$

与此同时,C国和G国组建自贸区以后,由于C国从G国进口O的关税率削减,C国将从理性角度出发扩大从G国的进口数量而缩小从W国的进口数量,这就带来了贸易转移效应的发生。这种转移不影响C国进口O的总数量,但是在G国和W国之间的份额分配将会发生变化,G国份额增

① 余振,陈继勇,邱珊. 中国-俄罗斯FTA的贸易、关税及福利效应:基于WITS-SMART的模拟分析[J]. 华东经济管理,2014(6):63-69.

加，而W国份额减少，所以 $dM_O^G=-dM_O^W$，由 $M_O^{GW}=M_O^G/M_O^W$，得到 $dM_O^{GW}=(dM_O^G-M_O^{GW}dM_O^W)/M_O^W$。

因此，贸易转移效应为 $dM_O^G=\left[\frac{M_O^G M_O^W}{M_O^G+M_O^W}\right]\alpha dt_O^G/t_O^G$，且必须满足条件 $-dM_O^W\leqslant M_O^W$，即贸易转移效应不能超过C国在该自贸区设立之前从W国进口的总数量，公式如下：

$$TD=\left[\frac{M_O^G M_O^W}{M_O^G+M_O^W}\right]\alpha dt_O^G/t_O^G \text{，且} -dM_O^W\leqslant M_O^W \tag{6-11}$$

2. 关税收入效应

C国在与G国组建成立自贸区以后，关税率削减将使得关税收入(Tariff Revenue)水平受到一定程度的影响。其一，关税率的下降使得关税收入下降；其二，关税率削减后增加的进口数量将增加税基，使得关税收入上升。总体来看，关税收入变化主要由进口数量和关税率决定，公式如下：

$$dTR=P^W M_O^G dt_O^G+P^W t_O^G dM_O^G=P^W M_O^G\left[1+\frac{\alpha M_O^G M_O^W}{M_O^G+M_O^W}\right]dt_O^G \tag{6-12}$$

3. 经济福利效应

自贸区内关税削减以后，C国消费者就能够买到价格实惠的G国商品，但是若进口数量依然维持不变，消费者剩余的获取将十分有限，仅仅等同于增加了政府关税收入减少的那部分价值。只有进口数量得到有效增加，净福利水平才会向上提升。自贸区经济福利的变化一般由进口数量的增加值和关税变化量的中间值两部分组成。因此，福利效应①为：

$$W=0.5(dt_O^G\cdot dM_O^G)$$

① 出口供给弹性不一定是无穷大，此时C国商品价格下降的幅度也不一定大，进口增加数量也较少。同时，除消费者剩余以外，还需要考虑生产者剩余。

6.2.3 中国与海合会双边贸易发展现状和关税的行业分布概况

在模拟各类情况引起的贸易效应之前，首先需要确定某一年份中国和海合会分类产品的贸易进口量、进口关税率以及相对应的关税收入，并将这些作为基准期数据，再按照双方谈判的减税幅度，分别设定不同方案下各类产品替代弹性及其关税减让率，接下来就可以模拟中海自贸区各种假设条件下的贸易总效应①、进口增长率、关税率变化、关税收入变化以及福利效应。在 SMART 模型的条件中，阿明顿弹性代表的是产品替代率、瑞士公式②里的 a 值代表的则是关税减让率。③ 因此，在对中海自贸区贸易效应进行模拟估算之前，需要先对中国和海合会之间的贸易现状以及各类产品的关税水平进行分析。

为尽可能展示模拟的效果，下面将对 HS 二分位数据基础上的细分商品类别进行模拟。将 TRAINS(联合国贸易与发展会议贸易分析与信息系统)数据库中的 2014 年数据作为基准期数据，使用该数据库内中国和海合会 HS 六分位双边贸易额和关税率数据，对双方各类商品进行相应分析。为便于分析，可将模拟结果汇总到二分位，各类商品进口关税率均按照相应国家之间双边进口数额加权平均得到。④ 基准期数据分析如表 6－6、表 6－7 所示。

① 贸易总效应由贸易转移效应和贸易创造效应两部分组成。

② 瑞士公式(Swiss Formula)也被称为“非线性瑞士公式”，其计算公式为：$z = ax/(a+x)$，其中 z 是减税后的新关税率(New Bound Rates)，x 为原来的关税率(Base Rates)，a 为系数(Coefficient)，其值由谈判结果来决定。瑞士公式的含义是将线性减税公式与协调减税公式结合起来，使得高关税国家的减税幅度大于低关税国家的减税幅度，有利于逐步缩小各国关税中税率之间的差距，具有补偿性特点。瑞士公式具备压缩关税到一定区间内的数学特征，对于高关税产品的降税幅度，大大高于低关税产品的降税幅度，系数越小，则关税削减幅度越大。

③ 余振，陈继勇，邱珊．中国-俄罗斯 FTA 的贸易、关税及福利效应：基于 WITS－SMART 的模拟分析[J]．华东经济管理，2014(6)：63－69.

④ HS 即《商品名称及编码协调制度》的简称，是指在原海关合作理事会商品分类目录和国际贸易标准分类目录的基础上，协调国际上多种商品分类目录而制定的一部多用途的国际贸易商品分类目录。HS2012 是其 2012 年修订版。HS2012 商品分类标准下的二分位商品详见国务院关税税则委员会办公室、中华人民共和国财政部关税司编：《中华人民共和国进出口税则(2012)》，中国财政经济出版社，2011。

表 6－6　中国从海合会进口的进口贸易额、商品结构、关税收入及关税率(2014)

代码	HS 二分位商品名称	进口额/美元	进口占比/%	进口关税收入/美元	加权关税率/%
第 1 类	活动物等	493 120.99	0.00	50 232.54	10.19
第 2 类	植物产品	17 737 649.98	0.02	214 771.15	1.21
第 3 类	动植物油等	247 648 160.00	0.23	22 284 062.80	9.00
第 4 类	食品、饮料等	2 703 468.98	0.00	518 572.80	19.18
第 5 类	矿产品	89 884 052 934.38	85.11	163 217 042.20	0.18
第 6 类	化学工业及其相关工业的产品	8 408 647 498.36	7.96	384 216 973.79	4.57
第 7 类	塑料及其制品，橡胶及其制品	6 226 087 601.04	5.90	320 144 337.51	5.14
第 8 类	生皮及其制品等	9 045 457.01	0.01	999 517.27	11.05
第 9 类	木及木制品等	41 117.00	0.00	21.06	0.05
第 10 类	木浆及制品等	10 445 874.00	0.01	25 477.79	0.24
第 11 类	纺织原料等	42 616 808.94	0.04	3 480 169.94	8.17
第 12 类	鞋、帽等	66 484.00	0.00	7 357.97	11.07
第 13 类	石料、石膏等	3 961 309.00	0.00	450 704.57	11.38
第 14 类	珍珠、宝石等	104 967 598.10	0.10	3 599 043.59	3.43
第 15 类	贱金属及其制品	612 805 757.70	0.58	9 458 273.50	1.54
第 16 类	机器、机械器具等	23 815 011.73	0.02	1 259 065.93	5.29
第 17 类	车辆及运输设备等	5 515 305.00	0.01	541 266.81	9.81
第 18 类	光学、照相等	2 568 631.02	0.00	121 870.37	4.74
第 19 类	武器、弹药等	0.00	0.00	0.00	—
第 20 类	杂项制品	137 013.00	0.00	8 826.70	6.44
第 21 类	艺术品、收藏品等	16 643.00	0.00	1 196.77	7.19
总计		105 603 373 443.24	100.00	910 598 785.06	0.86

注：1. WITS 中的 TRAINS 数据库提供的是 HS2012 的六分位商品数据，为了便于分析，获取更加切合实际的政策建议，按照各类商品的进口额加权计算获取二分位分类商品的贸易额以及关税率，此分析以 2014 年为基础年份。

2. 表中数据为依据 TRAINS 数据库计算整理获得。

从表 6－6 中可以看到，2014 年中国从海合会进口的最主要商品是第 5 类“矿产品”，占当年总进口额的 85.11%，接下来是第 6 类“化学工业及其相关工业的产品”，第 7 类“塑料及其制品，橡胶及其制品”，两者分别占当年总进口额的 7.96% 及 5.90%。这三大类产品相加总比例达到惊人的 98.97%，因而三大类产品的进口关税收入也遥遥领先。值得注意的是由于第 5 类“矿产品”的关税率较低（这与我国鼓励进口石油等矿产资源类产品有直接关系），其关税收入低于第 6 类“化学工业及其相关工业的产品”和第 7 类“塑料及其制品，橡胶及其制品”。而 2014 年中国从海合会进口的第四大类商品是第 15 类“贱金属及其制品”，占比为 0.58%，大大小于前三位。其余 17 类商品占比均未超过 0.3%。可见目前中国从海合会进口商品种类较为集中。再从加权后关税率来看，第 5 类“矿产品”关税率是 0.18%，第 6 类“化学工业及其相关工业的产品”关税率是 4.57%，第 7 类“塑料及其制品，橡胶及其制品”关税率是 5.14%，其中除第 5 类关税率偏低，第 6 类和第 7 类都处于所有类别商品的中游水平，未来依然有较大的贸易潜力可以挖掘。从表 6－6 中可以看到，2014 年中国对海合会的总体平均关税率为 0.86%。

表 6－7　海合会从中国进口的进口贸易额、商品结构、关税收入及关税率(2014)

代码	HS 二分位商品名称	进口额/美元	进口占比/%	进口关税收入/美元	加权关税率/%
第 1 类	活动物等	58 333 927.73	0.09	2 397 837.06	4.11
第 2 类	植物产品	473 171 258.29	0.75	11 113 994.98	2.35
第 3 类	动植物油等	3 214 864.91	0.01	160 743.25	5.00
第 4 类	食品、饮料等	272 062 972.94	0.43	13 444 917.49	4.94
第 5 类	矿产品	685 780 263.05	1.09	34 289 013.15	5.00
第 6 类	化学工业及其相关工业的产品	1 649 154 041.52	2.61	77 342 791.28	4.69
第 7 类	塑料及其制品，橡胶及其制品	2 999 715 644.87	4.75	149 985 782.24	5.00
第 8 类	生皮及其制品等	1 094 377 356.86	1.73	54 718 867.84	5.00

续　表

代码	HS 二分位商品名称	进口额/美元	进口占比/%	进口关税收入/美元	加权关税率/%
第 9 类	木及木制品等	803 147 025.10	1.27	39 994 537.56	4.98
第 10 类	木浆及制品等	634 320 610.14	1.00	31 027 666.11	4.89
第 11 类	纺织原料等	10 954 402 666.59	17.34	547 720 133.33	5.00
第 12 类	鞋、帽等	2 061 053 431.45	3.26	103 052 671.57	5.00
第 13 类	石料、石膏等	2 315 626 137.80	3.67	115 620 997.82	4.99
第 14 类	珍珠、宝石等	223 103 499.88	0.35	11 154 609.74	5.00
第 15 类	贱金属及其制品	6 508 590 504.45	10.30	325 429 525.22	5.00
第 16 类	机器、机械器具等	23 925 557 225.12	37.88	499 351 654.07	2.09
第 17 类	车辆及运输设备等	2 564 109 795.52	4.06	90 536 051.44	3.53
第 18 类	光学、照相等	833 048 627.92	1.32	37 645 138.99	4.52
第 19 类	武器、弹药等	700 093.01	0.00	35 004.65	5.00
第 20 类	杂项制品	5 086 620 920.22	8.05	254 331 046.01	5.00
第 21 类	艺术品、收藏品等	14 576 671.81	0.02	728 833.59	5.00
总计		63 160 667 539.19	100.00	2 400 081 817.42	3.80

注：计算海合会的加权平均关税率分为两步，第一步是把海合会 6 个成员国六分位关税加权汇总到二分位；第二步是把 6 个国家的二分位关税率加权平均，得到海合会二分位加权平均关税率。

从表 6－7 中可以看到，在 2014 年海合会从中国进口的商品中排名前三位的分别是：第 16 类“机器、机械器具等”，占比为 37.88%；第 11 类“纺织原料等”，占比为 17.34%；第 15 类“贱金属及其制品”，占比为 10.30%。另外，第 20 类“杂项制品”的占比也达到了 8.05%，同样显示出较高的比例。这四大类充分体现出中国现有比较优势商品类别。此外，第 6 类“化学工业及其相关工业的产品”，第 7 类“塑料及其制品，橡胶及其制品”，原本是中国从海合会进口的主要商品，而现在海合会又从中国进口这两类商品，且比例达到 2.61%和 4.75%，这体现出中国在化学工业和塑料、橡胶产业具有的较强制造能力。此外，第 12 类“鞋、帽等”、第 13 类“石料、石膏”、第 17 类“车辆及运输设备等”的占比分别为 3.26%、3.67%以及 4.06%，而其他类占比虽然比较小，但是都占据了一定的进口比例，分布较为均衡。由此可见，当前海合会从中国进口的商品在结构上表现出的特征可以概括为：重点类商品较为突出，种类分布较为均衡。从 2014 年各类商品加权后的关税率来看，主要都处在 2%至 5%之间；海合会对中国的总体平均关税率为 3.80%，未来依然存在一定的关税削减空间，潜力有待挖掘。

从表 6－6 和表 6－7 反映的内容可以预期，随着中海自贸区的建立，在两国关税加大削减力度的情况下，中国与海合会的贸易量有望得到一定程度的扩大。尤其是在石化产业等领域，双方具备深度合作的条件和机遇。

6.2.4 中海自贸区的贸易增长潜力及福利效应估算

1. 参数校准及模拟数据设置

在使用 SMART 模型分析之前，要优先对模型涉及的行为参数进行设定。这些参数包括了各个出口国各类商品出口供给弹性、进口需求弹性以及不同出口国同类商品之间的阿明顿替代弹性。第一，关于各类商品出口供给弹性的设定。由于前文已经设定出口国均是价格接受者，出口供给弹性无限大，出口供给曲线为一条与横轴平行的直线。因此，这里按照 WITS 系统的默认值 99 进行设置，不做修改，且适用于后续模拟时的各类情况。第二，关于各类商品进口需求弹性的设定按照 SMART 模型内嵌的算法估计得出。来自不同出口国商品的阿明顿替代弹性需要按照各种模拟情况的不同要求进行独立设置。鉴于国际化分工的逐步深入，各国在全球价值链中的定位进一步明确，单独改变不同产品之间的阿明顿替代弹性值，对实施关税减让后的双边进口最终关税率造成的影响是较为有限的。① 因此，本节分析将接受 SMART 模型的默认设置值 1.5，将重点聚焦于关税削减程度不同所带来的经济影响。

从自由贸易区的内涵来看，关税削减的最终目标一定是 0；但从现实情

① 彭支伟，张伯伟. 中日韩自由贸易区的经济效应及推进路径[J]. 世界经济研究，2012(12)：65－71.

况来看，短期内实现的可能性微乎其微。因此，模型设定中海自贸区将在现有的关税水平上采取分阶段削减关税的措施，通过设定瑞士公式中的 a 值来反映关税减让的具体幅度。

本节将把模拟情况设置为三个阶段：短期、中期和长期。三个阶段的划分依据是双边进口关税率初步削减、深度削减和完全削减。

情况一：中海自贸区设立短期内，由于双方均面临较为严峻的国内开放阻力，将阿明顿替代弹性值设定为 1.5，同时将瑞士公式中的 a 值设定为 0.5，这是一种关税削减幅度相对较小的情况。

情况二：随着中海自贸区内各个成员国面临的开放阻碍因素逐步得到克服和解决，将阿明顿替代弹性值设定为 1.5，同时将瑞士公式中的 a 值设定为 0.2，此时的 a 值较为符合中海自贸区内各成员国均为发展中国家的实际情况。

情况三：中海自贸区的长期目标是理想状态下将所有产品关税都削减为 0，因此将阿明顿替代弹性值设定为 1.5，同时将瑞士公式中的 a 值设定为 0，此时自贸区内可实现完全的自由贸易。

三种假设情况的模拟数据基础都是建立在 HS2012 商品分类标准下六分位的层次展开，再将模拟结果由六分位汇总到二分位。[①]

2. 中海自贸区短期情况下模拟结果分析

(1) 短期情况下贸易效应分析

短期模拟结果中中国及海合会贸易效应分别如表 6－8、表 6－9 所示，中国和海合会获得贸易创造效应约为 1 亿 3 575 万美元和 3 亿 5 297 万美元，获取的贸易转移效应分别约为 7 692 万美元和 1 亿 5 017 万美元。对中国和海合会来说，贸易创造效应都在贸易转移效应的 2 倍左右，其中海合会的贸易创造效应和贸易转移效应的绝对值大大超过中国。在中国的贸易效应中，贸易创造效应大于贸易转移效应的主要涉及第 3 至 6 类、第 11 类、第 13

① 加权平均关税率是对各类商品进口额加权计算而获得的。

类和第 14 类[①]，贸易创造效应小于贸易转移效应的则主要包括第 7 类、第 8 类、第 15 类、第 16 类和第 17 类。[②] 在海合会的贸易效应中，贸易创造效应大于贸易转移效应的主要包括第 1 类、第 2 类、第 5 至 18 类、第 20 类。贸易创造效应小于贸易转移效应的主要包括第 4 类。总体上来说，大部分商品的贸易创造效应比贸易转移效应更大。中国贸易总效应约为 2 亿 1268 万美元，进口增幅为 0.20%，海合会贸易总效应约为 5 亿 314 万美元，进口增幅为 0.80%。从贸易总效应和进口增幅的具体数值上来看，双方主要商品两个数据指标的增加值均处于较低水平，看来双方若要通过自贸区获取更多实质性收益，则必须在关税削减方面加大力度。

表 6－8　短期情况下中国的贸易效应

代码	贸易创造/美元	贸易转移/美元	贸易总效应/美元	进口增幅/%
第 1 类	6 122.15	12 098.18	18 220.33	3.69
第 2 类	19 631.38	46 109.19	65 740.57	0.37
第 3 类	4 694 081.05	4 060 851.52	8 754 932.57	3.54
第 4 类	279 412.10	193 066.29	472 478.40	17.48
第 5 类	52 827 223.93	9 505 935.49	62 333 159.42	0.07
第 6 类	45 118 662.27	28 693 762.33	73 812 424.60	0.88
第 7 类	29 642 369.28	31 703 737.84	61 346 107.12	0.99
第 8 类	160 836.49	204 058.68	364 895.17	4.03
第 9 类	23.01	2.37	25.38	0.06
第 10 类	7 749.00	4 218.70	11 967.70	0.11
第 11 类	928 793.89	618 964.68	1 547 758.57	3.63
第 12 类	2 249.11	1 842.18	4 091.29	6.15

① 虽然第 9 类、第 10 类和第 12 类的贸易创造效应也大于贸易转移效应，但金额太小，忽略不计。后文中处理方式相同，不再重述。

② 虽然第 1 类、第 2 类、第 18 类、第 20 类和第 21 类的贸易创造效应小于贸易转移效应，但金额太小，忽略不计。后文中处理方式相同，不再重述。

续　表

代码	贸易创造/美元	贸易转移/美元	贸易总效应/美元	进口增幅/%
第 13 类	236 916.29	91 250.45	328 166.74	8.28
第 14 类	589 817.40	365 752.15	955 569.55	0.91
第 15 类	947 330.04	1 056 074.32	2 003 404.36	0.33
第 16 类	176 214.52	226 336.42	402 550.94	1.69
第 17 类	104 348.32	120 910.52	225 258.84	4.08
第 18 类	9 639.81	15 485.36	25 125.17	0.98
第 19 类	0.00	0.00	0.00	—
第 20 类	2 070.99	3 031.23	5 102.22	3.72
第 21 类	180.38	236.98	417.36	2.51
总计	135 753 671.41	76 923 724.86	212 677 396.28	0.20

注：本节所有模拟结果中数值"0"均代表变化很小或者没有变化，"—"代表由于该类产品进口额为 0，无法进行加权平均计算。本注释仅适用于本节表格。本节中后文处理方式相同，不再重述。

表 6-9　短期情况下海合会的贸易效应

代码	贸易创造/美元	贸易转移/美元	贸易总效应/美元	进口增幅/%
第 1 类	482 086.49	180 598.10	662 684.59	1.14
第 2 类	886 035.52	380 279.80	1 266 315.33	0.27
第 3 类	12 252.69	15 785.76	28 038.45	0.87
第 4 类	1 182 347.44	1 311 418.63	2 493 766.07	0.92
第 5 类	6 160 156.99	2 915 557.31	9 075 714.29	1.32
第 6 类	11 905 019.92	5 750 287.29	17 655 307.20	1.07
第 7 类	13 214 561.36	11 990 778.35	25 205 339.71	0.84
第 8 类	5 149 317.37	2 213 533.36	7 362 850.73	0.67
第 9 类	6 307 040.96	2 176 753.50	8 483 794.46	1.06
第 10 类	5 111 772.13	2 667 039.68	7 778 811.81	1.23
第 11 类	80 073 839.46	21 631 207.42	101 705 046.88	0.93
第 12 类	13 075 967.61	3 555 381.10	16 631 348.71	0.81

续 表

代码	贸易创造/美元	贸易转移/美元	贸易总效应/美元	进口增幅/%
第 13 类	39 507 387. 93	6 128 416. 93	45 635 804. 86	1. 97
第 14 类	2 239 297. 48	1 175 266. 73	3 414 564. 21	1. 53
第 15 类	54 822 387. 62	24 910 857. 45	79 733 245. 08	1. 23
第 16 类	57 944 426. 41	39 324 888. 32	97 269 314. 73	0. 41
第 17 类	29 321 517. 80	7 885 793. 58	37 207 311. 38	1. 45
第 18 类	4 221 542. 20	3 108 904. 06	7 330 446. 26	0. 88
第 19 类	8 573. 96	3 999. 78	12 573. 73	1. 80
第 20 类	21 276 949. 27	12 763 391. 52	34 040 340. 78	0. 67
第 21 类	68 603. 17	79 055. 80	147 658. 96	1. 01
总计	352 971 083. 77	150 169 194. 45	503 140 278. 22	0. 80

(2) 短期情况下关税变化及经济福利效应①

短期模拟结果中中国及海合会关税变化及经济福利效应分别如表 6－10、表 6－11 所示，中国对海合会的加权平均关税率由 2014 年的 0. 86% 下降至 0. 79%，在各类商品中减税超过 1 个百分点的包括第 1 类、第 3 类、第 4 类、第 8 类、第 11 至 13 类、第 17 类、第 20 类和第 21 类②，其中尤以第 4 类、第 8 类以及第 13 类减税幅度较大，为 5. 35%、2. 03%和 2. 05%。短期情况下的关税收入约为 8 亿 3 424 万美元，较 2014 年关税收入减少约 7 636 万美元，减少的来源主要是第 5 类、第 6 类和第 7 类，分别达到约 1 115 万、3 304 万和 2 750 万美元，其他类别商品虽均有一定数额的减少，但是都在 300 万美元以内。这与中国从海合会进口商品重点在第 5 类、第 6 类和第 7 类存在直接联系。而与关税收入下降相对应的是经济福利的上升，上升幅度最大的也是第 5 类、第 6 类和第 7 类，分别约为 206 万、256 万和 122 万美元，其他类别商品上升额度均未超过 50 万美元。

① 福利变化指进口国在关税削减之前和之后两种状态下净福利的增加。
② 第 21 类关税减少 0. 99 个百分点，近似于 1 个百分点。

表 6－10　短期情况下中国的关税率、关税收入及经济福利变化

代码	新加权平均关税率/%	新关税收入/美元	关税收入变化/美元	经济福利变化/美元	经济总效应/美元
第 1 类	8.42	43 074.71	—7 157.83	339.00	—6 818.83
第 2 类	0.97	172 328.90	—42 442.25	1 836.00	—40 606.25
第 3 类	7.63	19 552 896.95	—2 731 165.85	417 998.00	—2 313 167.85
第 4 类	13.83	439 185.05	—79 387.75	63 924.00	—15 463.75
第 5 类	0.17	152 063 527.48	—11 153 514.72	2 057 392.00	—9 096 122.72
第 6 类	4.14	351 181 566.64	—33 035 407.15	2 557 521.00	—30 477 886.15
第 7 类	4.65	292 643 705.33	—27 500 632.18	1 215 340.00	—26 285 292.18
第 8 类	9.02	848 512.86	—151 004.41	12 259.00	—138 745.41
第 9 类	0.05	20.39	—0.67	1.00	0.33
第 10 类	0.22	23 206.03	—2 271.76	542.00	—1 729.76
第 11 类	6.98	3 083 472.88	—396 697.05	92 622.00	—304 075.05
第 12 类	9.09	6 411.81	—946.16	236.00	—710.16
第 13 类	9.33	400 063.73	—50 640.83	36 612.00	—14 028.83
第 14 类	3.19	3 376 355.71	—222 687.88	26 634.00	—196 053.88
第 15 类	1.41	8 693 261.34	—765 012.16	48 841.00	—716 171.16
第 16 类	4.63	1 121 932.66	—137 133.27	12 542.00	—124 591.27
第 17 类	8.19	470 245.27	—71 021.53	9 973.00	—61 048.53
第 18 类	4.32	112 133.80	—9 736.57	469.00	—9 267.57
第 19 类	—	0.00	0.00	0.00	0.00
第 20 类	5.05	7 170.51	—1 656.19	251.00	—1 405.19
第 21 类	6.20	1 057.16	—139.61	15.00	—124.61
总计	0.79	834 240 129.21	—76 358 655.85	6 555 347.00	—69 803 308.85

注：经济总效应＝关税收入变化＋经济福利变化。此定义仅适用于本节分析。本节后续表格处理方式相同，不再重述。

表 6-11　短期情况下海合会的关税率、关税收入及经济福利变化

代码	新加权平均关税率/%	新关税收入/美元	关税收入变化/美元	经济福利变化/美元	经济总效应/美元
第1类	3.75	2 209 985.64	−187 851.42	22 129.00	−165 722.424 5
第2类	2.15	10 184 725.24	−929 269.74	38 947.00	−890 322.741 1
第3类	4.55	147 404.71	−13 338.53	429.00	−12 909.532 75
第4类	4.49	12 339 591.88	−1 105 325.61	50 308.00	−1 055 017.608
第5类	4.55	31 584 365.77	−2 704 647.39	254 453.00	−2 450 194.386
第6类	4.27	71 114 149.51	−6 228 641.77	556 591.00	−5 672 050.767
第7类	4.55	137 496 422.13	−12 489 360.11	602 986.00	−11 886 374.11
第8类	4.55	50 079 105.35	−4 639 762.49	248 889.00	−4 390 873.492
第9类	4.53	36 744 301.20	−3 250 236.36	293 623.00	−2 956 613.358
第10类	4.45	28 569 964.04	−2 457 702.07	214 965.00	−2 242 737.07
第11类	4.55	502 550 400.88	−45 169 732.45	3 819 263.00	−41 350 469.45
第12类	4.55	94 440 226.73	−8 612 444.84	625 173.00	−7 987 271.844
第13类	4.54	107 194 365.86	−8 426 631.96	1 809 066.00	−6 617 565.963
第14类	4.55	10 295 762.81	−858 846.94	104 638.00	−754 208.935 9
第15类	4.55	299 469 291.27	−25 960 233.96	2 386 738.00	−23 573 495.96
第16类	1.91	459 165 856.51	−40 185 797.56	2 706 709.00	−37 479 088.56
第17类	3.23	83 996 751.15	−6 539 300.29	1 359 584.00	−5 179 716.29
第18类	4.11	34 576 380.21	−3 068 758.78	202 207.00	−2 866 551.776
第19类	4.55	32 393.95	−2 610.70	427.00	−2 183.704 313
第20类	4.55	232 757 353.33	−21 573 692.68	987 013.00	−20 586 679.68
第21类	4.55	669 287.83	−59 545.76	3 204.00	−56 341.761 29
总计	3.46	2 205 618 086.00	−194 463 731.41	16 287 342.00	−178 176 389.4

海合会对中国的加权平均关税率由 2014 年的 3.80%下降至 3.46%，在各类商品中减税幅度较小且比较均衡，基本都在 0.1%至 0.5%之间(除了第

1类为0.36%、第2类为0.20%、第16类为0.18%和第17类为0.30%以外,其余类别商品均在0.45%左右)。短期情况下的关税收入约为22亿562万美元,较2014年关税收入减少约1亿9 446万美元,减少的来源主要是第7类(关税收入减少约1 249万美元)、第11类(关税收入减少约4 517万美元)、第15类(关税收入减少约2 596万美元)、第16类(关税收入减少约4 019万美元)和第20类(关税收入减少约2 157万美元)。特别值得注意的是,第6类的关税收入减少也达到了约623万美元。这说明海合会在向中国大量出口第6类和第7类商品的同时,也在从中国进口这两大类商品,直接反映出中国在这两大领域制造能力的提升。此外,其余各类商品均有相当数额的减少,与中国关税收入变化较为集中在少数几类商品的情况相比,海合会在短期情况下关税收入减少额度在各类商品中分布较为均匀,这与海合会从中国进口的商品种类较为丰富存在直接关系。在经济福利方面,经济福利总计增加约1 629万美元,其中上升幅度较大的是第11类约382万和第13类约181万,第15类约239万,第16类约271万和第17类约136万美元,其他类别商品上升额度均未超过100万美元。

从模拟结果中可以看到,关税削减对中海自贸区主要产生两方面影响:一个是导致关税收入下降,另一个是使得经济福利有所上升。从短期模拟情况来看,几乎所有商品的第二种变化要比第一种变化小得多。在中国短期模拟结果中,只有第9类的经济总效应为正数(由于数额仅为0.33美元,几乎可以忽略不计),其他类别商品的关税收入效应与经济福利效应之和均为负数。在海合会的短期模拟结果中,所有类别商品的经济总效应均为负数,即第二种变化都要小于第一种变化。这充分说明了,在推进中国与海合会建立自贸区的过程中,双方在经济方面将承受较大压力,关税收入损失较大,在未来发展过程中可能遭遇不小的阻碍。

3. 中海自贸区中期情况下模拟结果分析

(1) 中期情况下贸易效应分析

表6-12、表6-13列出了中期模拟结果的贸易效应结果:中国获得了

约 2 亿 9 565 万美元的贸易创造效应，贸易转移约为 1 亿 6 624 万美元；海合会则获得了约 7 亿 7 666 万美元的贸易创造效应，贸易转移效应约为 3 亿 3 050 万美元。海合会从中海自贸区中期情况中获取的贸易创造效应和贸易转移效应都是中国的 2 倍以上。在具体类别上，在中国的贸易效应中，贸易创造效应比贸易转移效应大的类别主要是第 3 至 6 类、第 11 类、第 13 类和第 14 类，其中第 5 类和第 6 类超出数额最大，分别约为 9 592 万和 3 581 万美元。贸易转移效应比贸易创造效应大的类别主要是第 1 类、第 2 类、第 7 类、第 8 类和第 15 至 18 类，其中第 7 类超出数额最大，近 458 万美元。在海合会的贸易效应中，除了第 3 类、第 4 类和第 21 类贸易转移效应大于贸易创造效应以外，其余类别都是贸易创造效应大于贸易转移效应，超出数额较大的是第 6 类（约 1 354 万美元[①]）、第 11 类（约 1 亿 2 858 万）、第 12 类（约 2 095 万）、第 13 类（约 7 343 万）、第 15 类（约 6 580 万）、第 16 类（约 4 096 万）、第 17 类（约 4 716 万）和第 20 类（约 1 874 万）。中国贸易总效应约为 4 亿 6 189 万美元，进口增幅为 0.44%，海合会贸易总效应约为 11 亿 716 万美元，进口增幅为 1.75%。从贸易总效应和进口增幅的结果来看，双方两个数据指标较之短期情况下的数值均有明显提高，由此可看出继续加大减税幅度，中海自贸区将产生更大的贸易效应。

表 6 - 12　中期情况下中国的贸易效应

代码	贸易创造/美元	贸易转移/美元	贸易总效应/美元	进口增幅/%
第 1 类	12 143.15	23 832.29	35 975.44	7.30
第 2 类	36 263.02	85 935.93	122 198.95	0.69
第 3 类	9 550 082.22	8 277 762.35	17 827 844.56	7.20
第 4 类	465 516.17	328 240.98	793 757.15	29.36
第 5 类	116 959 968.49	21 041 237.46	138 001 205.96	0.15
第 6 类	97 442 121.40	61 628 443.84	159 070 565.24	1.89

① 此处数额为贸易创造效应减去贸易转移效应所获得的差额。

续　表

代码	贸易创造/美元	贸易转移/美元	贸易总效应/美元	进口增幅/%
第7类	64 630 587.00	69 209 548.55	133 840 135.55	2.15
第8类	313 785.15	398 954.90	712 740.06	7.88
第9类	51.74	4.99	56.73	0.14
第10类	16 342.96	8 929.35	25 272.31	0.24
第11类	1 825 335.78	1 228 836.50	3 054 172.28	7.17
第12类	4 228.16	3 604.04	7 832.20	11.78
第13类	438 170.80	172 486.95	610 657.75	15.42
第14类	1 297 591.85	802 597.40	2 100 189.25	2.00
第15类	2 056 685.73	2 274 303.18	4 330 988.91	0.71
第16类	367 780.10	468 998.40	836 778.50	3.51
第17类	209 990.91	242 033.23	452 024.15	8.20
第18类	21 154.99	34 133.26	55 288.25	2.15
第19类	0.00	0.00	0.00	—
第20类	3 654.33	5 373.27	9 027.60	6.59
第21类	362.83	479.68	842.51	5.06
总计	295 651 816.78	166 235 736.56	461 887 553.34	0.44

表6-13　中期情况下海合会的贸易效应

代码	贸易创造/美元	贸易转移/美元	贸易总效应/美元	进口增幅/%
第1类	1 060 592.45	397 516.49	1 458 108.94	2.50
第2类	1 951 919.72	838 125.02	2 790 044.74	0.59
第3类	26 955.94	34 735.35	61 691.29	1.92
第4类	2 602 241.36	2 887 044.50	5 489 285.85	2.02
第5类	13 552 358.78	6 415 964.21	19 968 322.99	2.91
第6类	26 191 070.45	12 652 993.00	38 844 063.45	2.36
第7类	29 072 064.11	26 378 459.00	55 450 523.11	1.85
第8类	11 328 509.64	4 868 915.18	16 197 424.83	1.48

续 表

代码	贸易创造/美元	贸易转移/美元	贸易总效应/美元	进口增幅/%
第9类	13 875 503.92	4 790 892.54	18 666 396.47	2.32
第10类	11 249 707.05	5 870 627.57	17 120 334.61	2.70
第11类	176 162 624.99	47 585 849.01	223 748 474.00	2.04
第12类	28 767 158.05	7 818 538.68	36 585 696.72	1.78
第13类	86 918 223.80	13 483 249.23	100 401 473.02	4.34
第14类	4 926 459.61	2 585 724.57	7 512 184.18	3.37
第15类	120 609 372.66	54 810 016.15	175 419 388.81	2.70
第16类	127 589 298.46	86 631 467.61	214 220 766.07	0.90
第17类	64 507 406.62	17 350 920.69	81 858 327.31	3.19
第18类	9 291 059.95	6 848 156.88	16 139 216.83	1.94
第19类	18 862.73	8 801.05	27 663.78	3.95
第20类	46 809 335.50	28 069 864.06	74 879 199.56	1.47
第21类	150 927.12	173 942.32	324 869.45	2.23
总计	776 661 652.92	330 501 803.10	1 107 163 456.01	1.75

(2) 中期情况下关税变化及经济福利效应

表6-14、表6-15列出了中期模拟结果中的关税变化及经济福利效应。中国对海合会的加权平均关税率下降至0.70%，减税幅度超过1%的分类是第1类、第3至4类、第7至8类、第11至13类、第16至17类以及第20至21类，其中尤以第4类和第13类减税幅度较大，减税幅度都超过了4%，分别为9.49%和4.10%。中期情况下的关税收入约为7亿4 203万美元，与2014年关税收入相比共减少约1亿6 857万美元，差额主要源自第5类(约2 505万美元)、第6类(约7 259万美元)和第7类(约6 088万美元)，其他类别商品减少数额都在600万美元以内，影响相对较小。中国从海合会进口的商品主要就是第5类、第6类和第7类。而在经济福利方面，上升幅度最大的同样是第5类、第6类和第7类，分别约为

447 万美元、513 万美元和 260 万美元，其他类别商品上升额度相对较小，均在 90 万美元以内。

表 6 - 14　中期情况下中国的关税率、关税收入及经济福利变化

代码	新加权平均关税率/%	新关税收入/美元	关税收入变化/美元	经济福利变化/美元	经济总效应/美元
第 1 类	6.70	35 431.02	−14 801.52	670.00	−14 131.52
第 2 类	0.74	132 545.08	−82 226.07	3 323.00	−78 903.07
第 3 类	6.21	16 475 494.20	−5 808 568.60	840 465.00	−4 968 103.6
第 4 类	9.69	338 836.38	−179 736.42	104 474.00	−75 262.42
第 5 类	0.15	138 165 586.34	−25 051 455.86	4 469 973.00	−20 581 482.86
第 6 类	3.64	311 625 150.25	−72 591 823.54	5 130 794.00	−67 461 029.54
第 7 类	4.08	259 264 526.12	−60 879 811.39	2 599 682.00	−58 280 129.39
第 8 类	7.07	690 093.10	−309 424.18	23 211.00	−286 213.18
第 9 类	0.05	19.34	−1.72	2.00	0.28
第 10 类	0.20	20 421.79	−5 056.00	1 138.00	−3 918
第 11 类	5.73	2 617 228.47	−862 941.47	178 406.00	−684 535.47
第 12 类	7.13	5 300.65	−2 057.33	445.00	−1 612.33
第 13 类	7.28	332 730.14	−117 974.43	65 560.00	−52 414.43
第 14 类	2.89	3 091 158.32	−507 885.27	55 257.00	−452 628.27
第 15 类	1.26	7 774 817.72	−1 683 455.78	102 498.00	−1 580 957.78
第 16 类	3.91	964 736.95	−294 328.98	25 722.00	−268 606.98
第 17 类	6.57	391 856.65	−149 410.16	20 032.00	−129 378.16
第 18 类	3.82	100 121.30	−21 749.07	1 024.00	−20 725.07
第 19 类	—	0.00	0.00	0.00	0
第 20 类	3.78	5 514.03	−3 312.67	447.00	−2 865.67
第 21 类	5.14	899.00	−297.76	27.00	−270.76
总计	0.70	742 032 466.85	−168 566 318.21	13 623 150.00	−154 943 168.21

表 6-15 中期情况下海合会的关税率、关税收入及经济福利变化

代码	新加权平均关税率/%	新关税收入/美元	关税收入变化/美元	经济福利变化/美元	经济总效应/美元
第1类	3.31	1 976 617.73	−421 219.34	47 592.00	−373 627.34
第2类	1.90	9 051 203.89	−2 062 791.09	82 416.00	−1 980 375.09
第3类	4.00	131 062.25	−29 681.00	924.00	−28 757.00
第4类	3.96	10 982 595.76	−2 462 321.73	108 709.00	−2 353 612.73
第5类	4.00	28 229 943.47	−6 059 069.69	550 787.00	−5 508 282.69
第6类	3.76	63 427 995.56	−13 914 795.72	1 194 393.00	−12 720 402.72
第7类	4.00	122 206 646.73	−27 779 135.52	1 294 539.00	−26 484 596.52
第8类	4.00	44 422 991.27	−10 295 876.57	530 040.00	−9 765 836.57
第9类	3.98	32 742 285.91	−7 252 251.64	624 630.00	−6 627 621.64
第10类	3.92	25 525 560.34	−5 502 105.77	460 582.00	−5 041 523.77
第11类	4.00	447 126 045.65	−100 594 087.68	8 078 503.00	−92 515 584.68
第12类	4.00	83 905 565.11	−19 147 106.47	1 314 533.00	−17 832 573.47
第13类	4.00	96 532 775.64	−19 088 222.18	3 800 842.00	−15 287 380.18
第14类	4.00	9 224 175.16	−1 930 434.58	227 594.00	−1 702 840.58
第15类	4.00	267 360 395.79	−58 069 129.44	5 104 431.00	−52 964 698.44
第16类	1.70	409 674 506.68	−89 677 147.40	5 819 627.00	−83 857 520.40
第17类	2.86	75 703 174.24	−14 832 877.21	2 899 294.00	−11 933 583.21
第18类	3.63	30 802 722.89	−6 842 416.10	433 985.00	−6 408 431.10
第19类	4.00	29 110.27	−5 894.38	937.00	−4 957.38
第20类	4.00	206 460 004.78	−47 871 041.23	2 093 528.00	−45 777 513.23
第21类	4.00	596 061.65	−132 771.94	6 975.00	−125 796.94
总计	3.06	1 966 111 440.75	−433 970 376.67	34 674 861.00	−399 295 515.67

海合会对中国的加权平均关税率下降至 3.06%，各类商品减税幅度较为均衡，范围都在 0.3%至 1%之间(除了第 2 类为 0.45%和第 16 类为

0.39%以外，其余类别商品均在0.50%以上，且多数为近1%)。中期情况下的关税收入约为19亿6 611万美元，较2014年关税收入减少约4亿3 397万美元，主要来自第6至8类(关税收入减少分别约为1 391万、2 778万和1 030万美元)、第11至13类(关税收入减少分别约为1亿零59万、1 915万和1 909万美元)、第15至17类(关税收入减少分别约为5 807万、8 968万和1 483万美元)和第20类(关税收入减少约为4 787万美元)。特别值得注意的是，第11类和第16类的关税收入减少额度较之其他几类都要更大。这说明中国的纺织制品领域和机械器具领域在自贸区建设中期会成为海合会扩大进口的重点，体现出中国在这两大领域所具有的较强竞争力。在中期情况下，海合会关税收入变化在各类商品中均有不同程度的体现，这从侧面反映出中国各类商品在海合会市场上具有较高的占有率。在经济福利变化上，经济福利总计增加约3 467万美元，其中上升幅度较大的分类是第11类约808万、第13类约380万、第15类约510万、第16类约582万，其他类别商品上升额度均未超过300万美元。

从中期模拟结果中我们可以发现，中国与海合会都存在关税收入下降数额进一步扩大以及经济福利效应进一步上升的现象，而关税收入下降幅度又大大超过经济福利上升幅度，导致关税收入效应和经济福利效应的落差进一步拉大。中国经济总效应从约“－6 980万”扩大到“－1亿5 494万”美元。同时，海合会经济总效应从约“－1亿7 818万”扩大到“－3亿9 930万”美元。在中国中期模拟结果中，与短期模拟结果一样，只有第9类的经济总效应为正数(由于数额仅为0.28美元，可以忽略不计)，其他类别商品关税收入效应和经济福利效应之和均是负数；而在海合会中期模拟结果中，所有类别商品的经济总效应均为负数。对中海双方来说，存在一个共性现象：较之短期模拟结果，两者绝对值差距扩大。这说明，随着中国与海合会自贸区进程的深入，双方将不得不面对经济总效应继续下降的压力，阻力存在变大的可能性。

4. 中海自贸区长期情况下模拟结果分析

(1) 长期情况下贸易效应分析

长期情况下中国及海合会模拟结果的贸易效应分别如表 6-16、表 6-17 所示。中国获得的贸易创造效应共计约 14 亿 7 428 万美元,贸易转移效应共计约 8 亿 1 635 万美元,同时海合会获得的贸易创造效应共计约 38 亿 9 181 万美元,贸易转移效应共计约 16 亿 6 137 万美元。海合会在中海自贸区设立长期情况下获得的贸易创造效应约为中国的 2.64 倍,贸易转移效应约为中国的 2.04 倍。

表 6-16 长期情况下中国的贸易效应

代码	贸易创造/美元	贸易转移/美元	贸易总效应/美元	进口增幅/%
第 1 类	36 680.37	69 336.30	106 016.67	21.50
第 2 类	83 685.97	203 798.71	287 484.68	1.62
第 3 类	30 773 698.88	26 904 487.16	57 678 186.04	23.29
第 4 类	860 757.24	651 631.59	1 512 388.83	55.94
第 5 类	633 211 051.46	120 406 352.61	753 617 404.07	0.84
第 6 类	470 977 095.41	309 442 511.95	780 419 607.37	9.28
第 7 类	309 048 475.58	334 241 943.05	643 290 418.63	10.33
第 8 类	868 651.40	1 114 433.39	1 983 084.79	21.92
第 9 类	309.61	30.32	339.92	0.83
第 10 类	63 912.36	35 802.17	99 714.54	0.95
第 11 类	5 440 753.51	3 695 599.53	9 136 353.04	21.44
第 12 类	10 712.86	9 949.42	20 662.28	31.08
第 13 类	1 061 928.51	446 297.90	1 508 226.41	38.07
第 14 类	8 016 607.68	4 891 384.87	12 907 992.56	12.30
第 15 类	11 624 818.55	11 577 275.82	23 202 094.37	3.79
第 16 类	1 434 588.79	1 742 969.07	3 177 557.86	13.34
第 17 类	648 794.52	732 133.69	1 380 928.21	25.04
第 18 类	106 736.87	174 318.59	281 055.47	10.94
第 19 类	0.00	0.00	0.00	—

续　表

代码	贸易创造/美元	贸易转移/美元	贸易总效应/美元	进口增幅/%
第20类	7 636.55	11 385.03	19 021.57	13.88
第21类	1 204.76	1 656.52	2 861.28	17.19
总计	1 474 278 100.88	816 353 297.69	2 290 631 398.58	2.17

表6-17　长期情况下海合会的贸易效应

代码	贸易创造/美元	贸易转移/美元	贸易总效应/美元	进口增幅/%
第1类	5 303 042.06	1 994 692.85	7 297 734.91	12.51
第2类	9 944 383.31	4 286 126.53	14 230 509.85	3.01
第3类	134 779.67	173 844.83	308 624.50	9.60
第4类	13 053 360.35	14 509 988.26	27 563 348.61	10.13
第5类	67 761 794.93	32 145 617.36	99 907 412.28	14.57
第6类	130 955 348.03	63 352 517.20	194 307 865.23	11.78
第7类	145 360 318.84	131 845 552.02	277 205 870.86	9.24
第8类	56 642 546.77	24 313 832.72	80 956 379.49	7.40
第9类	69 377 518.76	24 030 530.70	93 408 049.46	11.63
第10类	56 398 337.29	29 476 003.14	85 874 340.43	13.54
第11类	880 813 104.73	237 837 584.65	1 118 650 689.38	10.21
第12类	143 835 783.01	38 972 784.33	182 808 567.34	8.87
第13类	434 675 843.00	67 457 731.63	502 133 574.63	21.68
第14类	24 632 297.14	12 926 974.73	37 559 271.86	16.83
第15类	603 046 852.87	274 282 484.86	877 329 337.73	13.48
第16类	645 798 258.74	441 398 773.15	1 087 197 031.89	4.54
第17类	322 537 027.61	86 811 795.03	409 348 822.64	15.96
第18类	46 647 700.23	34 640 892.19	81 288 592.42	9.76
第19类	94 313.63	44 026.26	138 339.89	19.76
第20类	234 046 671.88	139 999 103.49	374 045 775.37	7.35
第21类	754 635.59	870 367.90	1 625 003.49	11.15
总计	3 891 813 918.44	1 661 371 223.84	5 553 185 142.28	8.79

从长期来看，在中国贸易效应里，贸易创造效应大于贸易转移效应的类别包括第 3 至 6 类和第 9 至 15 类，其中第 5 类和第 6 类超出分别达到惊人的约 5 亿 1 280 万和 1 亿 6 153 万美元，较之中期情况下的约 9 592 万和 3 581 万美元，扩大了约 5.35 倍和 4.51 倍。贸易转移效应超过贸易创造效应的类别包括第 1 至 2 类、第 7 至 8 类、第 16 至 18 类和第 20 至 21 类，其中第 7 类差额近 2 519 万美元，较之中期情况下的约 458 万，扩大了近 5.5 倍。这说明，未来随着中国对海合会关税水平降至 0，一方面中国将直接从海合会进口更多的化工相关制品，另一方面还将把原来从其他国家进口的塑料及橡胶制品额度更多地转移到从海合会进口。海合会长期贸易效应中，贸易创造效应超出贸易转移效应类别包括第 1 类、第 2 类和第 5 至 20 类，其中差额达到 1 亿美元以上的有第 11 类超出约 6 亿 4 298 万、第 12 类超出约 1 亿零 486 万、第 13 类超出约 3 亿 6 722 万、第 15 类超出约 3 亿 2 876 万、第 16 类超出约 2 亿零 440 万和第 17 类超出约 2 亿 3 573 万。而贸易转移效应超过贸易创造效应的类别仅包括第 3 类、第 4 类和第 21 类，超出额度分别约为 4 万、146 万和 12 万美元（由于数值相对较小，可以视作贸易转移效应基本上等于贸易创造效应）。在进口增幅方面，中国进口增长率超过 20%的类别包括第 1 类、第 3 类、第 4 类、第 8 类、第 11 至 13 类和第 17 类，其中最高增长率是第 4 类的 55.94%。海合会进口增长率超过 10%类别包括第 1 类、第 4 至 6 类、第 9 至 11 类、第 13 至 15 类、第 17 类、第 19 类和第 21 类，其中最高增长率是第 13 类的 21.68%。

中国贸易总效应约为 22 亿 9 063 万美元，进口增幅总计为 2.17%，海合会贸易总效应约为 55 亿 5 319 万美元，进口增幅为 8.79%。较之短期情况和中期情况，长期情况下的双方贸易总效应和进口增长率均呈现出大幅增长的结果。从中可以看出，中国和海合会要想在中海自贸区的发展中获取显著收益，必须下决心将关税削减措施深入贯彻，向完全的贸易自由化迈进。

(2) 长期情况下关税变化及经济福利效应

长期情况下中国及海合会模拟结果关税变化及经济福利效应分别如表

6－18、表6－19所示。中国对海合会的加权平均关税率下降至0，减税幅度超过10％的类别包括第1类、第4类、第8类、第12类和第13类。其中，关税降幅最大的是第4类，达到19.18％。由于长期情况下中国关税率都降为0，关税收入将全部降为0，较之2014年的关税收入约9亿1 060万美元，损失不小。其中最大部分的损失来自第5类、第6类和第7类，原先2014年关税收入的主要类别现在倒过来成为损失最大的部分。值得注意的是，放开第6类和第7类的关税，是否会在一定程度上对石化产业造成冲击，还需认真评估。如果不涉及产业安全问题，虽然存在一定程度的关税损失，贸易自由化总体上依旧有利于增进自贸区内各成员国的整体福利。同时可以看到，中国关税减免的总额小于海合会关税减免的总额，对中国出口企业更为有利。在经济福利方面，伴随着关税削减，第5类、第6类和第7类在各类商品中获取最大经济福利，分别约为2 100万、1 717万和1 063万美元，上升额度较之其他类别商品拉开了较大差距，与短期情况和中期情况相比，在数值上也表现出一种明显的飞跃。

表6－18　长期情况下中国的关税率、关税收入及经济福利变化

代码	新加权平均关税率/％	新关税收入/美元	关税收入变化/美元	经济福利变化/美元	经济总效应/美元
第1类	0.00	0.00	－50 232.54	2 016.00	－48 216.54
第2类	0.00	0.00	－214 771.15	7 243.00	－207 528.15
第3类	0.00	0.00	－22 284 062.80	2 545 257.00	－19 738 805.80
第4类	0.00	0.00	－518 572.80	184 421.00	－334 151.80
第5类	0.00	0.00	－163 217 042.20	20 997 051.00	－142 219 991.20
第6类	0.00	0.00	－384 216 973.79	17 166 190.00	－367 050 783.80
第7类	0.00	0.00	－320 144 337.51	10 626 918.00	－309 517 419.50
第8类	0.00	0.00	－999 517.27	56 532.00	－942 985.27
第9类	0.00	0.00	－21.06	10.00	－11.06
第10类	0.00	0.00	－25 477.79	4 349.00	－21 128.79

续 表

代码	新加权平均关税率/%	新关税收入/美元	关税收入变化/美元	经济福利变化/美元	经济总效应/美元
第11类	0.00	0.00	−3 480 169.94	475 341.00	−3 004 828.94
第12类	0.00	0.00	−7 357.97	1 127.00	−6 230.97
第13类	0.00	0.00	−450 704.57	139 047.00	−311 657.57
第14类	0.00	0.00	−3 599 043.59	272 693.00	−3 326 350.59
第15类	0.00	0.00	−9 458 273.50	427 862.00	−9 030 411.50
第16类	0.00	0.00	−1 259 065.93	91 249.00	−1 167 816.93
第17类	0.00	0.00	−541 266.81	61 395.00	−479 871.81
第18类	0.00	0.00	−121 870.37	5 007.00	−116 863.37
第19类	—	0.00	0.00	0.00	0.00
第20类	0.00	0.00	−8 826.70	927.00	−7 899.70
第21类	0.00	0.00	−1 196.77	74.00	−1 122.77
总计	0.00	0.00	−910 598 785.06	53 064 709.00	−857 534 076.06

表 6-19　长期情况下海合会的关税率、关税收入及经济福利变化

代码	新加权平均关税率/%	新关税收入/美元	关税收入变化/美元	经济福利变化/美元	经济总效应/美元
第1类	0.00	0.00	−2 397 837.06	193 525.00	−2 204 312.06
第2类	0.00	0.00	−11 113 994.98	287 649.00	−10 826 345.98
第3类	0.00	0.00	−160 743.25	3 849.00	−156 894.25
第4类	0.00	0.00	−13 444 917.49	467 474.00	−12 977 443.49
第5类	0.00	0.00	−34 289 013.15	2 396 989.00	−31 892 024.15
第6类	0.00	0.00	−77 342 791.28	4 653 990.00	−72 688 801.28
第7类	0.00	0.00	−149 985 782.24	5 229 798.00	−144 755 984.20
第8类	0.00	0.00	−54 718 867.84	1 979 979.00	−52 738 888.84
第9类	0.00	0.00	−39 994 537.56	2 297 718.00	−37 696 819.56
第10类	0.00	0.00	−31 027 666.11	1 805 383.00	−29 222 283.11

续　表

代码	新加权平均关税率/%	新关税收入/美元	关税收入变化/美元	经济福利变化/美元	经济总效应/美元
第11类	0.00	0.00	−547 720 133.33	27 747 962.00	−519 972 171.30
第12类	0.00	0.00	−103 052 671.57	4 232 510.00	−98 820 161.57
第13类	0.00	0.00	−115 620 997.82	11 911 779.00	−103 709 218.80
第14类	0.00	0.00	−11 154 609.74	1 034 305.00	−10 120 304.74
第15类	0.00	0.00	−325 429 525.22	19 590 159.00	−305 839 366.20
第16类	0.00	0.00	−499 351 654.07	23 771 943.00	−475 579 711.10
第17类	0.00	0.00	−90 536 051.44	10 322 964.00	−80 213 087.44
第18类	0.00	0.00	−37 645 138.99	1 755 345.00	−35 889 793.99
第19类	0.00	0.00	−35 004.65	4 610.00	−30 394.65
第20类	0.00	0.00	−254 331 046.01	7 509 157.00	−246 821 889.00
第21类	0.00	0.00	−728 833.59	31 871.00	−696 962.59
总计	0.00	0.00	−2 400 081 817.42	127 228 959.00	−2 272 852 858.42

海合会对中国的加权平均关税率下降至0，减税幅度达到5%的类别包括第3类、第5类、第7至8类、第11至12类、第15类和第19至21类，而其他类别的减税幅度在2%至5%之间。只有第2类(2.35%)、第16类(2.09%)和第17类(3.53%)的减税幅度略微偏小，这和其本身的关税率较低有关。由于长期情况下关税收入为0，较2014年关税收入直接减少约24亿美元。关税收入减少超过1亿美元的类别包括第7类(约1亿4 999万)、第11类(约5亿4 772万)、第12类(约1亿零305万)、第13类(约1亿1 562万)、第15类(约3亿2 543万)、第16类(约4亿9 935万)和第20类(约2亿5 433万)。其余类别的损失多数都在千万级别以上。这充分说明了海合会从中国进口的商品类别较多，而且都具有一定规模，一旦关税率降为0，原有关税收入将全部减免，由此带来的冲击不小。通过比较可以看出，关税收入损失对海合会的负面影响较之中国要来得更大。其中，第11类、第

15 类和第 16 类等三大类别商品的损失约为 5 亿 4 772 万、3 亿 2 543 万和 4 亿 9 935 万美元，共占到总损失的 57%左右。这不仅说明中国在劳动密集型产品方面具有压倒性的国际竞争优势，而且表明中国在机械制造领域全球价值链中已经占据了重要地位。长期情况下，中国各类商品在海合会市场中将更加受到欢迎，其市场占有率将在原有基础上进一步攀升。在经济福利变化上，经济福利总计将增加 1 亿 2 723 万美元，获取经济福利超过千万级别的类别包括第 11 类(约 2 775 万美元)、第 13 类(约 1 191 万美元)、第 15 类(约 1 959 万美元)、第 16 类(约 2 377 万美元)和第 17 类(约 1 032 万美元)。其他类别商品经济福利上升数额则相对较小，多数都在百万级别。

从长期模拟结果中我们可以看到，中海自贸区成员国将关税削减至 0 以后，双方关税收入大幅下降至 0，这将对实现区内自由贸易构成较大阻力。同时，自贸区内参与双方会获取数额较大的福利增长，其中最主要的将来自消费者剩余的增长，自贸区内的居民将获得大量实质性收益。未来，如果双方能在自贸区内缩短实现 0 关税的时间，中国与海合会的贸易往来将在短期内迎来井喷。这对实现中国"一带一路"倡议具有重要的引领示范作用，并且将对世界贸易格局产生深刻影响。从这种层面上来说，虽然经济福利增长较之关税收入的损失来说明显更小(这反映在经济总效应数值为负值上)，但是中国和海合会能够获取更多的动态效应和非传统收益。中国和海合会都已经意识到了相互加强经济联系的重要性，在此基础之上，动态效应和非传统收益将成为推动中海自贸区克服阻力、持续向前发展的关键力量之一。

6.3 中海自贸区的动态效应

中海自贸区的建立除了将产生静态效应以外，同时还将产生动态效应。金德尔伯格和林德特(Lindert)在其著作中将自由贸易区动态效应的类别分为投资效应、竞争效应和规模经济效应。[①] 本节将在此基础上，参考其他学者的研究成果，增加经济增长效应一项，把这四种类型作为中海自贸区动态效应的重要组成部分予以阐述。

6.3.1　中海自贸区投资效应

由于建立自由贸易区改变了投资回报率相对价格，这将对投资者的决策产生较大影响，导致对成员国与非成员国的外国投资流量及流向都发生动态效应。为了具体阐述这种效应，金德尔伯格第一个提出了两个新定义：投资创造和投资转移。[②] 投资效应具体表现在两个方面：一是自贸区内成员国之间的资本流动，二是自贸区外非成员国对自贸区内成员国的资本流动。投资创造是由于出现贸易转移而产生，对于关税水平较高的国家或地区来说，自贸区成立以后带来的贸易转移效应较大，为了减少损失将不得不调整原先的投资决策，因此区内成员国之间的投资和区外对区内的直接投资将会增加。投资转移是指自贸区建立以后，基于优化资源配置的出发点，企业将对自身的生产部门进行重组，这就会使得投资在自贸区成员国之间进行转移。为充分阐述投资效应，下面将从四个角度进行阐述。

1. 区内成员国之间的投资创造

中海自贸区建立后，资本、技术和自然人等各类要素将在自贸区内实现更大程度上的自由流动，从而推动中海双方加大各自市场的开放力度，逐渐消除以往阻碍投资的因素，理顺项目投资运作制度，减少不合理的管制措施，有助于提升中海双方之间的投资力度，不断扩大投资规模，在区内实现投资创造。尽管当前双方相互投资的水平还相对较低，在各自对外投资总额中所占比重不大，但是自由贸易协定的最终签订将为中海搭建全新的投资合作平台，双边投资流量和存量都将得到提升。对中国来说，从宏观层面

① KINDLEBERGER C P, LINDERT P H. International economics[M]. Chicago: Irwin Professional Publishing, 1978.

② KINDLEBERGER C P. European integration and the international corporation[J]. The Columbia journal of world business, 1966,1(1): 65 - 73.

看,在实施"一带一路"倡议的大背景下,中国对海合会的投资有望实现新突破,双方在基础设施、航空航天和新能源等领域存在广泛的合作空间,投资潜力十分巨大。从微观层面看,随着国内产能过剩,中国企业走向全球市场成为大势所趋,众多企业已经将投资眼光放到了富裕的海合会国家,将其作为优先投资的重要对象。对海合会来说,其成员国一方面要想更多地分享中国经济高速增长的发展红利,就应该在实体行业和金融项目方面积极投资中国市场,抓住历史性契机;另一方面,其成员国将国家的巨额财富投资到中国,可以摆脱在投资领域过度依赖欧美发达国家的现状,实现投资目的地的多元化,有效降低风险系数,实现更大财富价值的创造。相信随着亚洲基础设施投资银行(AIIB)、丝路基金等机制建设的不断完善,中海自贸区内的投资创造将迎来高峰。

2. 区外对区内的投资创造

中海自贸区一旦成功建立,双方大部分产品都将分阶段削减关税,这将使得自贸区以外的非成员国产品在进入自贸区成员国市场时处于竞争劣势。出于保持竞争力的出发点,部分非中海自贸区成员国的跨国公司会增加在中国和海合会的投资,通过在成员国建立企业来享受国民待遇福利,维持其产品在中海自贸区内的竞争水平,避免市场份额的缩减及丧失。换一个角度来看,中海自贸区建立以后,区域市场的地理空间和体量将得到极大的扩张,将为成员国的企业创造出规模经济效应和范围经济效应。此外,中国和海合会具有良好的经济条件,企业的生产能力和居民的购买力同样极具诱惑,必定会引起非自贸区成员国跨国公司的高度重视和浓厚兴趣。看到中海自贸区统一起来的大市场以后,为获得更高的利润,部分非成员国的跨国公司会增加在自贸区内成员国的投资,不断增加其市场份额。不管是从市场防御的角度还是从市场进攻的角度来看,非成员国的跨国公司都有相当充分的理由和动机增加从区外向区内的投资活动,从而进一步扩大资本流量。

3. 区内对区内的投资转移

自由贸易区的设立代表着统一市场在空间上的扩张和层次上的提升,

这将带来区内投资布局的调整，即如果外国投资数额在区内一个成员国有所增加，很有可能就意味着在另一个成员国有相应减少。以往，中国作为全球投资最具吸引力的目的地之一，其吸收的外资数额远远超过海合会。随着中国逐渐成长为世界贸易大国，其高速的经济增长促使其对于能源的需求大幅上升，使得中国不断扩大对海合会的投资。这种内在的投资动力将重新塑造中海双方在自贸区内的整个投资布局。在中海自贸区建立以后，先前已经在区内成员国投资的跨国公司将利用规模经济效应和范围经济效应带来的专业化分工需求，对其在自贸区内的生产布局进行调整和优化。随着中海自贸区内各个成员国之间的区位优势发生变化，区位优势相对较好的成员国将获得更多的投资转入机会；而区位优势相对较差的成员国将不得不面对投资转出的严峻挑战。虽然在吸引外资方面，由于经济结构的差异，中国与海合会之间的竞争性并不强，但是随着中国要素成本的提高，外资企业已经开始向周边国家或地区转移生产线，如果在“一带一路”倡议下利用好自贸区带来的机遇，海合会在吸引部分行业投资转移等方面将具有不可比拟的先发优势。同时，一旦中国在中海自贸区内开放石化产业，在海合会投资成功的跨国企业将很可能把部分石化生产线直接转移到中国，争夺中国市场份额。

4. 区外对区内的投资转移

吸引外资成为设立自贸区的重要目标之一。在自由贸易区优越条件的吸引下，跨国企业将把自贸区以外国家或地区的投资转移到自贸区以内，表现为自贸区内成员国吸引外资增加，自贸区外其他国家或地区吸引外资相应减少。中海自贸区的建立，一方面将使得中国与海合会整合为一个大市场，双方在全球经济体系中的地位也将得到显著提升。另一方面，通过自贸区制度建设，中海自贸区的投资自由化与便利化条款将向国际一流标准看齐，不断减少业绩要求和技术转移要求等规定，充分保障投资权益，用良好的市场环境吸引更多外资转入。再从全球角度来看，考虑到如今较为严峻的世界经济总体形势，发达国家经济复苏较为迟缓，对全球经济的贡献率较低，而新兴经济体开始肩负更大责任，贡献率不断提高，再加上中海自贸区内各个成员国普遍具备良好的经济基础，其吸引区外向区内投资转移的潜力十分可观。

6.3.2 中海自贸区经济增长效应

在第二章中，本书已经对经济增长效应做了初步阐述。本节将在此基础上对中海自贸区的经济增长效应做如下几方面阐述。

1. 中海自贸区将加快知识外溢

技术是推动经济长期增长的核心要素，而技术进步则有赖于知识外溢产生的影响。中海自贸区的设立，将在区内实现规模经济，一方面有利于吸引区外投资，提升贸易水平，这些经贸活动将为成员国带来更多的知识外溢；另一方面则意味着区内竞争的加剧，在资源优化配置的同时，将更多资源引向研发部门，有利于提高区内研发效率，推动整体创新发展，加快成员国企业的技术进步。由于中国与海合会成员国同属发展中国家，技术推动经济增长的动力较为充足，效果显现较为迅速。未来，技术将在自贸区内更加自由地扩散，技术应用也能在区内实现规模效应，成为促进经济持续增长的动力。相对于发达国家，发展中国家的研发部门普遍处于规模报酬递增阶段，正在不断加大研发投入，享受知识外溢带来的生产力提升。中海自贸区建立后，商品和资本市场的一体化水平将再上一个层次，为自贸区内企业利用国际知识存量创造条件，吸纳更多知识用于新产品的研发与生产。中海自贸区内知识存量的增加将加快研发部门的生产效率，帮助双方企业生产出更多的资本技术密集型产品，在国际市场上寻找新的贸易出口突破点。

2. 中海自贸区将提升人力资本

中海自贸区建成以后，在规模经济效应的作用下，自贸区内的分工体系将得以深化，这对人力资源提出了高要求，同时也将加速自贸区内外资源持续流向人力资源部门，产生集聚效应，从而促进人力资本积累，提升其整体水平。自贸区的建立将释放“自然人流动”空间，一方面，中海双方可以通过推进高层次人才的交流和互动，提高人力资本水平；另一方面，由于中海双方人力资源禀赋存在较大差异，将导致人力资本在成员国之间的重新分配。这将为劳动力在区内的自由流动创造条件，中国的务工人员有望更加便捷地参与海合会的经济建设。从中海双方的人力资本存量角度来看，中国的人力资本存量较高，在自贸区机制引导下将不断流入海合会，推动双方的长期经济增长率趋同。这将对海合会逐步摆脱当前较为单一的经济结构，实现经济的跨越式发展起到重要作用。从人力资本的工资水平来看，由于企业享受到规模经济效应，更大的市场需求将带来更多的利润，促使人力资本的工资水平提高，从而能吸引尖端人才的集聚。在自贸区外，来自其他地区的非成员国的人力资本将加速流入区内各个行业及其相关领域；在自贸区内，来自生产部门或其他领域的人力资本将加速流入研发部门，以提高生产效率并追求更好的福利待遇。

3. 中海自贸区将完善制度建设

自贸区建设可以完善中海双方的制度体系，为经济增长提供动力。一个相对完善的经济管理制度体系，一方面可以降低经济层面的不确定性，营造更好的经济环境，促进资本流动的有序顺畅；另一方面，在相同的投入条件下，可以降低投资成本或提高投资收益，实现更大的产出。对中国来说，经济改革已经深入制度建设层面，面临的挑战空前严峻，因而不仅要通过自由贸易试验区(Free Trade Zone，FTZ)的制度安排，总结改革经验并推广到全国范围，还要通过类似中海自贸区这样的实践，按照国际高标准贸易投资要求设计自由贸易区规则，在不断融入全球经济的过程中倒逼国内制度改革，释放经济增长潜力。对海合会来说，天然的资源优势为其带来了巨额财富，但是其制度建设一直稍显滞后，整个经济管理体系都较为落后，与世界经济一体化发展的前沿标准依然存在较为明显的差距，未来值得改善的空间很大。依据中海双方制度建设的现状我们可以判断，通过中海自贸区完善贸易相关制度建设，能够有效降低交易成本，吸引更多产业在区内集聚，激发成员国经济活力。

6.3.3 中海自贸区的其他动态效应

除了上述已经阐述的投资效应和经济增长效应以外，中海自贸区的其他动态效应还包括竞争效应和规模经济效应。

1. 中海自贸区竞争效应

建设中海自贸区，将较为显著地提升区内竞争水平和激烈程度。未来，中海自贸区内的大部分产品将大幅削减关税，实现充分的自由贸易。来自成员国的跨国企业不得不面临残酷的市场竞争，因而需要进一步优化资源配置，完善分工体系，有效提高生产效率，塑造更加强劲的竞争力。从中国与海合会的经济发展现状来看，双方经济结构互补性较强，其竞争效应更多地体现在石化产业等少数几个领域。中海自贸区的建立，将能够在一定程度上通过引进外部竞争对手，加快以开放倒逼改革的整体战略布局，有助于中国石化企业在竞争环境中全面提升运营效率，打造在全球真正具有一定竞争力的产业。

2. 中海自贸区规模经济效应

在生产力水平高度发达的今天，众多产品的生产都具有规模经济特点，企业要扩大生产规模就必须先确定拥有一个相对规模的市场。自由贸易区的建立能够跨越单个成员国的市场边界，将各个成员国单独的内部市场整合为一个统一的市场，推动企业产品市场规模的向外扩展，这将帮助部分处于规模报酬递增阶段的企业获得更大的生产空间，提高生产运营效率，显著降低成本，较好地享受规模经济带来的收益。同时，来自成员国的企业将发挥优势，在中海自贸区内深化产业和产品的专业化分工，形成更高层次的专业分工体系，这也有助于生产者在某一个具体分工领域内实现专业化生产的规模经济效应，增加向区外出口的能力。

中国与海合会建立自由贸易区以后，一方面，区内具有竞争优势的产品份额会得到提升，生产这些产品的跨国公司会因为产量的不断增加而降低边际成本;另一方面,区内市场容量将显著上升,庞大的人口基数为挖掘市场消费潜力创造了条件。鉴于双方的经济发展水平高于一般的发展中国家,成员国内部已经形成了较为稳定的中高端消费群体,充裕的市场需求将为跨国企业生产及销售产品提供优质的营销环境。

6.4 建立中海自贸区创造的非传统收益

中海自贸区的谈判正在紧锣密鼓地进行,在朝着建立自由贸易区的方向上,中海双方都表达出必胜的决心。从上文的模型分析中我们可以看到,中海自贸区具有贸易潜力,贸易总效应将得到有效提高,中海双方能够在各自具有竞争优势的行业和产品领域扩大贸易规模,但是随着关税的削减,福利总效应呈下降趋势。在这种情况下,仅仅从贸易创造效应、贸易转移效应、福利水平变化、经济增长和投资促进等传统方面来研究中海自贸区的贸易效应并不全面,也难以推动中海自贸区的成功建立,我们必须从更全面的角度来看待自由贸易区的收益。非传统收益是中海双方在传统收益之外考虑的重点,必然成为建立中海自贸区的核心利益之一。

本节将基于新区域主义理论,从保持双方政策的连贯性、向世界发出信号、增加双方在国际谈判中的筹码、为成员国提供"保险"、建立协调一致机制和改善中海双方安全等角度出发,深入探讨中海自贸区的非传统收益。

1. 保持双方政策的连贯性

在全球经济一体化的发展进程中,中国与海合会既是自由贸易主义的倡导者和拥护者,又是国际贸易发展红利的获得者。由于发展中国家和发达国家的立场始终难以调和,多边贸易体系发展遇到了前所未有的困难,而区域贸易合作发展成为国际贸易自由化的新潮流。为向世界表达实施自由贸易主义政策的决心,双方有必要开展广泛的区域贸易合作,以回应贸易保护主义的重新抬头。中国与海合会之间直接建立自由贸易区，毫无疑问将成为双方倡导自由贸易主义的实质性举措，推动世界贸易体系稳步向前发展。

中海自贸区的建设还可以保持双方改革政策的延续性，加快实施国内各项改革措施。对中国来说，国内改革已经进入深水区，中海自贸区的建设可以表达中国坚定推进改革政策的决心，对于全面深化改革开放具有重要意义。对海合会来说，过度依赖石油和石化产品的经济结构正展现出越来越大的弊端，中海自贸区的建设可以成为海合会成员国推进内部经济体系改革、加强制度建设的有效途径。

2. 向世界发出信号

中海自贸区的建立将向世界发出诸多信号，有利于世界更好地了解两大经济体，提升各国开展经贸合作的意愿。其一，扩大"一带一路"的影响力。中国是"一带一路"的倡导者，海合会是"一带一路"的重要枢纽，双方成立自贸区，将辐射"一带一路"沿线国家，并释放强烈的合作信号，增强各国共同参与的信心。其二，伴随着中国的发展与崛起，周边地区不少国家心存疑虑，担心威胁到自身的国家安全，挤压其发展空间。中海自贸区的建立将向这些国家发出信号，中国愿意与周边国家分享经济发展带来的各种机遇，形成互利共赢的繁荣局面。其三，由于多哈回合贸易谈判的止步不前，发展中国家被视为对于推动高标准规则谈判缺乏动力。中海自贸区的建设若尝试纳入部分"21世纪议题"，将向整个世界发出重要信号：发展中国家在立足自身实际发展情况的前提下，同样对推动国际贸易投资规则体系的改革充满动力。

3. 增加双方在国际谈判中的筹码

中海自贸区的建立将显著增加双方在国际谈判中的筹码，自由贸易协定将凝聚成员国的力量，提升成员国针对第三方的谈判地位，从而惠及全体成员。众所周知，经济规模是影响贸易规则的关键因素之一，发达国家正是依靠强大的经济实力在国际事务中一直牢牢占据主导地位，推行符合自身价值观的规则和模式，而发展中国家基本处于被动接受的地位。虽然中海双方都是经济实力较强的发展中国家，但是双方都被美国排除在新一轮国际贸易投资规则谈判以外，中海自贸区的建立将有效加大对新规则的影响力，使得双方在国际舞台上能够发挥更大的作用，代表发展中国家增强话语权。

4. 为成员国提供“保险”

非传统收益理论指出，小国在与大国签订区域贸易协定时往往会由于市场规模方面存在的差异而做出较大幅度的让步。中国与海合会成员国都属于较大的发展中国家，双方更多的是互惠让利行为，建立自贸区将提高双方的经济抗风险能力。这种“保险”效应体现在：其一，中海自贸区建立以后，随着双方相互之间贸易壁垒的逐步减少和消除，不仅贸易创造效应将带来经济收益，而且两国市场会得到进一步整合。考虑到中海经济结构的互补性，双方的经济体系有望实现更加紧密的衔接，这有助于双方降低对欧美市场的过度依赖，并为经济稳定发展提供重要保障。其二，建设中海自贸区将为双方各自的产业发展带来一定程度上的“保险”。中国经济要转型，围绕自身打造全球产业链是必经之路，自贸区的建设将带动投资环境的改善，有助于中国培养出一批有实力的跨国企业，实现全球布局的宏伟目标。同时，海合会可以借助自贸区实现对中国投资的多元化，不仅能从中获取更多经济回报，而且使得本国企业有机会学习和引进先进技术，提高产业竞争力。其三，中海自贸区的建立将提高双方抵御金融风险的能力。一方面，一个国家单枪匹马应对金融危机时总会显得势单力薄，区域贸易合作将团结所有成员国，从根本上提高应对危机的能力水平。尤其像中国和海合会成员国这样的发展中国家，经济实力的增长虽然很快，但是金融管理体系尚不成熟，更加需要相互合作防范各类风险隐患。另一方面，中国正在逐步实施人民币国际化，而海合会拥有掌控石油供应的先天优势，双方如果能够紧密结合起来，最终实现石油的人民币计价，势必将对全球金融体系改革带来重大影响。海合会可以摆脱石油美元计价的约束，中国则可以大幅度推进人民币国际化，这不仅对双方的经济稳定有益，而且也将对世界金融体系的发展做出巨大贡献。

5. 建立协调一致机制

由于自由贸易的获益者相对受损者涉及面更广，因此自由贸易支持者比贸易保护主义者的协调难度要大。区域贸易协定的优势之一就是能把自由贸易支持者集结起来，形成协调一致机制。在全球范围内，由于牵涉的利益主体数目众多，且范围过于宽泛，因而这种协调的可能性基本不存在。例如，中澳自由贸易协定谈判总共涉及 40 多个服务业和专业技术领域，在包括教育、金融、法律等诸多领域中，中国向澳方做出了高标准的承诺。同时，澳方承诺中国企业赴澳投资时，澳大利亚外国投资审查委员会(FIRB)的审查门槛从 2.48 亿澳元提高到 10.78 亿澳元，该金额以下投资不需要外国投资审查委员会的审核。

中海自贸区的建立必定会造成部分领域受益，部分领域受损，但是受益面将大于受损面。为突破经贸合作中的阻碍，中国与海合会要发挥中海自贸区在协调一致性方面的制度优势，协调双方在不同政策领域做出对等的让步，通过协商解决存在争议的议题，使得自由贸易政策能够在自贸区内顺利实行，最终使双方都获益。

6. 改善中海双方安全

中国与海合会要融入全球经济体系，在经济发展中取得更大进步，无疑需要一个相对安全稳定的环境。在经济安全层面，对中国来说，在金融危机后发达国家经济复苏普遍迟缓的背景下，贸易规模扩张受到限制，积极开拓发展中国家市场成为稳定经济增长的重要选择。海合会成员国经济基础较好，在中东地区具有代表性，又有较为强烈的合作意向，是中国开展区域贸易合作的理想伙伴之一。与更多经济体建立经贸合作关系，将帮助中国降低国际贸易的波动性，建立更加稳固的对外贸易体系。对于海合会来说，中国是拉动世界经济增长的重要引擎之一，加强与中国的贸易往来，将稳定贸易规模，创造产业发展机遇，提高其经济安全系数，为中海战略伙伴关系充实更多内容。在清洁能源和航空航天等高新技术领域，海合会也能获取更多支持，提高成员国的技术水平。

在政治安全层面，对中国来说，团结更多发展中国家，有利于在国际政治利益博弈中，赢得更多主动权。与海合会建立自贸区，将提升中国的国际影响力，有助于双方通过加强合作共同抗衡大国霸权。对海合会来说，中东地区政治生态异常复杂，维护成员国政权稳定面临严峻挑战。如果向来奉行和平外交政策的中国，能与海合会成功建立自贸区，通过经济纽带将“人类命运共同体”理念输入中东地区，化解诸多冲突与矛盾，这将不仅有利于海合会的安全稳定，而且对整个中东地区都能发挥重要的引导作用。

通过以上分析，我们可以看到，中海自贸区的建立，能够对贸易和投资起到促进作用，为中国经济增长提供动能，为区内区外的贸易投资结构和流向带来积极变化。在中海自贸区经济总体结构呈现较高互补性的情况下，通过提高竞争水平，可以进一步优化资源配置，改善成员国福利。由于当前中海自贸区的谈判依然处于关键时期，因此有些具体的效应只能进行定性分析，尚无法得出明确的结论。但是必须看到，中国与海合会建立自贸区能为双方都创造良好的传统收益和非传统收益。未来，伴随着中海自贸区建设的逐步深入，这些收益将在合作过程中不断得到提升，并越来越显性化。

第7章 推动中海自贸区建设的策略建议

2008年金融危机爆发以后，美国通过主导签订区域、诸边和双边等贸易协定来制定新一代国际贸易的投资规则，此规则将对全球经济造成巨大影响。与当今世界流行的高标准相比，中国自贸区建设的水平仍然有待提升，协议的主要内容还停留在WTO框架内的传统议题上，对新一代议题的涉及较少。在党中央明确提出建设高标准自贸区网络的要求以后，我国应加快对新一代规则的研究和理解，力争在中海自贸区协定的规格上实现更大的突破，显著提升自由化水平，创造更大的贸易红利。同时，在自贸区建设的具体实施策略方面，双方要立足于现有经贸合作的良好基础，有效降低货物贸易和服务贸易存在的诸多壁垒，争取创造更具吸引力的投资环境，促进生产要素更加自由地流动，在金融合作和基础设施建设等领域加大合作力度，为中海自贸区注入活力。

7.1　制定高标准建设目标

面对新一轮国际贸易投资规则的变革，中国表现出强烈的参与愿望，对融入全球贸易体系的积极性很高。如何尽快适应新规则，并将这些新规则具体应用到自贸区的建设中，将是中国融入世界经济体系必须应对的挑战，更是中国提升世界贸易地位的关键机遇。

7.1.1　新一代贸易投资规则诞生背景

以 WTO 为首的世界贸易体系是第二次世界大战后的布雷顿森林货币体系的组成部分之一，其在多边层面上成功构建了协调机制，为全球贸易发展做出了贡献。但是，随着发展中国家经济实力的增强，它们对发达国家主导的规则体系日渐不满，表达自身利益诉求的愿望日渐强烈。自 2001 年开始的多哈回合贸易谈判之所以充满曲折，原因就在于发达国家和发展中国家之间的博弈空前激烈，双方坚持自己的立场毫不动摇。虽然在 2013 年达成的“巴厘一揽子协定”中，各国在贸易便利化方面取得了重要进展，但是其他核心议题未见起色，尚不足以完全打破僵局。不得不承认，WTO 对推动国际贸易扩大开放，提升国际贸易规则已经显得力不从心。正是由于多边贸易体系深陷利益纠葛而停滞不前，才促使各个经济体转向区域贸易合作，激发出建设自由贸易区的热潮。而 TPP、TTIP 和 TISA 等自由贸易协定由于其自身突出的高标准定位，迅速成为新一代规则变革的主战场，力求建立国际贸易新体系。新规则一经提出就迅速得到了众多国家的响应和支持，各国纷纷加入相关自贸区协定的谈判。要充分理解这种规则变革的内生动力，可以从微观和宏观两个视角进行分析。

从微观视角来看，随着关税的大幅减免及交通运输效率的提高，跨国企业具备了从资源优化配置角度在世界各地设厂的可行性，国际生产体系逐步建成。而全球价值链的成熟又进一步要求构建国际贸易投资新规则体系，来适应跨国企业生产环节同时处于世界各地的客观需要，并且采取措施深度削减当前阻碍贸易投资行为的相关壁垒。中间工业品的频繁进出口也要求降低关税，实现贸易便利化，从而提高贸易体系运作效率。同时，产业价值链的延伸使得生产制造和服务紧密捆绑在一起，由于当前世界制造业领域的开放已经较为充分，因此对服务贸易开放的要求不断强化。这种新特性产生的投资需求要求各国必须改革国内管理机制以适应发展变化，克服阻碍投资行为顺利开展的各种不利因素，拓宽投资领域，加大保护投资权益的力度。另外，营造更加适合全球价值链的法律环境，降低企业管理成本，防范经营风险同样是十分必要的。因此，由跨国企业主导的全球价值链体系正变得日益完善和成熟，这也成为迫切需要国际贸易投资新规则尽早出台的重要原因之一。

从宏观视角来看，随着 2008 年金融危机的爆发，全球经济陷入低迷，数年以来虽然各国采取了多种方式刺激经济，但是整体效果欠佳，世界经济复苏乏力。在经济周期进入下降阶段，原有增长趋势日渐平缓的情况下，如何发现和寻找新动力就成为全世界面临的一大挑战。服务贸易和投资领域的潜力开始引起各界的浓厚兴趣，如果能够加快全球贸易投资规则重构的节奏，完成世界经济治理体制的新一轮变革，我们便有望释放这两大领域蕴藏的巨大能量，拉动经济尽快走出低谷。若要提高服务贸易和投资推动经济增长的效率，各国必须精诚协作建设一个更加开放、稳定的世界经济贸易环境，将全球贸易投资自由化水平再提升一个层次。对全球经济增长新引擎的追寻与渴望，是构建新一代国际贸易投资规则的又一个重要原因。

7.1.2 贸易投资新规则的特征

与原有的国际贸易投资规则相比较，新规则致力于大幅度提升自由化水平，关注点从边境措施向边境内措施转移，目标直指服务贸易和投资开放，目前已成为双边或区域自贸区谈判的热点，未来的影响将十分深远。其具体特点概括如下：

1. 服务贸易和投资成为新主题

随着以价值链为核心的世界分工体系不断完善，如今国际贸易的发展热点是服务贸易和投资，从单纯的资源获取转向全面的要素整合。而扩大投资和服务贸易将成为推动世界经济发展的新动力，有望与货物贸易并驾齐驱，组建拉动国际经贸新征程的“三驾马车”。

就服务贸易而言，早期 WTO 签署的《服务贸易总协定》(GATS)发挥了极其重要的作用。不过，随着服务贸易在全球贸易中的地位不断提升，GATS 对服务贸易新发展的涵盖面越来越窄，其部分内容已经难以适应经济发展的客观要求，需要加以革新和完善。例如，随着信息化水平的迅速发展，在电子商务及金融等领域基于信息技术的创新业态不断出现，这对跨境电子数据自由流动的要求越来越高。为加快服务贸易发展，由美国、欧盟、澳大利亚等国家和组织推动的国际服务贸易协定(TISA)谈判，致力于消除服务贸易壁垒，其核心标准明显超越了《服务贸易总协定》和多哈发展议程(DDA)的规格。其中，金融、娱乐、医疗、法律和电信等服务业成为被关注的重点，扩大服务业市场开放，降低市场准入门槛，增强服务贸易政策的透明度成为各国迫切的要求。未来，服务贸易的潜力不可估量。

在投资领域，一方面，WTO 的《与贸易有关的投资措施协议》(TRIMs)对覆盖货物贸易进出口部分进行了较为明确的规定，但是不得不承认其已经明显无法满足当今国际投资发展的时代需求。另一方面，国际投资规则体系一直未能有效建立起来，制度的缺失成为影响投资规模扩大的制约因素之一。金融危机以后，不少国家以维护国家安全和保证就业率为借口设置投资壁垒，对外国投资者实施异常严格的资质审查，同时对本国企业的对外投资制定了更高标准的要求和规范，以杜绝高端技术泄露的可能性。新规则旨在实现更深层次的自由化，“负面清单”成为各个经济体普遍接受的主流方式，而为了保护跨国企业的投资权益，还会专门说明 ISDS 机制[①]，建

① 即投资者与东道国的争端解决机制。

立维权渠道，为其开展投资活动提供更多支持。与货物贸易不同，投资将涉及资金、信息、人员和技术等要素的流动，对法律保护程度的要求大大高于货物贸易。投资协议应规定在东道国政府和跨国投资者之间建立相应监管条款，避免在实际操作过程中出现纠纷时，前者利用本国法律给后者造成阻碍或损失。为促进全球投资活动的蓬勃发展，提振各国对经济发展的信心，应该加快国际投资规则体系的建设与落实，充分发挥投资拉动经济增长的作用。

2. 边境内议题成为新热点

现有国际贸易体系中的经贸规则主要涉及一个国家的边境措施，包括关税壁垒和非关税壁垒两大类，是当初《关税及贸易总协定》(GATT)谈判时的主要议题内容。随着经济发展水平越来越高，人们对于贸易壁垒的认识和定义都在随时间发生动态变化。一方面，在经历多年自由贸易体系的建设以后，传统的边境措施逐步得到规范，而边境内措施开始引起更多关注，成为各国深化经贸合作的新障碍。当前，如果无法在全球层面制定有效的边境措施，将会影响到以全球价值链为基础的世界生产网络整合。另一方面，随着信息化水平的提高，国际贸易方式也在发生深刻改变，如电子商务等新兴行业发展势头十分迅猛。新业态的发展将贸易壁垒的概念从边境层面向边境内层面推进，覆盖面不断扩大。

新一轮贸易规则重构的根本目的在于打破成员国之间边境内的各种壁垒，对一国边境内的管理体制进行调整。比较有代表性的边境内议题包括竞争中性、劳工权利、环境、跨境数据流动、知识产权保护、政府透明度等。其中，部分规则早在多哈回合贸易谈判时就已被提出，但是由于发达国家和发展中国家利益诉求差距过大，一直未能实现突破。在全球金融危机发生以后，一方面，有些边境内议题成为部分国家采取贸易保护主义的新方式，对全球经济复苏造成了损害。另一方面，各国对经济停滞的担忧日益加剧，尽快破除边境内壁垒，通过贸易和投资自由化进一步拉动经济的愿望越来越强烈。因此，国际经济治理把边境内规则作为重点，重构对象向前延伸到一国内部的经济制度。其目标就是要提高政府管理效率，通过变革国内政策达到规则认可的统一标准，充分实现公平竞争，营造一流的贸易投资环境。

在具体的议题内容方面，以《跨太平洋伙伴关系协定》文本为例①，其内容既有边境议题，又有边境内议题，这说明该协定是一个系统的规则安排，而且具有较强的前瞻性。在边境议题方面，如卫生和植物卫生措施等，其目标是在原有基础上的扩大开放。而在边境内议题方面，诸如竞争中性、劳工和环境等议题在以往其他协议中很少涉及，其实质是对政府管理经济的方式进行了约束，力求实现更高水平的自由化。

对中国来说，在已签订的所有自由贸易协定里，除了中韩、中澳自贸协定突破幅度较大以外，大部分协定对边境内议题涉及得还比较少；即使涉及也属于起步阶段，原则性内容较多，缺乏可操作性较强的细则。未来，要充分认识到边境内议题对世界自由贸易体系的重要意义。在后续的自贸区谈判方面，我们要高度重视边境内议题，减少其对于知识技术密集型产品和服务贸易的负面影响，通过制定高标准规则助力中国服务贸易和高端技术产品提高竞争力，抢占全球市场。

3. 自由化水平大幅提高

无论是多边、诸边、区域还是双边层面，几乎可以肯定的是，所有正在谈判的自由贸易协定都在探讨如何加大市场开放度，如何采取实质性措施削减贸易和投资壁垒，全面加深世界经济一体化的融合程度。毫无疑问，大力提高自由化水平已经成为各个经济体合作的共同目标。从微观视角来看，自由化水平大幅提高的背后是跨国企业的利润动机：不仅要求对产品市场扩大开放，而且要求允许生产要素自由流动以实现更大效益。从宏观视角来看，自由化水平的大幅提高反映出经济全球化在更高层次上的发展需求：

① 《跨太平洋伙伴关系协定》共有30章内容，包括货物贸易、纺织品和服装、原产地规则、海关管理与贸易便利化、卫生和植物卫生措施、技术性贸易壁垒、贸易救济、投资、跨境服务贸易、金融服务、商务人员临时入境、电信、电子商务、政府采购、竞争政策、国有企业、知识产权、劳工、环境、合作和能力建设、竞争力和商务便利化、中小企业、监管一致性、透明度与反腐败和争端解决等方面。

各国用开放和变革来共同应对全球经济发展的新态势，最终实现更加自由开放的目标。

关于新规则的自由化水平，我们可以看到其提高程度明显超越 WTO 标准，很多要求实际上已经超越了发展中国家的承受能力。在货物贸易领域，新规则将力争推行涉及全部产品的零关税，目标直指完全的贸易自由化。在知识产权方面，新规则增加了互联网知识产权保护、规范临时性的侵权行为等具体内容，对实际经济活动中的违规行为加以约束。在数据信息方面，新规则要求跨境数据实现完全的自由流动，禁止数据本地化要求①；在电信、金融和电子商务等领域主张实行全面的自由化，这对经济安全提出了高要求。在投资方面，新规则实行负面清单管理制度，即除了明确列出的“不符措施”以外，其他领域一律无条件对外开放。这意味着任何出现的新部门都将实现自动开放，给政府管理带来极大的不可控性。同时，新规则还明确提出要求对投资者统一实施准入前国民待遇，充分维护其相关权益。

新规则所体现出的自由化水平特征将实现国际资源的优化配置，提升全球经济的整体创新活力，有助于深入拓展国际市场空间，在更大程度上改善各国社会福利。

7.1.3 立足高标准建设中海自贸区

作为世界货物贸易第一大国，中国应尽快推出自贸区协定模板，适应“一带一路”建设和制定国际贸易投资规则的需要，打破以往那种规则制定一直由发达国家掌控、发展中国家被迫接受的惯性模式和格局。中海自贸区谈判可以在以往自由贸易区（FTA）建设的基础上，吸纳自由贸易试验区（FTZ）的可复制、可推广经验，将新一代国际贸易投资新规则纳入协议文本内，一方面推进更多领域的对外开放，加快经济融入全球一体化进程，另一方面则为中国接纳高标准规则积累实战经验，加快围绕自身发展需要建立

① 数据本地化要求，是指东道国要求数据中心或数据存储必须设立于本国境内。这增加了以云计算为基础的信息服务成本，降低了效率。

自贸区的步伐。

1. 加入国际贸易投资新议题

当前，从中国已经签署的自由贸易协定的内容来看，涉及新议题时几乎都是抽象性条款居多，缺乏可操作性，与高水平自由贸易协定尚存在一定差距。中国在劳工权益、环境和竞争中性等方面的研究力度不够，对于高标准规则为中国经济带来多大程度的影响缺乏认知，难以判别其合理性和适用性；在具体涉及某个高标准议题时，就表现为要么直接采取回避方式，要么只阐述宏观原则，缺少实施内容。作为现有国际贸易体系的后加入者，在新一轮自贸区建设浪潮中，中国表现出应对能力偏弱、设计规则经验不足等问题。下一步，中国应从战略规划到谈判技巧，从议题设计到文本起草，从区域合作到双边自贸区建设等各个方面加强学习和积累。

只有看清当前存在的诸多不足，才能为后续奋起直追树立更加明确的方向和目标。为紧跟国际贸易投资规则的前沿动态，中国可以将高标准规则应用到中海自贸区建设中，在实践中摸索适合自身特点的自贸区建设路径。为促使中海自贸区建设取得更好效果，向外界展示其示范效应，可以从以下几方面着手：

首先，必须加大对 TPP、TISA 和 TTIP 等高标准协定范本中相关议题的研究力度，对于高标准内容要认真思考，强化对诸项新规则的认识和理解，以利于牢牢把握世界贸易投资规则变革的前沿。这些议题的研究涉及政治学和经济学等多个学科的专业知识，要参考和领悟各个领域的最新研究成果，应该尽快组织专家力量将研究能力提高到国际一流水准，为自贸区建设提供重要支撑。尤其是，对新规则可能会给中海自贸区带来的机遇和挑战要有充分的评估与认识，尽早制定相关预案和调整措施。以新议题为契机，提高中海双边贸易投资的自由化水平，营造公平竞争的环境，加大相互投资的力度和范围，加快生产要素的合理配置，积极开拓国际贸易的市场空间。

其次，加快建立符合新议题要求的制度体系。新议题的加入将对深化国内体制改革起到十分重要的推动作用，利用中海自贸区建设创造的良好机会，对接高标准要求，不断健全法律法规体系，为实现全面融入国际贸易投资规则体系做好准备。关键是要抓住这次机遇实施变革，清除中国贸易出口及对外投资领域的各类阻碍，构建新型政府监管制度，有效减少制度摩擦对贸易投资活动的影响。同时，稳步推行劳工标准、环境保护等方面的建设步伐，从存在的不足入手尽快加以完善和提升，不断缩小差距，向国际前沿标准看齐。

最后，力争摸索出使发展中国家适应整个规则体系的解决方案。一方面，随着新规则开始转向竞争中性、劳工权利、服务贸易等非传统领域，规则体系对发展中国家的适应性提出了挑战。美国推行的高标准议题虽然存在一定的合理性，但是并没有充分顾及发展中国家的实际情况，提出了过高要求，导致双方在世界经贸体系中的冲突进一步加剧，彼此裂痕再次加深。在中海自贸区建设中加入新议题，是以开放姿态对新规则予以接纳，通过实践提出更加切合实际并具有可操作性的文本内容，寻求进一步完善新规则的建设方案。例如，在环境保护方面，从世界贸易投资趋势来看，环境保护议题在所难免，TPP 和 RCEP 都已具体涉及。作为“一带一路”倡议核心主题之一的基础设施建设的属性就直接牵涉到大量的能源消耗，这对当地的生态环境造成了一定影响，成为未来不得不面对的一大挑战。在中海自贸区协定中，设计好协定中的环境保护条款至关重要，因而应充分考虑“一带一路”沿线国家在环境保护水平方面的差异性，保护发展中国家的国际竞争优势不至于被过早剥夺。另一方面，中国作为世界第二大经济体和第一大发展中国家，贸易往来已经覆盖世界各地，维护自身利益刻不容缓。中国需要利用地缘优势，加快自贸区建设，通过中海自贸区向世界表达经济发展不同阶段的国家对规则的诉求的差异性，推动建立更加公正、公平的规则体系，使各个经济体都能享受发展红利。

2. 吸纳对等开放和自主开放的经验

在中海自贸区建设中，中国应该总结自身对等开放和自主开放的实践经验，并将其加入协定文本中，推动自由化水平的提高。一方面，要总结自由贸易区（FTA）建设的经验，将贸易自由化实践的成果充分加以利用；另一方面，要高度重视自由贸易试验区（FTZ）中相关规则适用性的反馈，立足自身完善高标准议题。

在对等开放层面，2015年中韩、中澳自贸协定的成功签署，可以被看作中国的自贸区建设向高标准看齐的序幕正式拉开，具有标志性意义。对于承诺的开放度，可以从两份协议文本的内容来分析。从中澳自贸协定来看，在货物贸易方面，澳方承诺将把来自中国的商品关税全部降为零，中方则对85%来自澳大利亚的商品关税降为零，4年内上升到93%，到协议完全履行时，比例为95%。在服务贸易方面，中澳自贸协定涉及40多个服务业及专业技术行业，涵盖了教育、金融、电信、法律、采矿及采掘服务等众多领域，达成了较高质量的开放承诺。在投资领域，中澳双方在签署协议之后就给予对方最惠国待遇，并简化中国投资者的审批流程，特别是在农业和服务业领域，增加投资的市场覆盖面和透明度。从中韩自贸协定来看，在货物贸易方面，中方92%的商品削减关税，涵盖韩方向中方出口额的91%；韩方93%的商品削减关税，涵盖中方向韩方出口额的95%。在服务贸易方面，中韩自贸协定把双方在多哈回合贸易谈判中的正式出价当作谈判基础，从而实现了较高水平的自由化。同时，首次设立金融和电信两个独立章节。在投资方面，中韩自贸协定共含有19个条款以及3个附件，包括对投资等相关概念给予明确定义，对实体和程序规则都进行清晰界定。从以上分析中我们可以发现，两份协定立足高标准，达成了较高水平的开放承诺，对中海自贸区建设有重要的借鉴价值。除了中韩、中澳自贸协定以外，《内地与香港关于建立更紧密经贸关系的安排》（CEPA）中对港澳服务业开放的内容同样值得参考，这些都能够为将中海自贸区打造成为名副其实的高水平自由贸易合作模式提供重要支撑。

在自主开放层面，为尽快掌握高水平贸易投资规则的适用性，避免等世界贸易新体系全面形成以后，中国在参与过程中付出较大调整代价，2013年中国(上海)自由贸易试验区正式成立,2015 年国家批准广东、福建和天津成为第二梯队,上海也因实际发展需要进行了相应扩区,启动了 2.0 版本。[①] 加快自由贸易试验区的建设是中国面对高标准规则重构的战略部署,通过将"自由试验"和"压力试验"两者结合,把暂时还不明确或者没把握的协议条款放进总体方案,建立了试验举措与国际经贸规则的联动转化机制。其中,上海自由贸易试验区经过多年的实践,一方面在投资管理体制等多个领域积累了一批极富价值的创新经验,下一步要将这些经验尽快纳入中海自贸区建设中。另一方面,上海自由贸易试验区在实践经验、人才储备和知识资源等方面也暴露出了不足,因而须督促政府加强能力建设。例如,在由事前审批向事中、事后监管的转型过程中,上海自由贸易试验区对监管能力提出了高要求,这需要加强职能部门管理人员的培训,帮助他们转换思维模式,切实提高管理水平。这在保证中海自贸区建设获得显著效果方面同样能够提供重要帮助。

把对等开放和自主开放的经验融入中海自贸区建设,将对提升双方经贸合作的高标准规格,真正实现互利共赢提供有力支持。

3. 树立自贸区建设模板

2016 年,"十三五"规划纲要再次明确要求推进自贸区战略。[②] 通过自贸区建设加快构建与贸易伙伴之间更深层次的经贸关系,不仅是中国追求继续扩大对外开放的主观动力,而且是国际经贸合作潮流的客观要求,更是各国寻求经济增长新引擎的积极作为。为顺应时代发展要求,中国应主动在区域和双边层面大力推动贸易投资自由化,加快自贸区战略实施。通过自贸区建设,中国可以加强与不同区域经济体的经贸合作,提高贸易投资自由化,扩大开放范围,拓展出口市场,促进开放型经济发展。要充分利用好三大平台[③],从中国战略定位出发,全面考虑政治、经济各方面因素,保证与经

① 2017 年 4 月 1 日,辽宁、浙江、河南、湖北、重庆、四川、陕西成为第三批正式挂牌的自由贸易试验区。

② "十三五"规划纲要提出,要"加快实施自由贸易区战略,逐步构筑高标准自由贸易区网络"。

③ 即亚洲基础设施投资银行(AIIB)、丝路基金和"一带一路"倡议。

济发展的一致性。“一带一路”沿线国家主要是发展中国家，其谈判能力较为薄弱，这就要求中国在开展缔约活动时必须兼顾各国发展特点，表达双方共同的利益诉求。在可持续发展的方针下设计一个兼具包容性、可行性的自贸区协定模板，将是中国与沿线国家深化经贸合作的必经之路。中海自贸区建设无疑将肩负起这一历史性的使命。区别于“一带一路”沿线国家经济体量普遍较小，海合会是为数不多具有代表性的区域经济体之一，又地处“一带一路”的关键节点，因而建成具有示范性意义的中海自贸区影响深远。

中国当前在签订自由贸易协定方面，总体上呈现出较为突出的上升趋势。中国应该抓紧规则调整带来的机遇期，不断加快建设自由贸易区的节奏。中海自贸区协定作为正在谈判的协议，理应要比已经签署的协定具有更高的承诺水平。最关键的一点是，我国要以中海自贸区建设为机遇，学习美国在高标准规则设计方面的经验，结合发展中国家的特点，争取设计出面向全球的中国版自贸区建设模板。海合会作为“一带一路”中的重要经济体，与中国在经济发展诉求方面共同点颇多，对方完全可以在诸多热点话题上达成共识，并且共同将这些共识提升到国际规则层面，维护共同利益。通过自贸区建设范本的推出，中国可以在规则制定中掌握更多话语权，实现从规则适应者向规则引领者的转变，从区域经济一体化规则的边缘地带向中心地带迈进，为推动世界经贸秩序的调整阐述中国观点，担当更大责任。以中海自贸区为范本所提出的中国方案，要结合发展中国家的实际情况，广泛凝聚共识，积极反映发展中国家的诉求，建设“包容性”的世界规则体系。关于中海自贸区的建设内容，要注意两点：一是必须致力于削减非常规贸易壁垒，突破阻碍投资的各种制约因素；二是要争取为基础设施建设和经济援助等内容设计规则，将“开放包容、合作共赢”的中国特色自由贸易原则注入其中，增强“人类命运共同体”理念的传递，通过表率作用促进国际贸易新体系的完善与成熟。

在设计模板时，应考虑到“一带一路”沿线各国情况较为复杂，比较优势各不相同，因而经贸合作领域也会存在较大差距。为使得自由贸易协定更加实用，一方面要在自贸协定模板上增加相对应的灵活性条款，例如增加行业特色条款，以达到每个合作伙伴都有相应的协议内容；另一方面要允许例外情况的存在，必须考虑对最不发达的沿线国家给予一定的特殊待遇。这将有助于通过构建区域价值链，缩小各国经济差距，为“一带一路”的可持续发展提供支持。在以自贸协定模板为基准的前提下，每一份协议都应该在操作层面表现出适用性和目的性，顾及各国经济发展的阶段性，突出重点行业导向，把“一带一路”中诸如基础设施、能源等重点领域，以及沿线各国的资源优势禀赋部门都整合进来，推动自贸区网络的建设。

以面向全球的自贸区建设模板来要求中海自贸区建设，不仅是对中海自贸区本身建设的高标准定位，而且是中国在国际贸易规则制定中“由守转攻”的关键部署，将为全球经济治理做出贡献。

7.2 推动下一步建设的具体策略

随着中国倡导的“一带一路”建设的推进，中海自贸区的地位被提高到一个新的层次。对中海双方来说，推动中海自贸区建设是适应金融危机后世界经济新形势的双赢举措，有利于双边经贸合作的深入开展，同时也将全面惠及成员国所有民众，发展前景值得期待。但是，近年来影响中海自贸区建设的内外部因素都在发生深刻变化，给双方带来了严峻挑战。为推进中海自贸区建设，保障贸易效应的全面实现，中国可从如下策略入手。

7.2.1 注重自由贸易协定的互利共赢特性

任何一份协定只有在贯彻互惠共赢理念的基础上，才可能实现长远、稳定的发展。中海自贸区协定在达成之后，更关键的环节在于落实，而全面落实的前提是协定条款充分满足双方利益诉求。从中国的角度来说，自由贸易协定使得产品出口规模扩大，能源安全又得到保障，基本达到了预期效果。因此，中国不妨在局部做出某种程度的让步，为推进合作展现高姿态，在世界主要经济体与海合会建立自贸区的竞争中力拔头筹。在保障自身利益的前提下，甚至可以考虑实施非对称性减税，即中国先行减税，海合会视经济情况稍后再实施减税。从海合会的角度来看，海合会对中国出口贸易的增长点集中表现在油气出口及石化产品两大领域，而目前中国对油气进口基本已经实现零关税，只有石化产品的关税偏高。如果先撇开双方合作的战略价值不谈，从实际的贸易效应来看，石化产品将是海合会少数能从自由贸易协定中实际获利的产品之一。如果海合会在少数竞争优势产品上都无法获利，那么很可能影响其达成协定的意愿；即使有幸同意建立自贸区，能否有效落实也是一个疑问。

从互利共赢的角度考虑，一方面，在双方愿意先行实施关税减免的情况下，应要求海合会解决对中国石油出口中的价格歧视问题①，同时，为中国在海合会扩大投资及服务贸易创造条件。另一方面，适度扩大海合会石化产品的进口，不仅可以解决石化领域高端产品较为匮乏的问题，而且有利于倒逼国内石化产业的改革，增强行业竞争力。

历史已经证明，中国与海合会是以"丝绸之路"连接起来的命运共同体，共同的利益是中海双方合作的永恒动力。一份充分体现双方利益诉求的自由贸易协定，将是深入推进经贸合作的坚实基础。中国的自贸区建设应该充分体现互利共赢和共同发展的指导思想，在维护自身经济利益的同时必须充分顾及伙伴国的利益，最终实现"包容性"发展。

7.2.2　深化双边能源贸易与合作

海合会成员国的油气资源储量非常丰富，独特的先天优势帮助其成为世界能源供应的重要来源地。中国从海合会进口的商品主要是石油和天然

① 这种价格歧视主要来自"亚洲升水"现象，具体是指因为亚洲没有一个成熟的原油期货市场，亚洲的本地基准油都由美国西得克萨斯中间基原油（WTI）和北海布伦特原油（Brent）价格确定，无法反映东北亚地区真实的市场供求状况，导致中东销往东北亚的油价比销往欧美的油价高。

气，自从美国石油进口量下降以来，海合会更加看重迅速增长的中国市场，这对维持其能源出口市场的稳定具有重要的战略价值。预计在未来很长一段时间内，能源贸易将仍然是中海双边经贸合作的主要内容之一。加强能源合作，深化双边贸易伙伴关系，既可以确保中国能源供应的战略安全，对中国经济可持续发展意义重大，也对海合会国家的经济具有显著的拉动作用。

在传统能源领域，中国要争取在原有基础上更进一步，与海合会建立起全方位的能源战略合作伙伴关系；加强双方在油气资源全产业链的合作，向上游拓展到资源勘探，往下游延伸到炼化和生产。在上游，鼓励海合会对中国企业开放油气上游勘探市场，扩大能源合作的范围和空间。在下游，支持双方的石化企业加强合作，在第三方国家投资兴建石化生产线，携手走向世界。此外，在价格方面，双方要高度重视油气价格，争取在自贸区框架内解决石油贸易中的“亚洲升水”问题，降低石油出口价格，推动能源合作的可持续发展。在安全方面，双方要共同致力于保障能源运输安全，避免各种负面因素的干扰，维护贸易合作的长久稳定。

在石化领域，如果按照以市场换资源的思路，可以分步骤逐步扩大石化产品的进口，这有助于树立海合会对自贸区建设的信心，优化贸易结构，增强双方之间经济的黏合度。在石化合作方面实现突破，不仅有利于双方的经济一体化建设，而且能够增强政治互信，提高中国的全球影响力。在具体方式上，中国可以与海合会企业开展多方面合作，利用其在石化产品领域积累的技术能力，合资建设高附加值产品生产装置，实现利益上更紧密的“捆绑”。此外，双方应共同加大在高尖端产品领域的研发投入，争取生产出更具竞争力的石化产品，抢占更多国际市场份额。

在新能源领域，海合会的发展稍显滞后，其主要的能源结构由石油和天然气组成，是其国民经济的支柱。随着世界对环境问题的日益重视，低碳减排成为各国齐心协力应对全球气候变化的重要举措。作为油气的主要生产国，海合会既要面临自身减排的巨大压力，又由于能源出口下降的预期而忧心忡忡。一个被广泛认可的解决办法就是开发使用清洁能源。面对世界能源秩序的大变革，海合会却暴露出自身能力的短板，只能寄希望于其他国家的支持。秉承互利共赢原则的中国，毫无疑问更加适合成为海合会新能源开发方面的优先合作伙伴。中国在核能、太阳能、风能等新能源技术方面不仅研发实力雄厚，而且具有丰富的实践经验。未来，在此方面的合作契机令中海双方心动。

7.2.3　将沙特阿拉伯视为自贸区建设的突破口

从全球区域经济合作经验中可以看到，核心国家的领导作用是区域经济合作能否成功的决定性因素之一。作为海合会的领导者，沙特阿拉伯对海合会的经贸合作具有决定性影响，是海合会一体化不断向前发展的动力保障。从综合实力方面来看，沙特阿拉伯一直是海合会各个成员国中经济体量最大、经济实力最强的国家。沙特阿拉伯的国土是海合会整体的 84%，人口是海合会整体的 70%，进出口额等重要数据也基本都在海合会整体的 45%至 60%。2014 年，沙特阿拉伯的 GDP 总量达到 7525 亿美元，接近海合会全部 GDP 总量的一半。

在国际层面，石油是沙特阿拉伯最大的竞争力来源，也是最大的权力来源，使其具有较高的国际地位。沙特阿拉伯凭借其丰富的石油储量以及强大的生产能力，成为世界石油贸易名副其实的霸主。① 沙特阿拉伯在全球石油供给调节方面作用显著，一旦油价偏离正常浮动空间，其强大的剩余产能是维护石油贸易稳定的绝招，这奠定了其在石油输出国组织中的核心地位。随着国际影响力的不断增长，沙特阿拉伯也具备了足够的实力和资格成为 G20 等全球经济治理机制的正式成员。

在经贸合作领域，沙特阿拉伯一直是中国在海湾地区的第一大伙伴国，牢牢占据着榜首位置，中国则发展成为沙特阿拉伯第二大货物来源地。同时，沙特阿拉伯是中国增长速度最快的工程承包市场之一，历年的承包总金

① 邹志强.沙特在全球石油贸易治理中的角色透视[J].阿拉伯世界研究，2013(5)：84 - 97.

额呈明显的上升趋势，中国工程建设企业参与了沙特阿拉伯大量的基础设施建设项目。自2006年双方签署《基础设施建设合作协议》以来，工程承包业务就开始蓬勃发展，目前建设项目已经覆盖到通信、路桥、石化等多个行业。

在对海合会的影响力方面，无论是在组织设计还是发展定位方面，沙特阿拉伯都处于绝对的主导地位。作为积极呼吁在海湾地区实现经济一体化的主要倡议者，海合会经济迅速发展的背后离不开沙特阿拉伯的领导和支持。为了保持经济增速以及国际竞争力，沙特阿拉伯主动协调海合会在贸易投资方面的利益，推动成员国采取较为一致的对外经济策略。在安全方面，面对持续动荡不安的中东局势，沙特阿拉伯具有在周边范围内相对强大的政治、军事和经济实力。对其他五个成员国来说，在综合实力偏弱的情况下，与沙特阿拉伯联合几乎成为维护自身安全的唯一选择。

海合会是一个同质性较强的区域合作组织，成员国在政治经济方面的利益共同点较多。沙特阿拉伯一方面可以把战略意图贯穿于海合会的政策之中，另一方面沙特阿拉伯的进出口贸易能够引导海合会整体的贸易趋势，其经济政策和合作模式对海合会具有重要的示范效应。因此，加大与沙特阿拉伯的合作，获得沙特阿拉伯的全面支持将是推动中海自贸区建设尽早实现突破，充分保障贸易效应的关键步骤。

7.2.4　与RCEP谈判形成联动

作为“一带一路”建设中的两个大型自贸区建设，RCEP和中海自贸区一样受到了重点关注。RCEP谈判起始于2012年，在各方一致努力下进展十分迅速，参与国涉及东盟以及与其签订自由贸易协定的6国，旨在整合与这6国建立的5个“10＋1”自贸区①，创造更加自由的贸易投资环境。据CEPEA（东亚全面经济伙伴关系协定）估计，如果在“10＋6”区域内采取关税

① 6个国家包括中国、韩国、日本、印度、澳大利亚和新西兰，其中澳大利亚、新西兰共同与东盟签署了一份自贸协定，因此协议为5份。

削减措施，提高贸易便利化水平，有效降低贸易壁垒，中国GDP的增长率将有望上升4.65%。[①]

亚太地区是当前全球经济增长的主要动力来源地，其经济规模占世界GDP的比重约为60%，其贸易规模占国际贸易的比重约为50%。[②] 未来若能成功实现经济一体化，凭借其超大规模，亚太地区必定会给世界经济带来重要贡献。以美国为主导的TPP和以东盟为核心的RCEP原本可以说是整合亚太地区经济关系，通往亚太自贸区（FTAAP）的两个重要载体，随着美国退出TPP协定，TPP的影响力受到明显削弱，RCEP受到的关注度却在不断上升。RCEP有望解决东亚地区自由贸易协定“意大利面碗”现象[③]，成为推动区域经济一体化的主要路径。

作为“一带一路”建设的两个关键节点，RCEP将对中海自贸区的最终建成产生重要影响。对中海自贸区建设来说，RCEP反映出的特点中值得借鉴之处主要包括以下三方面：一是包容性，谈判国涵盖柬埔寨、老挝等经济发展相对落后的国家，设置较长过渡期，为不发达的国家提供技术援助；二是灵活性，允许例外存在，发展中国家可以按照不同时间表来落实协议条款，满足成员国的差异化需求；三是致力于采取各项措施大幅提升贸易投资自由化水平，这将帮助成员国进一步挖掘贸易潜力，提高社会福利水平，分享自贸区带来的收益。

对中国来说，加强中海自贸区与RCEP联动，推进谈判进程，符合自身的利益需求，这主要表现在以下两个方面：一方面，将大大缓解被其他贸易协定排除在外的压力，避免中国经济被孤立而产生巨大的贸易转移效应，切实巩固自己在亚太周边的地缘经济关系，在区域合作主导权方面逐渐占据更加主动的位置；另一方面，有助于加快实施自由贸易区战略，使得“一带一路”倡议贯穿亚洲东西两端，增进中国与沿线国家的睦邻友好关系，彼此合

---

① 周晓剑，宋思源. RCEP激发亚洲经济增长新动力[J]. 国际贸易，2016(9)：66－68.
② 陈淑梅，全毅. TPP、RCEP谈判与亚太经济一体化进程[J]. 亚太经济，2013(2)：3－9.
③ 指在双边自由贸易协定和区域贸易协定下，各个协定的不同优惠待遇和原产地规则就像碗里的意大利面条，一根根地绞在一起，剪不断，理还乱。

作共同建立起“人类命运共同体”，这也将对世界政治经济格局产生非常深刻的影响。

7.2.5 巩固中海双边互信关系

拥有一个互信互利的合作基础将成为推动双方关系快速向前发展的重要支柱。近些年来，中海双方在政治、经济和文化等多个层面展开交流互动，取得了良好的效果，对深化经贸合作发挥了积极作用。我国可以将中海自贸区作为范例，不断增进与沿线国家的文化交流，强化政治互信和友好往来，提高我国在国际舞台上的影响力。

在政治层面，中国一直都坚持奉行不干涉主权与国家内政的原则，长期致力于促进整个中东地区的和平与稳定，与海合会成员国的双边关系持续向前发展。未来，我国要继续通过各种途径或场合阐述和平观点，不谋求私利，维护国际关系的正义立场，推动各类矛盾通过政治和外交途径解决。理解只是一个开始，要建立稳固的信任关系还需要更多的对话和沟通。中国历届政府都相当重视与海合会的关系，通过加强领导高层的接触，增进战略互信，完善与海合会的战略对话机制，强化在各项事务中的协调与配合，有力地促进了双方的合作关系。

近几年，来自中海高层的重视以及相互之间紧密的互访活动，都为推动双边经济合作再上一个台阶创造了十分有利的条件。同时，双方要充分利用好中国-海合会战略对话和中国-海合会经贸联委会等交流平台，通过多层次的沟通交流，减少战略分歧，为确立互利合作大局奠定基础。如果双方能对彼此核心利益开展深层次沟通，将有利于拓展合作空间。例如，可以考虑从国家层面注入更多的支持政策，落实中海之间关于“一带一路”的规划和倡议，巩固双边友好关系。在人文沟通方面，处理好文化与经济之间的相互支撑作用。中海自贸区建设的基础是经济利益，但是加强文化交流同样重要，应该充分利用“一带一路”倡议所倡导的丝路精神，扩大双方在文化、教育和医疗等方面的合作，为经济合作构筑更加坚固的民意基础。要充分利用中国与海合会在历史传统和文化理念方面的人文优势，开展文明对话，积极参与各类文化交流活动，巩固友好的社会基础。这不仅体现出双方价值观层面的相互尊重，而且也十分契合“一带一路”倡议所倡导的合作宗旨，有助于建立更好的信任合作关系。

从以上分析中我们可以看到，一个牢固的中海双边互信关系对保证中海自贸区建设效果来说至关重要。

7.2.6　拓展投资、金融和基础设施等方面的合作

在充分实现中海自贸区贸易效应的同时，中海双方可以在投资、金融和基础设施建设方面加大合作力度，为双边经贸关系不断注入新活力。

在投资方面，当前中海双方的投资合作水平较低，与双方在世界经济体系中的地位并不相称，强化双向投资成为未来合作的重点领域之一。从海合会对外投资的角度来看，其核心投资能力体现在拥有雄厚的石油美元资本。无论是发达国家还是发展中国家，都希望能够成功吸引到阿拉伯财富基金投资。有研究认为，如果把海合会各个成员国基金加在一起，我们将看到一个震惊的事实，即其总额已经达到 2.5 万亿美元，规模相当惊人。据海合会有关机构估算，海合会对欧洲和美国的投资比重最高，占到 35%至 50%，对亚洲发达国家的比重其次，占到 10%至 20%，对新兴市场国家的比重较低，目前仅占到 15%至 20%。[①] 庞大的主权财富基金规模使得海合会具备相当强大的投资能力，成为推动全球经济发展的一股重要力量。有研究认为，金融危机期间来自海合会各个成员国的主权财富基金损失总额预计高达 3 500 亿美元，可以说是遭遇重大挫折。随着亚洲成为世界经济增长的新引擎之一，海合会的投资关注点开始向中国、印度等新兴经济体转移，投资力度不断加大。中国为吸引海合会投资积极创造更加具有吸引力的条件，其中密集出台的一整套外商直接投资优惠政策已经发出了强烈

① 吴思科.“一带一路”框架下的中国与海合会战略合作[J]. 阿拉伯世界研究，2015(2)：3－13.

信号。

从中国对外投资的角度来看，海合会为减少经济对于油气出口的过度依赖，致力于实施经济多元化战略，力求增加非石油产业的比重。近年来，海合会积极开展招商引资，对中国的投资持欢迎态度，从能源合作延伸到产业链合作，不断加大引入先进技术的力度，采取了一系列投资便利化措施。海合会成员国基本都有规模庞大的核电站建设规划，其中仅沙特阿伯特一个国家就计划在2030年之前投入约1 000亿美元，建设多达16座核电站，这成为下一步中国加大投资的契机。与此同时，中国可以鼓励企业扩大相互投资，探索与海合会建立生产分工体系，把国内产能过剩的行业逐步向海合会地区转移，优化国内产业结构，将中海双方建设成"一带一路"国际生产网络体系的关键节点。

在基础设施建设方面，中海双方可以共同推动基础设施建设领域的深度合作，全面统筹谋划在航运、铁路和航空等领域的互联互通，保证交通设施网络的联结贯通，提升陆海空建设水平，为将来拓展双边贸易合作奠定基础。在陆运方面，中海双方应继续加强铁路联通和口岸基础设施建设，提高双方货物贸易往来的便利化程度，打造更加迅速、高效的贸易管理系统。在海运方面，中国应加强航运贸易资源调配能力，拓展与海合会的海运路线，加强多种方式联运，提高港口基础设施建设能力。同时，为提增经济发展信心，海合会成员国将启动一大批基础设施建设项目。在空运方面，中国可以推进国际机场建设，提高空运吞吐量，增加与海合会的航空线路，扩大空运装载能力。随着亚洲基础设施投资银行(AIIB)的设立以及"一带一路"建设的深入推进，中国企业丰富的工程建设经验和承包能力将在双方合作中发挥重要作用。

在金融方面，人民币国际化成为双方都感兴趣的话题，注定将成为中海合作的重头戏。一方面是中国所倡导设立的亚洲基础设施投资银行、丝路基金和金砖国家开发银行等机构，其宗旨和目标都十分清晰，将为中海双方的开发建设提供有力支持。值得肯定的是，海合会中的沙特阿拉伯、科威特、卡塔尔和阿曼率先行动，成为亚洲基础设施投资银行首批创始成员国。亚洲基础设施投资银行将打通国际融资渠道，全力支持中国在海合会的投资建设，引导中国资本加大对外输出的规模。这将为确立人民币成为对外借款主体创造有利条件，如果牢牢把握住机遇，将促进人民币在海外的流通，提高其作为国际货币的地位。扩大在海合会基础设施建设方面的合作，将带来大量资金需求，为人民币创造绝佳的投资机遇。另一方面，在国际贸易、投资和金融领域中过度依赖美元对海合会的经济和资产安全造成了一定的负面影响；如果与中国合作，使用人民币，将有效降低海合会单独依赖美元所带来的风险。2016 年，人民币被正式纳入 IMF 的 SDR 货币篮子，有效扩大了其在世界范围内的影响力，从而巩固了中国与各国合作的基础。[①]人民币一旦在中海自贸区中得到使用，将影响美元的国际货币地位，对世界金融体系产生深刻影响，推动全球经济治理向前推进。中海自贸区的建设扩大了人民币跨境使用的范围，增加了人民币跨境贸易结算的机会，并对“一带一路”沿线国家产生辐射和示范作用。此外，中海双方还可以在海合会成员国中选取合适的地点设立人民币境外交易中心，大力推动人民币国际化步伐。

如果能够在投资、金融和基础设施建设领域深入开展合作，在保证贸易效应达到预期效果的同时，中海双方将极大地丰富中海自贸区建设的内容，拓展双边合作范畴，推动经贸往来取得更大成果。

① 2016 年 10 月 1 日，人民币被正式纳入国际货币基金组织（IMF）特别提款权（SDR）货币篮子，成为新的 SDR 五种构成货币中唯一的新兴经济体货币。

参考文献

一、中文文献

[1] 陈漓高，郑昭阳，齐俊妍，等. 全球化条件下的区域经济一体化[M]. 北京：中国财政经济出版社，2006.

[2] 陈沫. 中国与海湾合作委员会国家经济关系探析[J]. 西亚非洲，2011(8)：24－37.

[3] 陈淑梅，全毅. TPP、RCEP谈判与亚太经济一体化进程[J]. 亚太经济，2013(2)：3－9.

[4] 陈淑梅. 以经贸手段经略周边的自贸区战略思考[J]. 国际贸易，2016(10)：14－20.

[5] 陈万里，李顺. 海合会国家与美国的安全合作[J]. 阿拉伯世界研究，2010(5)：19－26.

[6] 陈万灵，何传添. 海上丝绸之路的各方博弈及其经贸定位[J]. 改革，2014(3)：74－83.

[7] 陈文敬. 我国自由贸易区战略及未来发展探析[J]. 理论前沿，2008

(17)：9－12.

［8］ 陈晓文. 区域经济一体化：贸易与环境［M］. 北京：人民出版社，2009.

［9］ 崔奇峰. 中国—东盟自由贸易区建立的经济影响分析［D］. 南京：南京农业大学，2009.

［10］ 刁秀华. 中国能源安全：现状、特点与对策［J］. 东北财经大学学报，2009(3)：50－55.

［11］ 东艳，冯维江，邱薇. 深度一体化：中国自由贸易区战略的新趋势［J］. 当代亚太，2009(4)：111－136.

［12］ 葛飞秀，杨晓龙. 自由贸易区贸易效应研究方法综述［J］. 新疆财经，2011(5)：61－65.

［13］ 公素娟. 中国与海合会国家的经贸合作研究［D］. 大连：东北财经大学，2014.

［14］ 顾正龙. "中阿合作论坛"框架下的中阿合作范式研究［J］. 阿拉伯世界研究，2011(1)：19－26.

［15］ 韩玉军，王丽. 丝绸之路经济带：中国对外开放的新战略［J］. 国际贸易，2015(8)：15－20.

［16］ 何玉江. 中国与阿拉伯国家文化经贸合作现状及其对策［J］. 宁夏社会科学，2011(1)：118－120.

［17］ 胡俊芳. 中日韩自由贸易区贸易效果的实证分析［D］. 上海：复旦大学，2005.

［18］ 胡立法. 中国贸易开放度的重新估计［J］. 世界经济研究，2004(5)：37－41.

［19］ 华晓红. 国际区域经济合作：理论与实践［M］. 北京：对外经济贸易大学出版社，2007.

［20］ 黄茂兴，贾学凯. "21世纪海上丝绸之路"的空间范围、战略特征与发展远景［J］. 东南学术，2015(4)：71－79.

[21] 黄卫平，等. 中国加入区域经济一体化研究[M]. 北京：经济科学出版社，2009.

[22] 姜书竹. 中国与海合会双边贸易的实证研究：兼论建立双边自贸区的对策[J]. 技术经济与管理研究，2012(12)：100-103.

[23] 姜英梅. 中东金融体系的国际政治经济学研究[D]. 北京：中共中央党校，2011.

[24] 金良祥. 面向未来的中国与中东能源关系[J]. 阿拉伯世界研究，2006(4)：28-32.

[25] 荆林波，袁平红. 中国加快实施自由贸易区战略研究[J]. 国际贸易，2013(7)：47-51.

[26] 李宝庆，孙尚伟. 中国对外区域金融合作模式探析：兼论深化中阿金融合作[J]. 世界经济与政治论坛，2015(5)：158-171.

[27] 李翀. 中国对外开放程度的度量与比较[J]. 经济研究，1998(1)：26-29.

[28] 李董林，张应武. 中国与“一带一路”沿线国家的 FTA 选择研究[J]. 东南亚纵横，2016(2)：58-65.

[29] 李坤望. 国际经济学[M]. 3 版. 北京：高等教育出版社，2010.

[30] 李茜. 海合会应对中东剧变的措施及其影响[J]. 阿拉伯世界研究，2014(2)：42-52.

[31] 李荣建，方长明. 近 30 年来中国阿拉伯史研究综述[J]. 武汉大学学报(人文科学版)，2009(4)：508-510.

[32] 李伟建. 国际体系转型与中国的中东外交[J]. 阿拉伯世界研究，2008(6)：19-23.

[33] 李向阳. 论海上丝绸之路的多元化合作机制[J]. 世界经济与政治，2014(11)：4-17.

[34] 李晓，李俊久. “一带一路”与中国地缘政治经济战略的重构[J]. 世界经济与政治，2015(10)：30-59.

[35] 李艳丽. 中国自由贸易区战略的政治经济分析[D]. 厦门：厦门大学，2008.

[36] 李益波. “西向政策”下的印度与海合会关系[J]. 当代世界，2012(9)：27－28.

[37] 刘彬. 建构主义视角下的海湾六国安全共同体研究[D]. 上海：上海外国语大学，2013.

[38] 刘冬. 货物贸易视角下中海自贸区收益的实证分析[J]. 西亚非洲，2014(3)：65－81.

[39] 刘冬. 中国与海合会货物贸易的发展现状、问题及其应对[J]. 阿拉伯世界研究，2012(1)：91－107.

[40] 刘力，宋少华. 发展中国家经济一体化新论[M]. 北京：中国财政经济出版社，2002.

[41] 刘中民，舒梦. 中阿合作论坛框架下的中阿关系[J]. 西亚非洲，2014(3)：30－47.

[42] 刘中民. 中国中东外交三十年(上)[J]. 宁夏社会科学，2008(5)：8－13.

[43] 刘中民. 中国中东外交三十年(下)[J]. 宁夏社会科学，2009(1)：77－82.

[44] 栾贵勤，等. 区域经济学[M]. 北京：清华大学出版社，2008.

[45] 马建军，付松. 基于美欧经验的自由贸易区发展战略[J]. 国际贸易，2007(5)：32－36.

[46] [美] 多米尼克·萨尔瓦多. 国际经济学[M]. 杨冰，等译. 北京：清华大学出版社，2008.

[47] 倪月菊. “一带一路”背景下中国—海合会自贸区谈判的重启：背景、意义及政策建议[J]. 国际贸易，2015(6)：53－56.

[48] 彭树智. 阿拉伯国家史[M]. 北京：高等教育出版社，2002.

[49] 彭支伟，张伯伟. 中日韩自由贸易区的经济效应及推进路径[J]. 世

界经济研究，2012(12)：65－71.

[50] 钱学文. “一带一路”视角下的西亚新丝路建设[J]. 阿拉伯世界研究，2016(1)：83－96.

[51] 钱学文. 中阿经贸合作的深化与发展[J]. 阿拉伯世界研究，2011(2)：36－42.

[52] 秦宣仁. 中国能源安全与周边环境[J]. 国际贸易，2013(8)：37－43.

[53] 全毅，沈铭辉. 区域全面经济伙伴关系(RCEP)的中国视角[J]. 国际贸易，2014(6)：57－61.

[54] 全毅，汪洁，刘婉婷. 21世纪海上丝绸之路的战略构想与建设方略[J]. 国际贸易，2014(8)：4－15.

[55] [日] 小岛清. 对外贸易论[M]. 周宝廉，译. 天津：南开大学出版社，1987.

[56] 芮秉焕. 韩国FTA战略研究[D]. 长春：吉林大学，2013.

[57] 上海社会科学院经济研究所课题组. 中国跨境电子商务发展及政府监管问题研究[J]. 上海经济研究，2014(9)：3－18.

[58] 佘莉，杨立强. 中国—海合会FTA对双边贸易影响的GTAP模拟分析[J]. 亚太经济，2012(6)：37－41.

[59] 佘莉. 中国与海合会国家的经贸关系[J]. 阿拉伯世界研究，2013(1)：50－57.

[60] 佘莉. 中国自海合会国家非油气商品进口前景与影响因素分析[J]. 经济问题探索，2012(10)：130－136.

[61] 佘莉. 中国自海合会国家原油进口影响因素及潜力分析[J]. 世界经济与政治论坛，2012(5)：88－98.

[62] 石良平，等. 经济大国的贸易安全与贸易监管[M]. 上海：上海交通大学出版社，2015.

[63] 石良平，黄丙志，等. 供应链整合与上海国际贸易中心建设[M]. 北京：中国海关出版社，2012.

[64] 石良平，黄丙志，等. 贸易便利化与上海国际贸易中心建设[M]. 北京：中国海关出版社，2011.

[65] 石良平，沈桂龙，等. 中国服务业扩大开放与服务贸易发展[M]. 上海：上海交通大学出版社，2016.

[66] 石良平，孙浩，黄丙志，等. 中国(上海)自由贸易试验区建设与上海国际贸易中心转型升级[M]. 上海：上海人民出版社，2014.

[67] 石良平，姚磊. 外国投资法：自贸试验区下一步改革开放的新标杆[J]. 学术月刊，2015(8)：55－61.

[68] 史智宇. 中国东盟自由贸易区贸易效应的实证研究[D]. 上海：复旦大学，2004.

[69] 孙久文，叶裕民. 区域经济学教程[M]. 2版. 北京：中国人民大学出版社，2010.

[70] 孙霞，潘光. 中东能源地缘政治与中国能源安全[J]. 阿拉伯世界研究，2009(4)：38－45.

[71] 汤倩. TPP与RCEP：中国在亚太区域经济整合新秩序下的挑战与策略[J]. 全球化，2013(6)：63－72.

[72] 唐宜红，林发勤. 外部需求冲击与中国的出口波动：基于随机动态局部均衡模型的分析[J]. 世界经济研究，2012(1)：39－43.

[73] 唐志超. 中东新秩序的构建与中国作用[J]. 西亚非洲，2014(5)：62－77.

[74] 田青. 国际经济一体化理论与实证研究[M]. 北京：中国经济出版社，2005.

[75] 王爱新. 区域经济发展理论[M]. 北京：经济管理出版社，2015.

[76] 王博君. 低油价背景下海合会国家的石油战略与国民经济发展[J]. 宁夏社会科学，2016(2)：141－145.

[77] 王博君，妮莎. 国际低油价背景下海合会国家石油战略与中国应对之策[J]. 对外经贸实务，2016(1)：19－22.

[78] 王德蓉. 十八大以来我国加快实施自由贸易区战略的背景与思路[J]. 党的文献，2016(1)：25－30.

[79] 王微微. 区域经济一体化的经济增长效应及模式研究[M]. 北京：中国社会科学出版社，2013.

[80] 王艳红. 中国-东盟自由贸易区的经济效应研究：兼论 CAFTA 的推进与策略选择[D]. 天津：南开大学，2010.

[81] 王瑛. “一带一路”与中国对海合会的农产品与食品出口[J]. 阿拉伯世界研究，2015(4)：59－72.

[82] 韦进深，符春苗. 成员偏好对海合会经济一体化的影响[J]. 阿拉伯世界研究，2013(1)：69－81.

[83] 吴磊. 基于中国-中东能源关系发展的若干思考[J]. 阿拉伯世界研究，2007(1)：29－35.

[84] 吴思科. “一带一路”框架下的中国与海合会战略合作[J]. 阿拉伯世界研究，2015(2)：3－13.

[85] 伍贻康，周建平. 区域性国际经济一体化的比较[M]. 北京：经济科学出版社，1994.

[86] 许林根. 中东安全形势回顾与展望[J]. 阿拉伯世界研究，2009(2)：10－18.

[87] 杨鸿玺. 中阿经贸合作的动力分析与路径选择[J]. 阿拉伯世界研究，2011(2)：29－35.

[88] 杨军红. 中国双边自由贸易区发展研究[D]. 福州：福建师范大学，2010.

[89] 姚匡乙. 中阿合作论坛十年回顾与展望[J]. 阿拉伯世界研究，2014(5)：3－11.

[90] 姚磊. 试论服务业全面开放下的贸易安全与监管[J]. 上海经济研究，2016(1)：44－51.

[91] 叶玉. 中国海合会自贸区谈判与石油安全[J]. 兰州学刊，2008(1)：

115－118.

［92］［英］彼得·罗布森. 国际一体化经济学［M］. 戴炳然，等译. 上海：上海译文出版社，2001.

［93］余泳. 海合会对外关系的政策逻辑考察［J］. 阿拉伯世界研究，2013(1)：58－68.

［94］余泳. 中国对海合会国家的经济外交：国际体系转型与地缘经济的视角［J］. 阿拉伯世界研究，2010(1)：29－34.

［95］余泳. 中国-海合会经贸合作的成果、挑战与前景［J］. 阿拉伯世界研究，2011(6)：38－44.

［96］余泳. 中国与海湾合作委员会关系研究(1981—2010)［D］. 上海：上海外国语大学，2011.

［97］余振，陈继勇，邱珊. 中国-俄罗斯 FTA 的贸易、关税及福利效应：基于 WITS－SMART 的模拟分析［J］. 华东经济管理，2014(6)：63－69.

［98］喻飞. 海合会集体安全机制的实践、挑战与机遇［J］. 理论界，2015(1)：152－156.

［99］岳树梅. 中国与海合会能源合作法律机制的构建［J］. 法学，2015(5)：52－60.

［100］张彬，等. 国际区域经济一体化比较研究［M］. 北京：人民出版社，2010.

［101］张彬，张菲. RCEP 的进展、障碍及中国的策略选择［J］. 南开学报(哲学社会科学版)，2016(6)：122－130.

［102］张汉林，盖新哲. 自由贸易区来龙去脉、功能定位与或然战略［J］. 改革，2013(9)：98－105.

［103］张鸿. 关于中国实施自由贸易区战略的思考［J］. 国际贸易，2009(3)：14－19.

［104］张建成. “丝绸之路经济带”视野的中阿文化交流先行战略［J］. 重

庆社会科学，2014(12)：53－59.

［105］ 张丽君. 丝绸之路经济带构建与发展研究[M]. 北京：中国经济出版社，2015.

［106］ 张小峰，玄兆娟. 中国对北非阿拉伯国家直接投资动因分析及策略选择[J]. 阿拉伯世界研究，2010(3)：51－58.

［107］ 张耀. 中国与中亚国家的能源合作及中国的能源安全[J]. 俄罗斯研究，2009(6)：116－128.

［108］ 张幼文，等. 世界经济一体化的历程[M]. 上海：学林出版社，1999.

［109］ 赵锋. 中国与海合会自贸区谈判回顾与展望[J]. 国际研究参考，2015(7)：10－14.

［110］ 赵青松. FTA建设下中国与海合会经贸关系研究[J]. 阿拉伯世界研究，2015(3)：59－71.

［111］ 赵亚南. 基于贸易效应视角的美国TPP发展前景研究[D]. 沈阳：辽宁大学，2014.

［112］ 周华. 海合会与欧盟自贸区谈判的回顾与展望[J]. 阿拉伯世界研究，2010(3)：75－80.

［113］ 周晓剑，宋思源. RCEP激发亚洲经济增长新动力[J]. 国际贸易，2016(9)：66－68.

［114］ 竺彩华，冯兴艳，李锋. RCEP谈判：进程、障碍及推进建议[J]. 国际经济合作，2015(3)：14－21.

［115］ 邹志强. 全球与区域经济治理语境下的海合会[J]. 亚非纵横，2013(5)：23－29.

［116］ 邹志强. 沙特在全球石油贸易治理中的角色透视[J]. 阿拉伯世界研究，2013(5)：84－97.

二、英文文献

［1］ AMJADI A, WINTERS L A. Transport costs and "natural"

integration in Mercosur [J]. Journal of economic integration, 1999, 14(4): 497 - 521.

[2] ANDERSON J E. A theoretical foundation for the gravity equation [J]. American economic review, 1979, 69(1): 106 - 116.

[3] ANDERSON J E, WINCOOP E V. Gravity with gravitas: a solution to the border puzzle [J]. American economic review, 2003, 93(1): 170 - 192.

[4] ARMINGTON P S. A theory of demand for products distinguished by place of production[J]. Staff papers, 1969, 16: 159 - 178.

[5] ARNDT S W. On discriminatory versus non-preferential tariff policies[J]. The economics journal, 1968, 78(312): 971.

[6] ASHIZAWA K. Japan's approach toward Asia regional security: from "hub-and-spoke" bilateralism to "multi-tiered"[J]. The pacific review, 2003, 16(3): 361 - 382.

[7] BALASSA B. Tariff reductions and trade in manufactures among industrial countries[J]. American economic review, 1966, (3).

[8] BALASSA B. The theory of economic integration[M]. Homewood: R. D. Irwin, 1961.

[9] BALASSA B. Trade creation and trade diversion in the European Common Market: an appraisal of the evidence[J]. The economic journal, 1967, 77(305): 1 - 21.

[10] BALASSA B. Trade liberalisation and "revealed" comparative advantage [J]. The Manchester School of economic and social studies, 1965, 33(2): 99 - 123.

[11] BALDWIN R E. A domino theory of regionalism[C]. Cambridge: NBER Working Paper, 1993.

[12] BALDWIN R E, VENABLES A J. Regional economic

integration[M]// GROSSMAN G M, ROGOFF K. Handbook of international economics. Amsterdam: Elsevier Science Publishing, 1995.

[13] BERGLAS E. Harmonisation of commodity taxes, destination, origin and restricted origin principles [J]. Journal of public economics, 1981, 16(3): 377 - 387.

[14] BERGLAS E. The case for unilateral tariff reduction: foreign tariffs rediscovered[J]. The American economic review, 1983, 73(5): 1141 - 1142.

[15] BERGSTRAND J H. The generalized gravity equation, monopolistic competition, and the factor-porportions theory in international trade[J]. The review of economics and statistics, 1989, 71(1): 143 - 153.

[16] BERTHELON M. Growth effects of regional integration agreements[C]. Santiago: Central Bank of Chile, 2004.

[17] BROWN A J. Applied economics: aspects of the world economy in war and peace [M]. London: Allen & Unwin, 1947.

[18] CHANG W, WINTERS L A. How regional blocs affect excluded countries: the price effects of MERCOSUR [J]. American economics review, 2002, 92(4): 889 - 904.

[19] COOPER C A, MASSELL B F. Toward a general theory of customs unions for developing countries [J]. Journal of political economy, 1965, 73: 461 - 476.

[20] DEARDORFF A V. Economic implications of Europe-Maghreb trade agreements, research seminar in international economics [C]. Michigan: University of Michigan, 1999.

[21] DEROSA D A. Regional integration arrangements: static economic

theory, quantitative findings, and policy guidelines [R]. Washington: WB, 1998.

[22] DRYSDALE P. Japan, Australia and New Zealand: the prospect for western Pacific economic integration [J]. Economic record, 1969, 45(111): 321 - 342.

[23] EATON J, KORTUM S. Technology, geography, and trade[J]. Econometrica, 2002, 70(5): 1741 - 1779.

[24] FERNANDEZ, R, PORTES J. Returns to regionalism: an analysis of nontraditional gains from regional trade agreement[J]. The World Bank economic review, 1998, 12(2): 197 - 220.

[25] FINGER J M, KREININ M E. A measure of "export similarity" and its possible uses [J]. The economic journal, 1979, 89(356): 905 - 912.

[26] FRANKEL J A, ROMER D. Does trade cause growth? [J]. American economic review, 1999, 89(3): 379 - 399.

[27] GLICK R, ROSE A K. Contagion and trade: why are currency crises regional? [J]. Journal of international money and finance, 1999, 18(4): 603 - 617.

[28] GROSSMAN G M, HELPMAN E. Innovation and growth in the global economy [M]. Cambridge: MIT Press, 1991.

[29] GROSSMAN G M, HELPMAN E. Interest group and trade policy[M]. Princeton: Princeton University Press, 2002.

[30] HANSON G H. North American economic integration and industry location [J]. Oxford review of economic policy, 1998, 14(2): 30 - 44.

[31] HAUSMAN J A, TAYLOR W E. Panel data and unobservable individual effects[J]. Journal of econometrics, 1981, 16(1): 155.

[32] HELPMAN E, KRUGMAN P R. Market structure and foreign trade [M]. Cambridge: MIT Press, 1985.

[33] HENREKSON M, TORSTENSSON J, TORSTENSSON R. Growth effects of European integration [J]. European economic review, 1997, 41(8): 1537 - 1157.

[34] JOHNSON H G. An economic theory of protectionism, tariff bargaining and the formation of customs union [J]. Journal of political economy, 1965, 73: 256.

[35] KINDLEBERGER C P. European integration and the international corporation [J]. The Columbia journal of world business, 1966, 1(1): 65 - 73.

[36] KINDLEBERGER C P, LINDERT P H. International economics[M]. Chicago: Irwin Professional Publishing, 1978.

[37] KOJIMA K. The pattern of international trade among advanced countries [J]. Hitotsubashi journal of economics, 1964, 5 (1): 16 - 36.

[38] KRUGMAN P. Increasing returns and economic geography [J]. Journal of political economy, 1991, 99(3): 483 - 499.

[39] LIPSEY R G. The theory of customs unions: trade diversion and welfare [J]. Economics, 1957, 24: 40 - 46.

[40] LOCKWOOD B. Distributive politics and the cost of centralization[J]. Review of economic studies, 2002, 69(2): 313 - 337.

[41] MARTINEI-ZARZOSO I, NOWAK-LEHMANN F. Augmented gravity model: an empirical application to Mercosur-European union trade lows [J]. Journal of Applied Economics, 2003, (6): 291 - 316.

[42] MEADE J. The theory of customs union [M]. Amsterdam: Amsterdam Press, 1955.

[43] PÖYHÖNEN P. A tentative model for the volume of trade between countries [J]. Hamburg: Weltwirtschaftliches archiv, 1963, 90: 93 - 100.

[44] ROBSON P. The economics of international integration [M]. London: Routledge Press, 1998.

[45] SCHIFF M. Will the real "natural trading partner" please stand up? [M]. Washington, DC: World Bank Development Press, 1999.

[46] SPIEGEL H W. The growth of economic thought[M]. Durham: Duke University Press, 1991.

[47] SUMMERS L H. Regionalism and the world trading system[M]. New York: Federal Reserve Bank Press, 1991.

[48] TINBERGEN J. International economic integration [M]. Amsterdam: Elsvier Publishing Co. , 1954.

[49] TINBERGEN J. Shaping the world economy: suggestions for an international economic policy[M]. New York: Twentieth Century Fund, 1962.

[50] VENABLES A J. Winners and losers from regional integration agreements [J]. The economic journal, 2003, 113(490): 747 - 761.

[51] VINER J. The customs union issue[M]. New York: The Carnegie Endowment for International Pease, 1950.

[52] WOOLDRIDGE J M. Econometric analysis of cross section and panel data[M]. Cambridge: The MIT Press, 2001.

附录一：图索引

附录二：表索引

后 记

2012年，我考入上海社会科学院经济研究所攻读博士学位，师从石良平研究员。由此，我开始逐步接触国际贸易前沿领域的研究内容，先后参与石老师诸多的课题研究，从上海自由贸易试验区、国际高标准贸易规则，再到贸易安全等方面，在此过程中我的研究热情大为提升。经过与石老师的多次讨论，我最终将自己的研究方向定在了自由贸易协定上。

我们应该看到，“一带一路”倡议不仅是中国全面扩大对外开放的战略部署，而且是促进各国贸易投资自由化、强化经济治理的“中国版方案”，将为世界经济增长提供新动力。作为“丝绸之路经济带”和“21世纪海上丝绸之路”的交汇点，海合会成为“一带一路”倡议谋篇布局的关键一步，成功缔结自贸协定不仅能为双方带来新的贸易增长空间，创造经济利益，而且将成为贯彻“一带一路”倡议进程中的里程碑，具有重大的战略意义。

在石老师的支持和鼓励下，我进一步将博士论文的研究目标确定为中海自贸区，对中海自贸区协定签署的可能性与存在的问题展开了全面梳理和分析。同时，查阅多个国际组织数据库，使用大量的数据，得出了较为客观、科学的研究结论。由于本书的写作时间为 2016 年 5 月至 2017 年 5 月，书中所引用的数据与资料也均来源于 2017 年之前，因而所得出的结论和预测仅能代表当时的研究成果和观点。

随着本书的定稿，我的博士阶段的学习迎来了最终的总结时刻。以往，我总是想象着毕业论文正式出版时心情会如何激动，当真正面对这一刻的时候，心中却有一点儿不舍。我必须承认，博士阶段的学习是一个相当艰难的过程，不仅要保持强烈的求知欲，而且要具备坚忍的意志。

博士阶段的研究学习对我的影响是终身的，既改变了我思考问题的方式，又改变了我观察世界的视角。考入上海社科院经济研究所是这种蜕变的开始；熬夜奋战，思考学术问题是这种蜕变的磨炼；水到渠成，完成博士论文至正式出版是这种蜕变的成果。读博期间，通过大量的文献阅读来获取知识，我享受到了学习的快乐。通过不断的思考论证来完善结论，我体会到了科研的艰辛。抛弃所有的杂念，全身心投入学术论文的写作中，又使我明白学术成果来之不易。这段经历的心情也是跌宕起伏：修改论文的煎熬，濒临极限的焦虑，发表成果的喜悦，专著出版的激动。这一切，仿佛浓缩成一个人在生命中应该品尝的各种“味道”，让我刻骨铭心。

本书的最终完成要特别感谢我的博士生导师、上海市人民政府参事、上海社会科学院经济研究所原所长石良平研究员，能够成为石老师门下弟子是我今生莫大的荣幸。石老师渊博的学识、敏捷的思维、严谨的治学理念及精益求精的态度，都在我心中留下了深深的烙印。石老师不仅创造机会让学生接触最前沿的学术知识，引领学生踏入经济学的最高殿堂，而且倾注大量心血提高学生的研究水平，尤其注重培养学生的独立思考能力，这些都使我受益终身。在此，我要向石老师表示最诚挚的敬意！

本书的出版是我对自己读博期间研究水平和研究成果的全面展示，也是我对博士阶段的一个总结。未来，人生又将开启新的求知旅程，无论面对什么样的困难，我都将胸怀必胜的信念，勇敢迎接挑战。

书中不当之处，敬请读者指正。

姚　磊

2020 年 7 月 15 日